新时代
高校劳动教育研究

曹　桢◎著

RESEARCH ON LABOR EDUCATION IN UNIVERSITIES IN THE NEW ERA

ZHEJIANG UNIVERSITY PRESS
浙江大学出版社
·杭州·

前　言

　　中国共产党一直高度重视劳动教育。高质量推进高校劳动教育，是全面贯彻党的教育方针、落实立德树人根本任务的必然要求，是培养社会主义建设者和接班人的现实需要。进入新时代，以习近平同志为核心的党中央高度重视劳动教育工作。2018年，习近平总书记在全国教育大会上强调"要在学生中弘扬劳动精神，教育引导学生崇尚劳动、尊重劳动"，明确提出"要努力构建德智体美劳全面培养的教育体系，形成更高水平的人才培养体系"。①

　　2020年，《关于全面加强新时代大中小学劳动教育的意见》《大中小学劳动教育指导纲要（试行）》等文件的出台，对新时代的劳动教育做出了全面具体的制度安排。2021年，经十三届全国人大常委会第二十八次会议审议通过，《中华人民共和国教育法》第五条修改为"教育必须为社会主义现代化建设服务、为人民服务，必须与生产劳动和社会实践相结合，培养德智体美劳全面发展的社会主义建设者和接班人"。

　　在这样的时代背景下，高校是我国培养人才的重要组织载体与实施主体。在全面贯彻党的教育方针、落实立德树人根本任务的过程中，如何将劳动教育有机纳入高等教育的人才培养目标、一体推进"五

---

① 张烁.坚持中国特色社会主义教育发展道路 培养德智体美劳全面发展的社会主义建设者和接班人[N].人民日报,2018-09-11(1).

育并举",成为一个亟待理论回答与实践探索的时代课题。基于此,本人就新时代高校劳动教育问题进行了思考与探讨,写成了《新时代高校劳动教育研究》一书。本书以马克思主义劳动观为科学指导,立足新时代党的教育方针,系统探讨了劳动教育的内涵及其在"五育"中的重要地位,阐述了高校劳动教育的必要性、重点内容与实现机制,对新时代高校如何更加有效地开展劳动教育进行了初步的探讨,冀望为深化高校劳动教育研究提供参考。

　　本书第一章对国内外劳动教育的起源与发展进行了概要的梳理,对开展新时代劳动教育研究的理论意义与实践意义进行了简明的阐述,对国内外劳动教育的研究现状进行了简要的归纳,为本书后续研究奠定了基础。第二章分别从劳动的产生、劳动的属性、劳动的发展三个方面对劳动的内涵进行了再理解、再讨论,从劳动教育的基本理解、劳动教育与其他教育的关系、劳动教育的时代价值三个层面对新时代劳动教育的内涵进行了再思考、再认识,分别从思想性、社会性和实践性三个维度对新时代劳动教育的特征与要求进行了概括与论述。第三章对马克思、恩格斯的劳动教育观和列宁的劳动教育观及其核心要义进行了概括和概述,初步阐释了马列主义劳动教育观的时代意义,为本书后续章节的阐述提供理论依据。第四章从耕读结合与劳动教育、古代祭祀文化与劳动教育、家训家书与劳动教育三个角度,对我国古代如何开展劳动教育进行了梳理与概述,对蕴含其中的借鉴意义进行了总结,同时也分析指出中华传统劳动教育的不足之处。第五章对中国共产党成立100多年来的劳动教育实践探索与创新发展情况进行了梳理,分四个时期对中国共产党劳动教育启蒙起步的基本历程、自主探索的实践经历、调整发展的总体情况和创新深化的重要进展进行了概述,对各个时期劳动教育的阶段特征进行了归纳,展示了中国共产党劳动教育实践探索与创新发展的历史主线和责任担当。第六章回顾总结了"五育"的形成过程,阐释了劳动教育是"五育"之基,探讨了劳动教育之于高校学生高质量就业的重要意义。第七章分析了当前高校劳动教育存在的问题,论述了高校劳动教育的必要性,阐述了高校劳动教育的特殊性。第八章从劳动理论教育和劳动实践教育两个层面对高校劳动教育的重点内容进行了归纳和概括,阐释了其具体的构成内容。第九章从组织机制、运行机制和保障机制三个角度,对如何建立高质量的高校劳动教育实现机制进行了探讨。第十章从劳动创造美好生活,崇尚劳动、弘扬劳动,"五育"并举的劳动教育,培养高素质劳动者等四个角度阐释了新时代劳动教育主题思想。

　　本书从构思到形成书稿,前后将近三年时间,动因来自本人 2021年开始担任学校"大学生劳动教育"课程的负责人。为了开好这门必修课,本人系统思考了新时代高校劳动教育的相关问题,继而在查阅文献、座谈调研、拜访请教和个人前期成果的基础上,形成了这一成果。在部分章节的撰写过程中,本人邀请了课程团队成员喻一珺、王钰菡、郭春娟、顾晗可等老师参与,并得到了她们的大力支持。她们按照本人确定的总体结构、提纲要点、主体思想和核心观点,积极参与内容研讨和初稿撰写,为全书初稿形成提供了极大的帮助,对此特致以衷心的感谢! 此外,研究生张诗怡、钟书平、宫佳璐也参与了本书相关资料查找以及文献核对等工作,特别是对古籍资料的搜集、梳理以及对全书文献的核查这些需要极大耐心的工作,他们付出了辛勤的劳动,在此也一并表示衷心的感谢! 由于本人水平有限以及受时间、精力所限,本书定有许多不妥甚至错误之处,敬请各位专家学者和读者批评指正,以便本人对相关问题开展进一步深入研究。

作　者
2024 年 1 月于钱塘江畔

目　录

第一章　劳动教育研究基本问题

劳动是人类生存的基本活动,离开了劳动,人类难以生存,社会难以进步。马克思曾经指出:"任何一个民族,如果停止劳动,不用说一年,就是几个星期,也要灭亡,这是每一个小孩都知道的。"①那么,除了生存,人类从事劳动的更高意义是什么?毫无疑问,人类从事劳动的最终目标是实现人的自由而全面的发展。人民创造历史,劳动创造幸福,人类任何美好的事物都是其自身在劳动实践过程中产生并由劳动成果进一步体现的。

正因为如此,人类自身开展劳动教育就显得至关重要。人类为谁劳动、该从事什么样的劳动、以什么方式和手段开展劳动以及如何分享劳动成果等一系列问题,都需要从小通过劳动教育形成正确的认识。劳动观是人类世界观的重要内容,时至今日,来自劳动实践的劳动教育已经成为人类教育体系的重要组成部分,具有无可替代的重要意义。

---

① 马克思恩格斯全集(第三十二卷)[M].中共中央马克思恩格斯列宁斯大林著作编译局,译.北京:人民出版社,1974:541.

第一节　劳动教育的起源与发展

恩格斯在其著作《劳动在从猿到人转变过程中的作用》中曾经指出,劳动是"整个人类生活的第一个基本条件,而且达到这样的程度,以致我们在某种意义上不得不说:劳动创造了人本身"[①]。从恩格斯对劳动的重要性的阐述中,我们可以认为,作为人类最基本、最普遍的活动形态,劳动不仅在人类社会经济发展和文明进步过程中起到了决定性作用,而且其自身的发展变化过程——无论是劳动目的、劳动手段还是劳动途径,都是人类社会文明进程的写照。

既然劳动创造了人本身,那么它与教育之间就具有了天然的联系。人类基于劳动层面进行的教育,归根结底是为了实现人类自身的目的——生存与发展。长远来看,劳动教育是人类不断改进劳动手段、优化劳动途径进而不断提高劳动效率、更好满足自身需求的必然要求。因此可以说,人类劳动的过程就是进行自我教育的过程,劳动教育是人类一切教育的总根源所在。正因为如此,苏联教育史学者米定斯基等提出了"教育源于劳动"观念。他们认为,作为人类生活最为基本的生产要素,劳动是从人类学会制造和使用工具开始的,只要进行人和自然界之间的劳动互动,就必须学会使用工具和劳动手段。在这一过程中,必须由有经验的长者对年轻一代进行指点并传授劳动经验、知识和技巧,这便是教育的起源。而在这个过程中所产生的教育,便是早期劳动教育的存在形式,也是我们所认为的劳动教育的起源。

但是,劳动教育作为一个整体性概念并被赋予内涵、被作为一个专门的研究对象,那要比劳动自身的存在晚得多。

[①] 马克思恩格斯全集(第二十卷)[M].中共中央马克思恩格斯列宁斯大林著作编译局,译.北京:人民出版社,1971:509.

一、国外劳动教育的起源与发展

古代西方一度认为，人类之所以进行劳动，是被迫和不得不受的苦，是用来进行自我救赎的行为。[①] 在这样的思想观念下，劳动自然得不到尊重和尊崇。随着社会的发展，人们对劳动的看法开始有了改变，发现劳动不仅为生活、生产提供了丰富的物质资料，而且也对世人懒惰的本性起到了很大的改善作用。因此劳动逐渐被人们所推崇，并且劳动教育也开始被人们所认识。

但是，相较于智育教育和德育教育的悠久历史，劳动教育的正式提出迄今仅有数百年的时间，并且在这仅有的数百年历史中，劳动教育的地位并没有得到稳定的发展，而是几经浮沉。莫尔是西方关于劳动教育思想启蒙的提出者，作为最早一批重视劳动教育的思想家之一，他在其著作《乌托邦》中强调了劳动对儿童发展的重要性，主张儿童在获得知识的同时，也要参与农业劳动。他主张，乌托邦里人人都能得到教导，在人们的知识体系里，除了正常的书本知识，天文乐理、手工劳作、农业种植等各个方面也会有所涉猎。"乌托邦的居民们人人都要有擅长的手工技艺。精通一艺后，如果想另学一艺，可得到同样的批准。"[②]莫尔传达出这样一种理念：掌握一定的生存生活技能，使人们安居乐业，能在一定程度上降低人们走上罪恶道路的概率。莫尔作为最早提出劳动教育的思想家，其思想也存在一定的局限性，即他虽然提倡劳动，但认为劳动的最主要目的是日后谋生，并没有认识到劳动对人的全面发展和自身整体素质提高所起的积极教育作用。

文艺复兴前期，宗教教育、古典文学以及"三艺"等智育教育的地位空前提高[③]，而劳动教育刚刚进入人们的观察视野，当时并没有得到

---

① 黄春高.西欧中世纪的劳动日常[N].光明日报，2019-04-01(14).
② 莫尔.乌托邦[M].戴镏龄，译.北京.商务印书馆.1982:55.
③ 浅析：文艺复兴时期欧洲教育世俗化转向[EB/OL].(2023-08-10)[2023-11-18].https://www.sohu.com/a/710465465_121421401.

重视。至宗教改革时期，马丁·路德提出政府应该强制实行义务教育，认为学习和劳动是相结合的，无论是男孩子还是女孩子，每天都应该有一定的时间在校园里认真学习书本知识，然后在家里学习手工或者农业知识。这便是最早的教育与劳动相结合的意识。它虽然仅仅是简单的机械相加，却是对劳动教育的第一次积极改变。

　　18世纪的法国，卢梭在其著作《爱弥儿》中认为，"劳动是社会的人不可豁免的责任"①。他强调了劳动教育的重要性，认为只有劳动才能传授使人成为"人"的各种品质，只有劳动教育才能培养自由独立的公民。他认为，如果一个人不劳动，就只是坐在那里吃别人劳动得来的东西，就等于是个小偷。作为启蒙运动的代表人物之一，卢梭主张通过劳动教育来消除轻视劳动的封建剥削阶级偏见，培养青少年热爱劳动、尊重劳动的意识。② 除了认同劳动会给身体带来积极的改变，他还指出了劳动对智力的养成具有不可替代的作用。他认为，虽然这种作用不是直接的，但是如果一个人能够通过实践和劳动而取得对某一事物的认识和看法，那么这样的认识和看法要比别人教他或者从别人口中听到深刻得多，理解也透彻得多。他进一步指出，参与劳动还能够使劳动者更善于发现事物的内在关联，因为劳动者会根据事物的实际用途去了解它们真正的内在价值，从而尊重农业、手工业劳动。因此通过劳动教育能够缔造一个行为和思想统一的人、一个能够同情弱者和尊重劳动的人。在卢梭的理论中，劳动教育不单单是为职业谋生做提前准备，而是对人的身体、感官、智力、道德的发展起到全面的作用，其价值远远超过为职业所做的准备。

　　裴斯泰洛齐则是教育与生产劳动相结合的实际倡导者。他在继承和发展了卢梭的教育主张的基础上，通过教育实验对此进行了实践

---

① 卢梭.爱弥儿[M]. 李平沤，译.北京：人民教育出版社，1985：249.
② 张瑞林.新时代大学生劳动教育的创新发展研究——以宁夏地区高校为例[D].银川：宁夏大学，2022：8.

和发展。[①] 他首先把劳动教育与职业训练联系在了一起,认为劳动既能创造金钱和财富,又能达到教化大众的效果。他认为劳动教育的首要目的虽然是今后的生计,但随着实践和认识的深化,其在体育、智育、德育等方面的作用也更加突出,而通过劳动教育养成的劳动的品质更加难能可贵。但他的思想仍然存在一定的局限性,因为他的教育与生产劳动的结合仅仅表现在形式上,彼此之间并没有碰撞出强烈的火花,因此无论是对教育还是对人自身的发展,作用都比较有限。尽管如此,裴斯泰洛齐的劳动实践行为还是极大地促进了劳动教育的发展。

有别于裴斯泰洛齐,英国空想社会主义者欧文不但认为"从自然准则来看,人类劳动或人类所运用的体力与脑力的结合是自然的价值标准"[②],而且还把自己的思想拿到实践中进行检验。他在当时创办了最为先进的工厂和新形态学校,通过实业和教育传递自己的主张,对欧洲的相关领域都产生了空前的影响。欧文非常强调劳动教育对人格发展的重要作用,他的教育与生产劳动相结合的理论和培养全面发展的人的学说也为后来马克思主义劳动教育理论的诞生提供了一定的基础。[③]

德国教育家、劳作教育活动的倡导者凯兴斯泰纳认为,学习知识和手工劳动同样重要,劳动教育应注重职业意志的培养和职业功能的开发,加强教育与社会生产的联系。[④] 该国的其他一些专家学者也提出了类似的思想。德国的劳动教育思想具有很强的职业教育性质,非常注重职业技能和职业观的教育,也体现了现代教育的某些特点,对其他国家的劳动教育产生了较大的影响。

---

① 吴式颖.外国教育史教程[M].北京:人民教育出版社,1999:308-310.
② 杨蕾.和谐社会的价值之维——人的幸福和全面发展[J].大连大学学报,2006(3):24-27.
③ 姚瑞丹.农村初中劳动教育有效实施的策略探讨——以河南省驻马店市 S 中学为例[D].武汉:华中师范大学,2021:7.
④ 陈爱江,何振海.凯兴斯泰纳的"劳作学校"理论及其现实意义[J].河北大学学报(哲学社会科学版),2007(3):53-56.

19世纪40年代,现代化大工业迅猛发展,随之而来的无产阶级与资产阶级的斗争也不断升级。马克思、恩格斯等知识分子批判性地吸收、摒弃、丰富和发展了前期思想家有关教育与生产劳动相结合的思想,从无产阶级的劳动现状出发,提出只有依靠科学的劳动教育,才能帮助无产阶级揭露劳动的本质,了解劳动的真正内涵,培养正确的劳动观和价值观,才能充分了解劳动的意义和内涵。他们认为,劳动教育的作用"不仅是提高社会生产的一种方法,而且是造就全面发展的人的唯一方法"[①]。虽然马克思并没有给予"劳动教育"一个明确的概念或阐释,但是在相关理论中,他对劳动教育的本质和内涵进行了深刻的阐释,做了大量的论证。马克思主义的劳动教育观为中国树立和发展正确的劳动观、劳动教育观奠定了基础。

著名教育家乌申斯基较早认识到了劳动教育对学生个人成长发展的重要性,他说:"教育不仅要启发学生尊重和热爱劳动的思想,而且要培养其劳动习惯,因为具有实际意义的、严肃的劳动总是很艰苦的。"[②]乌申斯基关于劳动教育的理念对现代劳动教育产生了重大影响。

十月革命胜利后,苏维埃俄国以及之后的苏联逐步形成了共产主义劳动教育观,丰富和发展了马克思主义劳动教育思想,认为劳动教育的最高目标是促进个人的全面发展以及为共产主义培养社会主义劳动者。苏联教育家马卡连柯对劳动教育的发展做出了重要贡献。他十分注重对学生进行劳动教育,强调劳动教育不仅有利于社会进步,而且有利于学生全面发展。他认为劳动是教育的基本要素,学校是学生劳动教育的主要场所,家庭是学生劳动教育的重要辅助,应该在家庭和集体教育中实施劳动教育。同时,他还提出纪律教育的概念,他认为这是强调劳动教育在中小学生性格培养中的重要性的唯一

---

① 马克思恩格斯全集(第二十三卷)[M]. 中共中央马克思恩格斯列宁斯大林著作编译局,译. 北京:人民出版社,1972:530.

② 郭志明,邓冉. 苏联人民教育家劳动教育思想研究[J]. 天津市教科院学报,2021(1):83-89.

途径。① 教育理论家和实践家苏霍姆林斯基认为,劳动教育的最终目标一是提高人的劳动素养,二是促进公民道德的养成,最终成为国家与社会发展需要的公民。② 他也主张通过建立劳动集体来加强劳动教育,以使人们认识到劳动的社会重要性,为共产主义社会培养劳动者。③ 苏联的劳动教育思想对中国的劳动教育产生了巨大影响,迄今仍然具有重要意义。

二、中国劳动教育的起源与发展

中华民族五千多年的历史波澜壮阔,这是一部中华民族劳动人民辛勤劳动的奋斗史,也是一部中华民族祖祖辈辈代代相传的劳动教育史。在与自然的长期抗争中,中国古代先民早已形成了强大的劳动精神,并以传唱、文字等形式流传。"尧聘弃,使教民山居,随地造区,妍营种之术……乃拜弃为农师,封之台,号为后稷,姓姬氏。""后稷教民稼穑,树艺五谷,五谷熟而民人育。"④可见,中国上古时期的教育就是劳动教育,是与当时人们的生产活动紧密结合的,并未将劳动教育从教育中单列出来。因此,原始教育与生产劳动结合,便是中国古代劳动教育的源头。

进入阶级社会后,中国古代开始出现"耕读结合、耕读传家"的理念,劳动教育从这时起便开始有了文字记载。西周时期"六艺"中的"御"指的就是驾车,在当时不仅是为了征战,也是生产活动必需的一项技能。同时西周还有"三时务农,而一时讲武"的教育目标⑤,指的是所培养的"士"每年用四分之三的时间进行农业生产、四分之一的时间

---

① 吴式颖.马卡连柯教育文集(下卷)[M].北京:人民教育出版社,1985:180.

② 朱博.苏霍姆林斯基劳动教育思想研究[D].武汉:华中师范大学,2018.

③ 马香莲,余玲瑄.苏霍姆林斯基劳动教育思想体系对我国新时代劳动教育的启示[J].成都师范学院学报,2022(9):69-77.

④ 胡青.耕读——中国古代的教育与生产劳动相结合[J].江西师范大学学报,1992(3):9-12,22.

⑤ 左丘明.国语[M].沈阳:辽宁教育出版社,1997:4.

进行军事训练。这里所体现出来的耕读结合,实际上就是按时节来安排教育和生产劳动的方式。在墨子看来,粮食是百姓最为重要的东西,而食物的取得必须依赖辛勤劳作。他认为,人与人之间是相济而生的,而劳动是人民存在和发展的最根本也是最重要的事。除了墨子本人,整个墨家学派的全体成员"多以裘褐为衣,以跂蹻为服"①,他们既教书育人,也积极投身劳作,强烈反对不劳而获的懒惰观念。

到了明代,耕读结合得到了进一步推广与重视。儒学家王阳明提出了"知行合一"的概念,他强调要理论与实践相结合,认为做学问、学知识必须通过社会实践来实现,其中便包含了现代劳动教育中"劳动实践"的思想。② 清代,"耕读结合"的思想得到了进一步发展,许多名人甚至将"耕读"作为家训来训诫子孙后代。曾国藩在给儿子曾纪鸿的信中写道:"勤俭自持,习劳习苦,可以处乐,可以处约,此君子也。"③教育儿子重视劳动,辛勤劳作,同时要通过劳动锤炼人格,通过劳动体味人生真谛。左宗棠把"勤耕读"作为传家之本,他曾写下"要大门间,积德累善;是好子弟,耕田读书"的楹联,目的是告诫子孙后辈,要重视劳动,要在力耕和勤学上下功夫。④

中华人民共和国成立以后,中国共产党高度重视劳动教育,在马列主义劳动观的指导下、在学习借鉴苏联做法的基础上进行了自主探索实践。毛泽东同志就教育和生产劳动相结合的问题多次提出了指导性意见,"教育与生产劳动相结合"成为我国制定教育方针的基本理论依据。20 世纪 50 年代,生产劳动被当作学校最主要的授课任务,学生们要参加各种各样的劳动实践,如参加工农业生产、参加校办工厂和实验园地的劳动等。然而,之后一段时期,劳动教育出现了严重的

① 钱穆.庄子纂笺[M].北京:生活·读书·新知三联书店,2010:284.

② 陈慧枫.高职院校新时代劳动教育的价值与路径探究——基于王阳明"知行合一"思想视角[J].现代交际,2021(7):17-19.

③ 古代官员"家训":曾国藩愿儿子为读书明理之君子[EB/OL].(2014-04-17)[2023-11-18]. http://www.banyuetan.org/chcontent/wh/ls/2014417/99402.shtml.

④ 韩来庆,张惠元.群策群力,完善耕读教育体系[N].光明日报,2022-10-04(8).

偏差,劳动教育的概念被模糊化,简单地认为劳动尤其是体力劳动就是教育,只要从事了劳动就等于接受了教育,学知识就不能做生产,做理论就不能搞实践。这些观点严重偏离了劳动教育的本质,也偏离了马克思主义的科学劳动观,使劳动教育的发展停滞不前。

20 世纪 80 年代,随着经济飞速发展,科学技术日新月异,新的形势要求我们必须不断推动教育与生产劳动结合,要在内容、形式和方法上下功夫。学界开始对新时期教育方针和劳动教育进行探讨和研究,在这个过程中也纠正了特殊时期学校劳动教育的偏差地位,劳动教育再次回到正确的轨道上来。

进入 21 世纪,随着科技的进步和社会的变迁,与信息技术相结合的脑力劳动发挥着越来越突出的作用,传统劳动及其教育都受到了猛烈冲击,也面临着前所未有的挑战。

党的十八大以来,习近平总书记高度重视劳动教育在人才培养中的重要性,发表了一系列重要讲话。2015 年,教育部、共青团中央、全国少工委发布了《关于加强中小学劳动教育的意见》,明确强调了劳动教育的重要性,指出要通过劳动教育促进学生德智体美教育全面发展。2018 年,在全国教育大会上,习近平总书记指出,要努力构建德智体美劳全面培养的教育体系,形成更高水平的人才培养体系。[①]2020 年,中共中央、国务院发布了《关于全面加强新时代大中小学劳动教育的意见》(简称《意见》),随后教育部印发了《大中小学劳动教育指导纲要(试行)》。2022 年,党的二十大报告再次明确提出要"培养德智体美劳全面发展的社会主义建设者和接班人"。由此,劳动教育在新时代进一步得到重视。

---

① 中共中央党史和文献研究院.十九大以来重要文献选编(上)[M].北京:中央文献出版社,2019:653.

第二节　新时代劳动教育研究意义

那么,新时代我们该如何响应号召,把劳动教育开展好、落实好呢?尽管国内外已有丰富的劳动教育实践经验和理论总结成果,但在新时代依然有很多值得进一步探讨的问题。新时代劳动教育的目标是什么?劳动教育的理念如何与时俱进?劳动教育的内容如何丰富拓展?劳动教育模式如何创新?劳动教育方法、手段和载体如何综合运用?不同阶段的受教育者如何体现劳动教育差别?大数据技术与人工智能的推广应用对劳动教育会产生什么样的影响?这些问题都需要我们有针对性地开展研究。因此,开展新时代劳动教育研究具有重要的时代意义。

一、新时代劳动教育研究的理论意义

开展新时代劳动教育研究,我们认为其理论意义体现为以下几个方面。

首先,开展新时代劳动教育研究,有利于创新劳动教育理论。一方面,对劳动教育发展史追根溯源,有利于更好地理解、传承、运用马克思主义劳动观,深刻认知、传播、践行中国共产党关于劳动教育的重要论述[①],促进劳动教育与时俱进、与时代同行,提升高校劳动教育研究的理论高度,达到提高当代青年学生劳动综合素养、健全高校劳动教育实现机制的目标和效果。另一方面,随着科技的进步,大数据和人工智能背景下的新型劳动形态如雨后春笋般出现,如机器劳动、数字化智能化劳动、人机协同劳动等几乎已经无处不在。这些新兴事物

---

① 王彦庆.新时代大学生劳动教育研究[D].哈尔滨:哈尔滨师范大学,2021.

的出现不仅改变着人类的劳动内容和劳动方式,也使劳动教育的内涵不断丰富,对劳动教育的方式提出了新的要求。劳动教育的实践也将随之变化。在这样的时代背景下,我们开展劳动教育研究,有利于在重申劳动教育重要价值的同时,进一步厘清劳动教育的本质内涵,深入探讨劳动教育在新时代面临的问题和对策,凸显劳动教育的时代价值,推动劳动教育的创新发展。

其次,开展新时代劳动教育研究,有利于拓展、扩展、发展学校思想政治教育理论研究与实践工作的相关内容。劳动教育蕴含着人类在各类生产活动中逐步演变而来的劳动文化和劳动精神,是大思政的重要内容,对于当代大学生的思想政治引导有着非常积极的作用。对劳动教育进行深入研究,不断挖掘蕴含其中的宝贵思想政治元素,将劳动精神里的价值观渗透、融入高校思想政治教育,不仅能够弥补当前大学生思想政治教育中有关劳动教育理论的欠缺,扩展和充实思想政治教育的内容,还能借助劳动教育的实践教学形式,丰富和完善思想政治教育的实践育人内容、方式与实现路径,推动高校思想政治教育与劳动教育相结合。事实上,劳动教育研究也是思想政治研究的重要组成部分,与时俱进的思想政治教育研究必然要求开展与时俱进的劳动教育研究。因此,开展新时代劳动教育研究必将有力推动高校思想政治教育研究的创新发展。

最后,开展新时代劳动教育研究,有利于拓宽高等教育研究视野。以往,高等教育研究大多集中在人才培养模式、教学方式、专业建设、课程建设、学科与学位点建设、教材建设、科学研究、实践教学、师资队伍建设、实验室建设等方面,较少涉及劳动教育研究这一领域。党的二十大明确指出要"培养德智体美劳全面发展的社会主义建设者与接班人",把劳动教育作为"五育"之一,这必将推动劳动教育研究的深化。例如,高校如何规划劳动教育、如何设置劳育课程、如何开展劳育的理论教学与实践教学、如何配置劳育教师、如何编写劳育教材等问题,都是需要我们去深入研究的课题。因此,开展新时代劳动教育研究,有利于拓宽高等教育研究视野,丰富和完善高等教育研究体系,推动高校人才培养模式创新。

二、新时代劳动教育研究的实践意义

从宏观层面看,开展新时代劳动教育研究,是全面建设社会主义现代化国家、昂首阔步在新征程上迈进的需要。我国在中国共产党的领导下,沿着中国特色社会主义道路,取得了一个又一个辉煌的成就。我国之所以能够从站起来到富起来再到强起来,完全是全国各族人民在中国共产党带领下通过辛勤劳动、诚实劳动和创造性劳动取得的。[①]当前,我国正在大力推进共同富裕,正在全面建设中国式现代化,正在努力实现中华民族伟大复兴。要实现这些宏伟目标,需要全国各族人民在中国共产党的领导下沿着中国特色社会主义道路踔厉奋发、勇毅前行、勤奋劳动。除了劳动,别无他路。正因为如此,习近平总书记指出要"引导广大人民群众树立辛勤劳动、诚实劳动、创造性劳动的理念"[②]。让劳动者积极参加劳动、让人民在劳动中铸就辉煌,这是我国实现中华民族伟大复兴中国梦的唯一路径。在这个过程中,为了进一步激发人们的劳动热情,克服麻痹主义、享乐主义、小富即安、歇脚松气等思想,劳动教育必须跟上,必须与时俱进。因此,开展新时代劳动教育研究,让人们在新时代树立更为积极向上的劳动观,是实现富民强国目标的重要保障。

从中观层面看,开展新时代劳动教育研究,是推进"五育"融合、落实立德树人的需要。劳育作为"五育"之一,具有最广泛的基础性作用,是促使学生全面发展的根本抓手。从本质上看,德、智、体、美无一不源自劳:在劳动中形成优良品德,在劳动中掌握科技知识,在劳动中

---

　　① 郭梅英.大学生劳动教育现状及对策研究——以内蒙古六所高校为例[D].呼和浩特:内蒙古师范大学,2021:23.

　　② 习近平.在庆祝"五一"国际劳动节暨表彰全国劳动模范和先进工作者大会上的讲话[N].人民日报,2015-04-29(2).

进行体育运动,在劳动中感受美好事物。正因为如此,我们才说劳动创造一切。因此,对劳动教育无论怎么重视都不为过。然而在实践中,我们对于劳育作用的认识并不一致,对于如何发挥劳育的融合作用研究得也不充分,特别是在大数据技术迅猛发展的背景下,我们应该树立什么样的劳动观、开展什么样的劳动教育、用什么方式开展劳动教育,是摆在我们面前的新课题。为了充分发挥劳动教育在立德树人中的作用,必须结合新时代呈现出来的各种特征,系统研究劳动教育在教育体系中的地位,必须围绕培养德智体美劳全面发展的社会主义事业建设者和接班人这一目标充分培育和挖掘劳动文化和劳动精神,必须通过有效的劳动教育使新时代青年学子得到全面发展。当然,新时代所倡导的劳动教育,并非简单的体力劳动教育,而是兼具物质和精神两个层面、体力与脑力两种劳动的,如何使这两个层面、两种劳动有机结合,也需要我们去积极探索研究。

从微观层面看,开展新时代劳动教育研究,是引导大学生树立正确的劳动价值观,培养"有理想、敢担当、能吃苦、肯奋斗的新时代好青年"的需要。总体上看,中华青年积极向上、勇于担当、敢于拼搏,展现出了应有的精神风貌。但也有一部分人由于深受网络文化和国外思潮的影响,没有树立正确的人生观、世界观、价值观,没有形成正确的劳动观,不愿劳动、不肯劳动、不会劳动,追崇"佛系""躺平""躺赢""摸鱼",甚至以"丧"为荣。这些人在日常学习工作生活中消极倦怠、得过且过,没有体现积极的劳动态度和价值取向。也有些人依然抱着"万般皆下品,惟有读书高""劳心者治人,劳力者治于人"的陈腐观念,不愿意到基层去。面对这些不正确的价值取向,如何通过科学的劳动教育予以纠正扭转,正是需要我们去认真加以研究的重要课题之一。

第三节　劳动教育研究现状

人类自从开展劳动教育实践以来,也一直在开展劳动教育理论研究,围绕什么是劳动教育、为什么要开展劳动教育、如何开展劳动教育、劳动教育的内容如何构成等问题,众多学者进行了理论联系实际的研究,达成了许多共识,但也还有不少需要进一步深化探讨的问题。为了更有针对性地开展新时代劳动教育研究,有必要对国内外的研究现状进行概括梳理。

一、国外研究现状

前述莫尔的《乌托邦》、卢梭的《爱弥儿》与裴斯泰洛齐、欧文等的著作,阐述了对劳动教育的认识,其中渗透了劳动教育思想,但还不属于对劳动教育的专门研究。古代的劳动教育是大众教育,渗透在普通的教育之中,面向的是具体的生产实践,带有明显的体力劳动倾向。随着社会的不断进步,政治经济的不断发展,出现了学校中的劳动教育和专门的劳动教育课程,劳动教育由原先的生产性逐渐发展到育人性,诸多专家学者对此进行了系列的学术研究。

从文献看,国外学者针对劳动教育的研究内容较为丰富,涵盖了教育内涵、教育模式、劳育内容、保障机制等方面。基于学习借鉴的目的,我们对此进行了一个粗略的梳理。

(一)关于劳动教育的概念

曼齐奥斯把劳动教育简单地定义为以大学和工会为基础的工人教育,在他对劳动的理解中,劳动能够使人增长智慧,人能够依靠劳动争取自己喜欢的生活。劳动教育包含的内容多样,除了认字和英文、手工艺和工作相关技艺,还包含建立有效的劳工运动的技能。① 威特认为,劳动教育的教育对象是工人,劳动教育的目的是维护工人的利益,以解决雇佣关系中劳工矛盾为最主要的任务,而劳动教育的主要作用就是教会学生生存,有能力应对未来在工作中所面对的各种劳动关系。② 博伊尔认为,劳动教育指的就是手段和技术,是一种教导工人们参与劳工运动的方式。"劳动教育就是教授给劳工团体们所需要的东西,这些东西都是由高等学校的智力资源汇集起来的。"③ 有学者认为,劳动教育是指通过帮助工会成员而开展的某些活动,如满足他们的教育需求、教授他们知识等,当然这样做的目的仅仅是完成工会的工作任务。④ 施密德曼等认为,建立在高等教育基础上的劳动教育的目的是帮助工人更好地成长和履行职能,方式是教会他们如何承担组织和公民责任。⑤ 苏霍姆林斯基则认为,劳动教育是劳动和教育的有机统一体,它不是隶属于教育的,也不隶属于一般性的劳动,劳动贯穿教育活动的全过程,它本质上可以使学习变得更有趣味。⑥

(二)关于劳动教育的重要性

马克思关于劳动教育重要性的论述十分深刻,本书将在后面进行专门的探究,这里仅对其他学者的文献进行简要概述。

泰勒对加拿大的劳动教育进行了研究,在分析了劳动教育的历史、工会发展史和当时的社会政治经济环境后认为,工会教育和劳动

①　Mantsios G. Through the looking glass of history: A new vision for labor education[J]. Working USA,2016(4):555-573.

②　Witte E. The university and labor education[J]. ILR Review,1947(1):3-17.

③　Boyle G. The functions of university labor education programs[J]. Labor Studies Journal,1977(2):139-144.

④　Ahn J. A study on the plan activating labor education at schools toward balanced perspective of labor management relations[D]. Anyang:University of Anyang in Korea,2003.

⑤　Schmidman J, Marrone J, Remington J. Labor education as a method of enhancing employee rights and responsibilities[J]. Employee Responsibilities and Rights Journal,1990(4):291-305.

⑥　《中国大百科全书》编辑委员会. 中国大百科全书·教育[M]. 北京:中国大百科全书出版社,1985:447.

教育的作用不同,工会教育对劳动者职业技能的发展非常重要,而劳动教育对成人教育的发展起到了非常积极的作用。[1] 罗伯茨和马什认为,劳动学院针对工会成员进行继续教育和培训,不断提升工会劳动者的知识水平和职业技能水平,打破了工会运动由文盲工人作为主力的旧状,提高了加勒比地区劳工运动的声誉,也促进了当地劳动教育的发展和进步。[2] 曼齐奥斯对美国劳动教育的历史和当代模式进行了梳理和研究,认为劳动教育不应被狭隘地定义,应该更加广泛地以社区为导向,通过多种倡议形式使更多的劳动教育者发挥教育引导作用。[3] 这些观点都充分肯定了劳动教育对劳动者发展的重要性,但也存在明显的时间、空间局限性。

（三）关于劳动教育的实现机制

如何有效开展劳动教育?很多国家都注重通过立法来提高劳动教育的地位并保障其顺利实施,同时通过合理设置课程以加强对学生的劳动教育。一些国家通过优化劳动教育内容和设立科学合理的实践环节来提高学生的劳动素质,培养学生正确的劳动观。还有一些国家建立了更加完善的劳动教育教师的培训体系,通过职前培训和在职培训增强劳动教育师资队伍的力量,提高教师素质。[4]

德国职业教育理论的奠基者凯兴斯泰纳对德国劳动教育的推广发挥了重要作用。在德国"劳动学校运动"中,他建立了慕尼黑的职业教育体系,针对劳动教育做出了许多改革。例如,设置了学校劳动教育实施场,不断修订教学计划,加大劳动教育课程比例等。[5] 他还有效

---

① Taylor J. Union Learning: Canadian Labour Education in the Twentieth Century[M]. Toronto: Thompson Educational Publishing, 2000.

② Roberts D, Marsh L. Labor education in the Caribbean: A critical evaluation of Barbados, Jamaica and Trinidad[J]. International Labor and Working-Class History, 2016, 90: 186-195.

③ Mantsios G. Through the looking glass of history: A new vision for labor education[J]. Working USA: The Journal of Labor and Society, 2015(4): 555-573.

④ 王彦庆. 新时代大学生劳动教育研究[D]. 哈尔滨: 哈尔滨师范大学, 2021: 12.

⑤ 林凌. 学校情境中的劳动: 为何与何为? ——凯兴斯泰纳及其《劳作学校要义》的贡献[J]. 苏州大学学报(教育科学版), 2020(1): 98-106.

地论证了劳动的教育价值,将劳动教育在整个教育体系中的地位推上了全新的高度。同时,他还将劳动教育与人的全面发展、职业发展有机地统一起来。自此,德国的劳动教育不再单单是一种课程的概念,而是希望以劳动教育引导学生领悟劳动教育带给他们内心的富足,强调劳动最主要的作用是为学生未来职业做准备,因此更倾向于职业教育模式。① 芬兰教育家齐格纽斯经过多年在欧洲各国的实地考察,提出了芬兰劳动教育相关计划:学生除了获得理论知识,还应学会手工制作的专业技艺。于是,芬兰开设了以手工教育为主的通识教育课程,此后,芬兰一直保持着对手工教育十分重视的传统。印度甘地认为,劳动教育与普罗大众的现实生活密不可分,随后印度积极推动了"有益于社会的生产劳动",在扫盲教育中开展以技能培训为主的劳动教育,在中小学开设劳动教育必修课程,在高中阶段推进劳动教育职业化发展。②

　　日本对劳动教育的重视体现为通过立法来保障劳动教育的实施,通过设计科学化、合理化的课程来加强对学生的劳动教育。③ 日本通过"劳作学校"加"做中学"的劳动教育模式迎合实际生产需要,要求学校在劳动教育过程中必须向学生普及相关劳动法律条文等。④ 马蒂对劳动教育的认识在古巴的教育发展史上有着极为重要的影响,古巴城区的学校规划一定时间安排学生参加生产劳动,同时各类学校都配备了一定的劳作场地和劳作设施,中学生和大学生每年还会参与固定的农作物收割劳作。⑤ 卡斯特罗继承并发展了马蒂的教育思想,他认为,众人皆有机会接受教育,执政者必须在政策层面将教育和劳动紧密相连,同时他强调实践教育的重要性,认为劳动教育能够增强劳动者自

---

① 傅小芳,周俪.德国基础教育中的劳动技术教育[J].比较教育研究,2005(2):35-40.
② 杨明全.印度劳动教育的政策演进与实践策略[J].北京教育学院学报,2019(1):23-28.
③ 王彦庆.新时代大学生劳动教育研究[D].哈尔滨:哈尔滨师范大学,2021:12.
④ 吴园.日本劳动教育及其对我国高校劳动教育的启示[J].创新人才教育,2021(4):70-76.
⑤ 张依,李梦雨.古巴中小学劳动教育进程、经验及启示[J].西部学刊,2021(16):124-127.

身创造性。[①]

二、国内研究现状

1949—1981 年，国内学者在劳动教育方面的研究文献比较少见，研究的主体和范围也较为狭隘。1981 年，陈文清在《辽宁大学学报（哲学社会科学版）》第 6 期发表了题为《劳动教育是培养全面发展新人的重要原则》的文章[②]，这是知网上有记载的国内最早研究劳动教育的文章。他认为，劳动教育是培养全面发展新人的重要原则，对培养学生的德育、智育、体育有积极的融合推动作用。

随着改革开放的深化，我国对劳动教育的重视程度不断提高。1982 年之后，有关劳动教育研究的文献开始有所增长，2008 年之后则是明显增长，研究内容大多集中在强调劳动教育的重要性或者内涵与意义等理论层面。2015 年开始，研究文献数量迅猛增长，研究内容涉及劳动教育所面临的问题与解决方案等实践层面。2021 年之后，劳动教育研究相关文献呈现井喷式增长，研究内容主要集中在"五育并举"的人才培养模式，以及基于劳动教育促进教育改革和创新等方面。可以看出，有关新时代劳动教育的研究已成为较为热门的研究话题。

在知网中以"劳动教育"为关键词进行搜索，2000 年以来共有 24999 条文献（截至 2023 年 11 月 25 日）。下载量排在前面的有：檀传宝的《劳动教育的概念理解——如何认识劳动教育概念的基本内涵与基本特征》、班建武的《"新"劳动教育的内涵特征与实践路径》、徐长发的《新时代劳动教育再发展的逻辑》、李政涛和文娟的《"五育融合"与新时代"教育新体系"的构建》。其中，檀传宝的论文被引次数高达 1415 次，位列被引榜第一。值得一提的是，刘向兵教授在推进我国劳

---

① 马蒂.长笛与利剑——何塞·马蒂诗文选[M].毛金里,徐世澄,编.昆明:云南人民出版社,1995:221-222.

② 陈文清.劳动教育是培养全面发展新人的重要原则[J].辽宁大学学报(哲学社会科学版),1981(6):28-30.

动教育、新时代劳动教育研究和劳动教育教材建设方面做出了诸多努力，成为新时代劳动教育研究的领军人物之一。

（一）关于劳动教育的内涵

劳动包罗万象，因此劳动教育的内涵也十分丰富。迄今为止，学界并没有对劳动教育有一个明确的定义，不同的学者从不同的角度对劳动教育进行了解读。黄济认为，劳动教育定义的范围广泛，是一个不甚确定的概念，他认为劳动教育包含了技能和品德，是全面发展教育的重要部分。[①] 曲霞和刘向兵认为，劳动教育的目的是指引当代大学生在劳动过程中实现自我提升和自我价值，把自己淬炼成能创新、能实践、有责任的高级人才。而劳动就是对学生进行全面的思想、技能、实践教育，从而使其综合素质全面提高的过程。[②] 檀传宝将劳动教育定义为"以促进学生形成劳动价值观和养成劳动素养为目的的教育活动"，其中劳动价值观包含了科学的劳动观点、进取的劳动态度、热爱劳动的行为意识，劳动素养则是指相应的知识与技能以及热爱劳动的行为习惯。[③] 孟国忠提出，劳动教育是通过实践取得金钱、财富之类的物质资源，同时提升自身精神价值的活动，它的重要作用是树立正确的劳动观和劳动态度，以及提升自我服务能力。[④] 张欣着重强调了高校的劳动教育，认为劳动教育是通过课堂和实践教学等形式实现的，同时劳动教育的内容与生产生活息息相关，具有极强的时代特性，最终目标是培养学生的综合劳动素养。[⑤] 温晓年同样也定义了高校劳动教育，认为高校劳动教育是根据大学生的成长特性、结合高校的专

---

① 黄济.关于劳动教育的认识和建议[J].江苏教育学院学报(社会科学版),2004(5):17-22.
② 曲霞,刘向兵.新时代高校劳动教育的内涵辨析与体系建构 [J].中国高教研究,2019(2):73-77.
③ 檀传宝.劳动教育的概念理解——如何认识劳动教育概念的基本内涵与基本特征[J].中国教育学刊,2019(2):82-84.
④ 孟国忠.新时代扎实推进高校劳动教育的着力点 [J].中国高等教育,2019(21):45-47.
⑤ 张欣.困境纾解:新时代大学生劳动教育路径探析[J].湖北经济学院学报(人文社会科学版),2020(12):111-114.

业特色,培养出匹配当前社会生产需要的、具有相应劳动能力和劳动素养的新时代大学生的过程。① 苏鹏举和王海福认为,新时代大学生劳动教育是多方协同作用的产物,需要政府、社会、学校、家庭和大学生自身协同创新,同时高效的劳动教育应当尽可能让学生们参与生产、生活、服务性劳动,本质上是自觉践行社会主义核心价值观的实践教育教学。② 张海生则从本体论的角度出发,认为高校劳动教育实质上是一种与生产生活、服务创造相统一的具有教育价值和劳动价值的生产性脑力劳动。③

（二）关于劳动教育的内容

不同的教育阶段,劳动教育的内容大不相同。学界对于中小学阶段劳动教育内容的讨论并不是很多,因为这些阶段的劳动内容较为简单。但对于大学生劳动教育到底应该教授什么内容,学界众说纷纭,意见并不统一。有学者认为,大学生劳动教育主要是劳动价值观、劳动精神和新时代精神教育,主要偏向价值观念的研究;有学者认为,当代大学生缺乏实践锻炼,应该以劳动实践类教育作为大学生劳动教育的主要内容,偏向劳动技能培育和提升;还有很多学者从综合考量的角度出发,认为高等学校的劳动教育应该包罗万象,涵盖观念、知识、技能和劳动精神等方面的教育。楼锡锦认为,劳动教育的内容需包含多样,包括劳动观、劳动品质、劳动知识和技能以及劳动习惯,不能以单一的理论或技能教授。④ 黄济认为,劳动教育的内容需要根据不同的劳动对象来细分,认为劳动教育的内容要适应当前劳动的生产性、

① 温晓年.新时代高校劳动教育体系的构建[J].高等职业教育(天津职业大学学报),2020(5):67-72,79.

② 苏鹏举,王海福.新时代大学生劳动教育价值意蕴、弱势表征及实现路向[J].高教论坛,2020(21):114-119.

③ 张海生.高校劳动教育的意涵、价值与实践——一种本体论、价值论和方法论的解析[J].大学教育科学,2021(1):53-59.

④ 楼锡锦.试论新时期大学生劳动教育的意义、内容及实施途径[J].高等农业教育,2000(1):57-59.

公益性、服务性内容。① 杨海达提出,大学生劳动教育的内容应该从与他们的学习情况、生活需要、未来发展紧密结合的意识形态教育、精神教育、习惯教育和法律法规等层面入手。② 文新华认为,新时代劳动教育应坚持以马克思主义劳动观为根本出发点,包含态度、情感、人生观、习惯、知识、技能、能力这些要素,同时要不断探索劳动教育的科学路径,从而达到培养劳动本领过硬的新时代劳动者的目标。③ 李珂和蔡元帅认为,当下的劳动教育内容要充分反省中国教育的不足,要致力于纠正低迷错误的劳动态度,以增强大学生劳动技能为重要内容。④ 班建武认为,"新"的劳动教育的内容要包含消费教育,他认为生产和消费是完整的统一体,也是完整运转的劳动链条的基本要素。⑤ 黄晨等认为,大学生劳动教育需要开展马克思主义劳动观和就业观的教育、尊重劳动者的情感教育和新时代劳动精神的培育。⑥ 刘丽红和曲霞认为,新时代大学生劳动教育必须将大学生创新创业教育纳入其中,创业教育与劳动教育具有极强的内在关联,而且创新创业教育也是高校劳动教育特有的重要内容和重要的劳动实践内容。⑦ 彭泽平和邹南芳认为,高校劳动教育的内容应包括马克思劳动观、习近平总书记关于劳动与劳动教育的重要论述、现代科学技术内容、现代社会精神的教育等。⑧

---

① 黄济.关于劳动教育的认识和建议[J].江苏教育学院学报(社会科学版),2004(5):17-22.

② 杨海达.大学生劳动教育存在的问题及对策[D].牡丹江:牡丹江师范学院,2016:31.

③ 文新华.论以新时代马克思主义劳动观为指导深入推进劳动教育[J].中国高等教育,2018(21):10-12.

④ 李珂,蔡元帅.陶行知劳动教育思想对新时代加强大学生劳动教育的启示[J].思想教育研究,2019(1):107-110.

⑤ 班建武."新"劳动教育的内涵特征与实践路径[J].教育研究,2019(1):21-26.

⑥ 黄晨,华启和,宋月婵,等.思想政治教育视域下大学生劳动教育内容及其路径探索[J].东华理工大学学报(社会科学版),2020(5):457-460,466.

⑦ 刘丽红,曲霞.论高校创新创业教育与劳动教育的同构共生[J].中国青年社会科学,2020(1):103-109.

⑧ 彭泽平,邹南芳.新时代高校加强劳动教育的价值意蕴、逻辑机理与实践方略[J].黑龙江高教研究,2020(12):1-5.

(三)关于劳动教育存在的问题和对策

关于新时代劳动教育存在的问题,研究发现主要表现在学生自身劳动意识淡薄,劳动教育流于形式,劳动内容缺乏针对性、层次性、系统性和连贯性,社会协同程度不高,师资、场地、制度无法保障以及高校劳动教育体系不健全等方面。以袁华高为代表的研究者认为,当前高校仍然偏重智育,轻视劳动教育,课程定位不清晰,实施机制欠成熟,同时内容单一化、实施形式化的现象突出。[①] 李珂和曲霞在谈到目前劳动教育存在的问题时认为,"真正具有内在生命力的劳动教育应该是当前我国教育事业发展的当务之急"[②]。裴文波、岳海洋和潘聪聪认为,当前大学生劳动教育存在劳动价值取向功利化、劳动态度消极化、劳动意志薄弱化、劳动能力削弱化的现状。[③] 吕小亮认为,目前高等教育普遍轻视体力劳动,高校作为培育社会主义时代新人的重要战场,应该补上目前短板,通过拓展劳动教育平台和丰富劳动教育方式等不断发挥劳动育人的积极作用。[④] 简超宗和张永红通过实证研究认为,超过一半的大学生对"劳心者治人,劳力者治于人"表示认同,而在"劳动的价值"的选项中,超过八成的学生选择了个人发展的需要和金钱、财富、地位等物质资料。他们认为,当前的劳动教育面临着严重的被淡化的问题,而且整个社会的风气引导也不容乐观。[⑤] 尹者金认为,当前我国高校劳动教育存在劳动教育内涵认识缺位、实践教育定位不准确和劳动氛围薄弱三大亟待解决的主要问题。[⑥] 汪萍认为,当前高校劳动教育的主要目的仍是为职业发展服务,在这个过程中丧失了对

---

①　袁华高.大学生劳动教育现状及对策探讨[J].教育教学论坛,2017(26):5-6.

②　李珂,曲霞.1949年以来劳动教育在党的教育方针中的历史演变与省思[J].教育学报,2018(5):63-72.

③　裴文波,岳海洋,潘聪聪.高校大学生劳动教育的多维透视[J].学校党建与思想教育,2019(4):87-89.

④　吕小亮.体力劳动是培育社会主义时代新人的重要实践环节[J].毛泽东邓小平理论研究,2019(11):33-39,107.

⑤　简超宗,张永红.大学生劳动价值观现状及提升路径[J].高校辅导员,2019(4):71-76.

⑥　尹者金.新时代高校劳动教育的特征与实现[J].江苏高教,2019(11):85-89.

劳动教育本身的内在的更为长远的思考。很多高校在劳动实践的过程中也忽略了本应处于最核心的劳动教育的问题,在全面发展要求中,高校仍呈现出"劳动"教育的短板。①

　　针对当前劳动教育存在的问题,学者也纷纷提出了对策。杨素云认为,当前劳动教育机制最应该针对监督和考评机制进行完善,同时在这个基础上,还要不断推进运行机制的发展和完善,在考评中,要制定科学规范的劳动评价标准,实行标准化、任务到人的考核办法,不断提高劳动成绩在学生综合考评、评奖评优中的地位。② 刘向兵、李珂和彭维峰认为,当前劳动教育相关学术研究还是较少,尤其是更深层次的理论研究仍需要不断加强,同时要将学习和落实新时代的劳模精神和工匠精神贯穿当前的师德师风建设,不断促进提高劳动教育的教授者的综合劳动素养。③ 林炎红认为,摆脱当前劳动教育困境的一个重要途径就是整合多方资源,家庭、学校和社会都是劳动教育的重要场所,高校、社会、家庭必须形成合力,协同建设,才能达到更为理想的效果。④ 曲霞和刘向兵从三重维度设计了新时代高校劳动教育体系的圈层建构:一是核心层"五大目标体系";二是中间层"三大任务体系"和"1+8实施体系";三是外围层"3+1保障体系"。⑤ 刘丽萍认为,中华民族几千年来劳动文明源远流长,古代农耕文化中的劳动精神和劳动文化是当代劳动教育极为重要的资源,亟待融入劳动教育教学和校园文化活动。⑥ 徐长发和张滢认为,当前劳动教育要建立"五个机制",即劳动精神的认同机制、责任担当的创新工作机制、劳动教育的规范化

---

① 汪萍.高校劳动教育的发展历程、基本经验与进路选择[J].黑龙江高教研究,2020(12):12-16.

② 杨素云.关于加强大学生劳动教育的思考[J].学校党建与思想教育,2012(35):31-32.

③ 刘向兵,李珂,彭维峰.深刻理解新时代加强劳动教育的重大意义与现实针对性[J].中国高等教育,2018(21):4-6.

④ 林炎红.高校劳动教育的价值及途径探究[J].佳木斯职业学院学报,2019(11):25-26.

⑤ 曲霞,刘向兵.新时代高校劳动教育的内涵辨析与体系建构[J].中国高教研究,2019(2):73-77.

⑥ 刘丽萍.中华农耕文化融入大学生劳动教育研究[J].教育现代化,2019(72):25-27.

机制、教育内容的贯通机制、社会层面的贯穿机制。① 茹丽燕认为,针对目前劳动教育的问题和困境,需要有更加开阔的视野,创新教育方法和手段,做好顶层设计,积极构建科学稳定的劳动教育机制,同时要结合学校特色和学生特性,顺应时代需要,合理配置资源,避免劳动教育固定化、模式化。② 尤丽佳和张永翔认为,目前劳动教育问题的症结在于不够持续和连贯,大中小学的劳动教育各自为政,没有达到有机的统一。他们认为,新时代要促进日常生活教学中的劳动和专项劳动教育的融合,要保持持续性和稳定性。③ 刘向兵和赵明霏提出,劳动教育必须贯穿高校人才培养的各个环节,要在当前的思政劳育中渗透劳动精神、专业劳育中渗透劳动素养、实践劳育中渗透劳动技能、课程劳育中渗透职业技能、学术劳育中渗透劳动价值引领,将五种劳育形成合力,将劳动教育贯穿高校日常教学和管理体系,构建新时代高校劳动教育体系。④

　　上述这些关于国内外劳动教育研究状况的梳理,难免挂一漏万,但相关文献从不同角度为本书的写作提供了极为重要的参考与借鉴。

---

① 徐长发,张滢.为什么劳动教育是人生第一教育[J].中国民族教育,2020(6):30-36.
② 茹丽燕.高校劳动教育的困境与重构[J].晋中学院学报,2020(6):13-16.
③ 尤丽佳,张永翔.高校提升劳动教育实效性的原则及方法[J].廊坊师范学院学报(社会科学版),2020(4):125-128.
④ 刘向兵,赵明霏.构建新时代高校劳动教育体系的理论逻辑与实践路径——基于知识整体理论的视角[J].中国高教研究,2020(8):62-66.

第二章　新时代劳动教育内涵探析

　　随着人类认知能力的不断提升、知识的不断丰富和综合素养的不断提高,人类劳动的内涵不断在发展,这要求劳动教育的内涵也同步深化发展。从上一章关于劳动教育的起源与发展的概述也可以看出,在不同的历史阶段,人类对劳动教育的认识与理解是不一样的,但总的来说,人类关于劳动教育有利于促进人的自由全面发展的认识是一致的,但劳动教育如何促进人的全面发展,则还要从理论与实践两个层面进行深入研究,而这又必须首先从劳动教育内涵的探析着手。也就是说,新时代劳动教育研究必须建立在对新时代劳动教育内涵探析的基础之上。

第一节　关于劳动内涵的再讨论

　　要理解劳动教育的内涵,首先要理解劳动的内涵。人类关于劳动的认识已经非常深刻,论述也非常丰富。但是,随着人类劳动从原始劳动到农耕劳动,到机械化生产劳动,到电气化生产劳动,到自动化生产劳动,再到如今的智能化生产劳动,劳动的方式不断在变化,效率不断在提升,同时劳动成果的表现形式也发生着巨大的变化,特别是以现代信息技术应用为载体的劳动及其成果所占的比重越来越高。如今,(大)数据已经成为重要的生产要素。大数据与智能化不仅改变了人类的生产生活方式,也正在改变着人类的思维方式。这就意味着,人类劳动与劳动成果（产品）之间的关系不再是以往那样直接的劳动作用于产品的关系。在这样的背景下，我们有必要对劳动的内涵进行再讨论。

一、关于劳动的产生

什么是劳动？我们先重温一下关于劳动的一些表述。马克思指出"劳动力的使用就是劳动本身"[①]；习近平总书记曾引用马克思的语言指出"劳动是人类的本质活动"[②]；《现代汉语词典》将劳动描述为"人类创造物质或精神财富的活动"，也可专指体力劳动或进行体力劳动；《中国大百科全书（哲学卷）》将劳动定义为"人类特有的基本社会实践，是人类通过有目的的活动改造自然物和改造自身的过程"。《庄子》中"春耕种，形足以劳动"[③]是我国较早关于劳动的描述，反映了中国古代对劳动的理解，塑造了劳动者的形象，即专指个体在身体方面的一种锻炼、活动形式[④]。这些表述倾向于认为劳动就是人的体力的有目的的使用过程。

人类为什么会产生劳动？这个似乎不是问题的问题时时困扰着我们。回顾人类发展史，我们可以得出这样一个认识：人类存在的意义是为了活着，但不仅是活着，还是幸福生活，这个幸福生活就是物质上的充裕和精神上的富有，就是人的全面自由发展。那么人类如何才能活着并且幸福地活着？这就需要劳动。活着就是劳动产生的理由，幸福地活着就是劳动存在并持续升华的动因，同时劳动本身也成为人类幸福生活的重要元素。

---

① 马克思.资本论（第一卷）[M].中共中央马克思恩格斯列宁斯大林著作编译局，译.北京：人民出版社，2004：207.

② 习近平.在庆祝"五一"国际劳动节暨表彰全国劳动模范和先进工作者大会上的讲话[N].人民日报，2015-04-29（2）.

③ 钱穆.庄子纂笺[M].北京：生活·读书·新知三联书店，2010：249.

④ 熊和平.《庄子》的劳动教育哲学及其当代价值[J].湖南师范大学教育科学学报，2021（1）：1-12.

其实,劳动是人类所特有的、与生俱来的特性。按照马克思的观点,当人类有意识地生产生活资料时,劳动就产生了。因此,人类"从猿到人"最重要的标志就是劳动。也就是说,人类产生的同时,劳动也就产生了,尽管最初的劳动可能是以一种简单的、原始的方式呈现出来。当然,我们也可以说,因为学会了劳动,人类才成为人类。不难发现,人类为了生存,必须首先解决食物问题,其次是冬天的保暖问题。丰衣足食就是人类最初的期望目标。为了丰衣足食,人类学会了劳动,从采摘果实、捕猎动物到有意识地种植作物、圈养动物,人类的生活水平不断提高。在劳动过程中,人类不仅学会了使用工具,而且学会了制造工具,使劳动效率不断提高。制造工具,是人类劳动真正的开始。能够使用工具进行有目的的生产劳动,是人与动物的根本区别。人类因劳动得以生存繁衍并不断发展,劳动犹如一条主线贯穿人类发展历史的全过程。正因为如此,马克思才认为劳动是人的本质属性,"整个所谓世界历史不外是人通过人的劳动而诞生的过程"①。

在劳动过程中,人类不断摸索如何去适应自然规律并试图认识世界的本质是什么。例如,古希腊哲学家泰勒斯认为世界是由水构成的,赫拉克利特认为活火才是世界的本质,毕达哥拉斯认为凡事皆为数,而德谟克利特认为世界是由各种原子构成的虚空,我国先哲老子则提出道法自然、道生万物。人类是伴随着对世界好奇心的增强并将这种好奇心付诸实践而不断发展的。例如,人类通过观察天际变化掌握四季循环和昼夜交替规律,懂得了日晷计时、沙漏计时等计时方法,懂得了按时节种植作物,懂得了依据气候变化预测来年作物的丰歉;人类为了提高劳动效率懂得了用火,懂得了制舟,懂得了冶炼,懂得了各种工艺,懂得了建筑。经过反复实践与总结,人类的劳动知识越来越丰富,生产力越来越发展,劳动产品越来越丰盛。在此过程中,人类

---

① 马克思.1844年经济学哲学手稿[M].中共中央马克思恩格斯列宁斯大林著作编译局,译.北京:人民出版社,2000:92.

也不断学习如何处理人与人之间的关系,包括家庭成员之间的关系和不同家庭、不同部落之间的关系,这其实就是如何进行劳动分工和成果分配的生产关系。为了沟通,人类产生了语言、创造了文字、懂得了计数、制定了规则,社会组织关系越来越复杂,社会需求越来越多样,并且把人类与自然的关系(当然也包括人与人之间的关系)上升到哲学层面加以研究,劳动知识也通过言传身教成为学问。

可见,劳动与人类相伴而生。自人类社会诞生以来,劳动一直是人类最基本的社会活动或者说是人类活动的一种特殊形式,它既与物质产品的创造有关,也与精神产品的创造有关。正因为人类从未停止过劳动,人类社会才能发展到今天这个程度。因此,马克思说"劳动创造了人本身"。

二、关于劳动的属性

劳动既然是人类生存与发展的基础,那么它就不可避免地在生产力与生产关系的互动过程中具有多重属性。按照马克思主义的唯物辩证法和劳动观,我们认为,它既具有生存属性又具有发展属性,既具有个体属性又具有社会属性,既具有物质属性又具有精神属性。

首先,劳动既具有生存属性又具有发展属性。

前面已经阐述了人类因劳动而得以生存,因此劳动的生存属性是显而易见的。为了生存,人类必须用自己的双手去劳动从而获取所需的一切,以满足维持生命所需的基本生理需求。按照马克思主义劳动观,人是劳动的产物,劳动创造了人类生存所必需的全部物质条件和精神条件。人要解决吃、穿、住等生存必需的问题,就必须从事生产劳动,即通过劳动改造自然并从中获取生活资料。[①] 也就是说,劳动是人的生命存在和全部社会活动的前提,其目的是通过改造自然以满足自

---

① 钟君.劳动教育奠定人生成长基石[N].中国纪检监察报,2020-04-02(7).

身需求。所以,人类可以通过劳动来证明自身的诞生和形成。可见,生存属性是人类劳动的最基本属性,贯穿人类社会发展的全过程。

然而,人类不仅仅满足于简单的生存。人类需要的是幸福的生活,需要不断改善生活条件、提高文化知识水平、促进身体健康,最终实现自由而全面的发展。要实现这一切,唯一不变的法宝就是劳动。劳动是促使社会历史发展的根本推动力量。社会发展的最终决定力量不是精神、意志、神灵,而是人的劳动实践。[①] 并且,人类劳动与人类社会发展是相辅相成的,人类社会在劳动中得到发展,劳动也在人类社会发展中得到发展。人类的需求越多,面临的问题也就越多,需要劳动实践加以解决的困难也就越多,因此人类的劳动随时代的发展而发展。人类经历了四次工业革命以后,不论是劳动对象、劳动内容、劳动方式还是劳动成果,都发生了翻天覆地的变化。特别是从以往的以体力劳动为主到以脑力劳动为主的转变、从粗放型劳动到高度依赖高科技劳动的转变、从以获取物质产品为主的劳动到获取物质产品与服务产品并重的劳动的转变,标志着劳动的内涵在不断迭代升级,劳动的层次在不断提质攀升。这就是劳动的发展属性。

其次,劳动既具有个体属性又具有社会属性。

人类劳动是由具体的人来实现的,具备劳动能力的人都应该参与劳动,这是"自食其力"的基本要求。如果说劳动是人类的本质活动,那么"自觉劳动"应该是人的个体属性。马克思指出,"人的类特性恰恰就是自由的自觉的活动"[②],这个"自由的自觉的活动"就是劳动。也就是说,人在劳动过程中是自由自觉的,这是人类的本质,人类之所以能够不断发展就是因为劳动。柏拉图曾说过:"当一个人进行劳动时,

---

①　钟君.劳动教育奠定人生成长基石[N].中国纪检监察报,2020-04-02(7).
②　马克思恩格斯全集(第四十二卷)[M].中共中央马克思恩格斯列宁斯大林著作编译局,译.北京:人民出版社,1979:96.

他就具有了一种高尚的品质。"①《庄子》所描绘的劳动也并非社会劳动分工体系的产物,而是具有"自由意志"的人凸显了劳动的品质。② 人人都需要生活,因而人人都需要劳动,没有人可以不劳而获,这就是每个人都应该具有"自觉劳动"这种个体属性的内在逻辑,这也是建立各种社会规则和构成稳定社会关系最基本的共识。因此,一个人能否积极主动地劳动,是衡量其品格的重要标志。

但是,人的劳动行为并不是相互孤立、相互隔离的,因为人的劳动意识、劳动方式和劳动目的都是受社会影响的。任何一个人无论以什么方式开展劳动,都离不开所处的科技进步条件、经济发展水平、文化环境和法治程度。劳动在特定的社会组织关系中进行,因而它必然具有社会属性。人们在劳动过程中,一方面同自然界发生关系,另一方面在人们之间又结成了生产关系。③ 具体地说,任何人的劳动都是人类社会劳动的有机组成部分,每个劳动者既是形成生产力的分子,也是构成生产关系的成员,因此个体劳动是社会化劳动的一种反映。可以说,劳动是人类全部社会关系形成和发展的基础。人类社会不同阶段的劳动状态是每个人劳动状态的总和,而每个人的劳动状态取决于其受教育程度、对社会制度的认可程度及其社会地位。当然,人类在劳动过程中既有分工又有合作,每个人的劳动都在规则中进行,既为自己也为他人,要维护自己的劳动权利但不能损害他人的利益。更为重要的是,由于协作分工,融入社会的劳动可以极大地提高劳动效率,既减少浪费又增加产出,产生"1+1远远大于2"的效果,使人类的劳动成果成倍地得到丰富,这就是劳动社会属性的根本体现。可以说,人类社会发展的每一步都是其劳动的社会属性的综合反映。

---

① 《柏拉图全集(第二卷)》的原文摘录[EB/OL].(2016-08-01)[2023-11-18]. https://book.douban.com/subject/1107649/blockquotes.

② 熊和平.《庄子》的劳动教育哲学及其当代价值[J].湖南师范大学教育科学学报,2021(1):1-12.

③ 钟君.劳动教育奠定人生成长基石[N].中国纪检监察报,2020-04-02(7).

最后,劳动既具有物质属性又具有精神属性。

劳动的物质属性依然与人的生存需求有关,是由人的物质属性所决定的。人类为了生存和发展,需要不断消耗衣、食、住、行、医等各个方面的物质资料,这些物质资料都是由物质的人利用物质的工具(至少以物质为载体)在一定的物质对象上通过劳动创造出来的,劳动的过程就是各种各类物质相互作用、相互循环的过程。如果说劳动创造了世界,那么它首先表现为物质世界。当然,劳动也创造了"人"这个特殊的物质。事实上,人类社会的发展就是以物质资料发展为主线的,哪怕是物质财富已经比较充裕的今天,物质追求依然是人类社会的首要追求。由于物质资料的长期短缺性以及地球资源的有限性,人类在劳动过程中暴露出了各种利益关系,从而产生了阶层、形成了阶级、出现了剥削、爆发了战争,同时也构建了组织、制定了法律、建立了规则。可见,劳动的物质属性是构成全部社会关系的物质基础。

但人类毕竟有别于动物。如果说物质追求是动物的唯一本能追求,那么人类还有更高层面的精神追求,并且人类的物质追求是积极的能动追求,这也是人的主观意志的体现。因此,人类在劳动过程中开始越来越多地体现自己的主观能动性,人类为满足自身追求的劳动自然就具有了精神属性。其实,将人类从动物界分离出来的就是这种有意识的劳动过程。前面已经提到,人类的幸福生活不只停留于物质上的充裕,还包括精神上的富有。按照马斯洛需求层次理论,人的需求有五个层次,由低到高分别是生理需求、安全需求、社交需求、尊重需求和自我实现需求。不难发现,从生理需求到自我实现需求,其物质属性逐渐减少、精神属性逐渐增多。也就是说,在解决了生理上的生存问题之后,人类心理上的各种需求就会呈现出来。最高层次的自我实现需求实际上就是自我全面自由发展的需求,就是实现自我价值的需求,就是人的个性得到充分释放、爱好得到充分展示、心灵得到充分净化的需求。毫无疑问,这些需求主要是精神层面的。况且,在物质基础达到一定程度以后,人类对物质层面的需求也是以精神层面的需求为导向的。虽然人的精神需求以物质需求为基础和前提,但其内涵却远超物质需求。如果说物质需求是身体,那么精神需求就是灵魂。成为有健康灵魂的人,恐怕就是人生的真正意义所在。很显然,人类要实现精神需求,唯一不变的途径依然是劳动,依然要靠自身的努力奋斗。可以这样说,人类的劳动过程就是将自己的主观愿望融入物质财富创造的过程,这种融入的程度越高越能体现劳动的价值,越能体现人的自由全面发展的程度。由此可知,人类劳动的终极目标就是要打造超越物质世界的精神家园,这才是真正的幸福生活。

以上三个维度的劳动属性是辩证统一的,相互交融在一起,共同构成了劳动的丰富内涵。

三、关于劳动的发展

前面部分已经讨论了劳动的发展属性,人类在认知世界的过程中、在劳动的过程中不断提升了对劳动的认识,并由此推动了劳动方式等的发展。在此,我们对劳动方式、劳动手段和劳动载体等的发展变化,再做进一步的梳理和讨论,以期从中归纳出劳动的发展变化趋势,加深对劳动内涵的认识。

党的二十大报告指出,科技是第一生产力、人才是第一资源、创新是第一动力。为了解放生产力、发展生产力和不断提高劳动效率,人类不断在劳动中创新、在创新中突破、在突破中跃升,以科技的不断进步推动劳动方式等的历史性变革,从而推动人类社会不断向前发展。纵观人类社会发展史,人类已经先后完成了四次工业革命。

第一次工业革命被称为蒸汽技术革命,以 18 世纪 60 年代瓦特改良蒸汽机为标志。随着蒸汽机的推广使用,人类社会的生产领域和社会关系发生了根本性的变化:一是以机械化动力代替了人力,极大地提高了劳动生产能力,使产品数量迅猛增加,为资产阶级带来了巨大的利润;二是使依附于落后生产方式的自耕农阶级消失,工业资产阶级、工业无产阶级迅速形成并壮大起来,世界各地之间的联系得到了加强,确立了资产阶级的统治地位。[①] 人类从农业社会进入工业社会。

第二次工业革命是电力技术革命,以 19 世纪后半期电力的发明与使用为标志。电力的广泛应用和内燃机的发明使电器逐渐代替机器,电力成为取代蒸汽动力的新能源。随着电灯、电车、电影放映机等的相继问世,人类社会从此进入了"电气时代"[②],人类社会的生产能力进一步提高,交通运输更为便利快捷,人们的生活方式、活动范围、交流方式等都发生了巨大的变化,劳动生产效率迅猛提升,帮助资本主义国家走上了殖民扩张的帝国主义道路。同时,电力技术革命也为推动以后的工业革命奠定了根本性的能源基础。

第三次工业革命是 20 世纪后半期开始的以生物与信息技术为代表的产业高科技革命。具体包括信息技术、新能源技术、新材料技术、生物技术、空间技术和海洋技术等领域的产业技术革命。[③] 这场革命再次推动了社会生产力的极大发展,极大缩短了人类把知识变成物质产品的时间,实现了从主要依靠提高劳动强度来提高劳动生产率到主要通过技术不断进步、劳动者素质和技能不断提高、劳动手段不断改进来提高劳动生产率的转变。在这个转变过程中,三次产业的产值比重发生了变化,其中第三产业的产值比重开始超过第二产业的产值比重并逐渐成为第一大产业。同时,它也加剧了资本主义各国之间的发展不平衡,扩大了全球的贫富差距,激发了社会主义国家的强大发展动力,世界范围内的社会生产关系发生了深刻的变化。

第四次工业革命是始于 21 世纪的以互联网产业化、工业智能化、工业一体化为代表的智能化科技革命或数字化技术革命。有人把这

---

① 王金秀.健全现代预算制度 推进中国式现代化伟大目标的实现[J]. 财政监督,2022(23):9-16.

② 王巍.印刷技术在服务保障重点出版物印制过程中的应用及展望——以北京盛通印刷股份有限公司为例[J].印刷文化(中英文),2022(4):109-119.

③ 王金秀.健全现代预算制度 推进中国式现代化伟大目标的实现[J]. 财政监督,2022(23):9-16.

个时代称为以人工智能（Artificial Intelligence）、云计算（Cloud Computing）、区块链（Blockchain）和大数据（Big Data）为核心的 ABCD 时代或者 AI 时代。这个时代的根本特征是数字化技术极大地改变了人类的空间感和距离感，人类的劳动生产方式实现了由集中式控制向分散式增强型控制的基本模式转变，可以通过设计和模拟融合真实世界与虚拟世界，用可持续的方式为人类提供有更好体验的产品，满足人类更个性化的物质需求和精神需求。可见，人类社会已经开启了高度灵活的、个性化和数字化相结合的产品与服务生产模式，即数字经济发展模式。在这种模式下，产业数字化、数字产业化，传统的行业界限消失、产业链分工被重组，不断产生各种新的活动领域和合作形式。ChatGPT 的出现再一次"引爆"了世界，大量的传统就业岗位将被替代，就业模式也将发生巨大变化。这将再一次改变世界范围的生产力与社会生产关系。

对四次工业革命寻踪觅迹可以发现，人类劳动的技术要求与知识含量越来越高，它已不再是人类产生之初的以满足生存需求为目标的简单体力劳动了。本书认为，AI 时代的劳动至少具有这么几个变化趋势：一是体力劳动的比重越来越小，与 AI 结合的脑力劳动的比重越来越大；二是直接与劳动对象接触的现场劳动越来越少，依赖 AI 技术间接与劳动对象接触的非现场劳动越来越多；三是生产传统有形物质产品的劳动比重越来越小，生产无形的 AI 产品的劳动比重越来越大；四是有固定职业的约束式劳动越来越少，基于 AI 技术的无固定职业的自由式劳动越来越多。总之，人类的劳动与现代信息技术的结合越来越紧密，无论是劳动方式还是劳动手段和劳动成果，都前所未有地依赖大数据技术、现代计算技术和人工智能。这种变化不仅改变了产品的产出方式和表现形式，也改变了人类的思想观念和生活方式，由此也极大地改变了人们的消费需求模式和社会交往模式，甚至还改变了教育方式和科技思维。

工业革命的变化历程在一定程度上反映了人类劳动的发展变化历程。

第二节 新时代劳动教育内涵的再认识

教育与生产劳动相结合是我国一直坚持的教育方针,也是我们对劳动教育的基本认识。21 世纪以来,劳动教育的内涵不断丰富,教育不仅要与生产劳动相结合,也要与社会实践相结合。[①] 如今,我国的教育方针已经正式把劳动教育作为"五育"之一,赋予其新的时代内涵。对劳动教育内涵的理解与把握是新时代做好劳动教育工作的前提。这里说的内涵不仅包括课程中"劳动"层面的内容,还包括学科教育中"生产"层面的内容,更包括文化知识教学中"创造"层面的内容。

一、关于劳动教育的基本理解

关于劳动教育的定义有很多,表述虽然不同,但基本意思相差不大。例如,《教育大辞典》从劳动教育的内容和劳动素养出发,将劳动教育定义为"劳动、生产、技术和劳动素养方面的教育,旨在培养学生正确的劳动观点、劳动态度、劳动习惯,使学生获得工农业生产基本知识和技能"[②]。《辞海》将劳动教育释义为一种特色的教育活动,重点是使学生树立正确的劳动观念、具备劳动技能、激发劳动热情、尊重劳动人民、珍惜劳动成果。[③]《关于全面加强新时代大中小学劳动教育的意见》指出,"劳动教育是国民教育体系的重要内容,是学生成长的必要途径,具有树德、增智、强体、育美的综合育人价值。实施劳动教育重点是在系统的文化知识学习之外,有目的、有计划地组织学生参加日常生活劳动、生产劳动和服务性劳动,让学生动手实践、出力流汗,接

---

① 张子龙,黄晋太.新时代劳动教育的价值内涵及实现路径[J].山西能源学院学报,2022(1):18-20.

② 劳动教育的内涵[N].光明日报,2019-10-29(13).

③ 刘茂祥.打开劳动教育的新天地[N].光明日报,2019-01-29(14).

受锻炼、磨炼意志,培养学生正确劳动价值观和良好劳动品质。"《大中小学劳动教育指导纲要(试行)》则将劳动教育的基本理念描述为:强化劳动观念,弘扬劳动精神;强调身心参与,注重手脑并用;继承优良传统,彰显时代特征;发挥主体作用,激发创新创造。

实际上,理解劳动教育可以有两个不同的视角:一是按照马克思的观点,劳动者在从事相应的生产活动时,还必须接受相应的劳动教育,即劳动者在从事相应的生产劳动过程中,为了不断增强劳动意识和生产劳动能力而接受的劳动技能教育;二是学生在接受文化知识教育的同时,为了树立正确的劳动观和学会必需的劳动技能而接受的劳动素养教育。本书所讨论的主要是第二个视角的劳动教育。当然,这两个视角的理解不是对立的,因为学生达到一定年龄后都属于劳动者,而劳动者接受的劳动教育也有劳动观的问题,这符合马克思提出的劳动教育是劳动与教育的双向结合的观点。从这个意义上讲,劳动教育是终身的教育。

由此可知,劳动教育是提高学生劳动素养、促进学生全面发展的教育活动。[①] 劳动教育是通识教育,具有德、智、体、美等综合教育功能,注重劳动价值观的培养和人格的养成。根据我国的劳动教育方针,劳动教育的总体目标是"通过劳动教育,使学生能够理解和形成马克思主义劳动观,牢固树立劳动最光荣、劳动最崇高、劳动最伟大、劳动最美丽的观念;体会劳动创造美好生活,体认劳动不分贵贱,热爱劳动,尊重普通劳动者,培养勤俭、奋斗、创新、奉献的劳动精神;具备满足生存发展需要的基本劳动能力,形成良好的劳动习惯"[②]。站在新时代,高校劳动教育的内涵就是以"强国建设、民族复兴"为目标,以"为党育人、为国育才"为己任,对学生开展以树立正确劳动观和培养与时

---

① 檀传宝.劳动教育的概念理解——如何认识劳动教育概念的基本内涵与基本特征[J].中国教育学刊,2019(2):82-84.

② 中共中央国务院关于全面加强新时代大中小学劳动教育的意见[M].北京:人民出版社,2020:4.

俱进的劳动技能为主要内容的教育,使学生成为堪当历史重任的栋梁之材。

那么,劳动教育要树立什么样的劳动观? 我们要树立的是马克思主义劳动观。马克思主义把劳动看作人类的本质活动,是决定社会历史形成与发展方向的重要力量,是人与自然相互交换的过程。教育与生产劳动互相融合,不仅是促进经济社会发展的手段,也是实现人的自由全面发展的基本途径。在共产主义社会,人类可以通过劳动资料改造劳动对象,其不仅是谋生的手段,甚至已经变成生活的第一需求,即劳动可以带来价值,创造物质财富和精神财富,引领人们建设美好生活,实现改造世界的目标。[①] 习近平总书记也强调指出"劳动是人类的本质活动"[②],强调劳动是创造的源泉,肯定了劳动对人本身及人类社会发展的重要作用,鼓励引导广大青少年牢固树立热爱劳动的思想观念。马克思主义劳动观为我们正确理解劳动教育的内涵提供了理论依据。

劳动教育是中国特色社会主义教育制度的重要内容。大学生作为建设中国特色社会主义事业的重要力量,要想在实现民族复兴的道路上奋勇争先,承担起这个时代光荣且重要的任务,就必须接受劳动教育,使自己具备优秀的劳动精神,养成良好的劳动习惯,掌握先进的劳动技能。高校开展劳动教育,必须紧紧围绕马克思主义劳动观,深入领会习近平总书记关于劳动教育的重要论述,结合人才培养的特点,准确把握劳动教育的科学内涵,掌握劳动教育的本质特征[③],致力于培育具有扎实学识、创新意识、奋斗精神、实践能力和责任担当的时代新人。

---

①　杨柳,才忠喜.高校大学生劳动教育的现状及对策[J].西部素质教育,2023(1):77-80.

②　习近平.在庆祝"五一"国际劳动节暨表彰全国劳动模范和先进工作者大会上的讲话[N].人民日报,2015-04-29(2).

③　杨柳,才忠喜.高校大学生劳动教育的现状及对策[J].西部素质教育,2023(1):77-80.

二、劳动教育与其他教育的关系

劳动教育是"五育"不可或缺的重要组成部分。一方面,劳动教育与其他教育之间相互渗透、相互支撑、相互促进,形成一个有机整体;另一方面,劳动教育与其他教育之间又存在显著的区别,具有不可替代的功能。

这里重点探讨劳动教育与思想政治教育、法治教育和文化教育的联系与区别,以便进一步加深对劳动教育内涵的认识。不难发现,劳动教育与思想政治教育、法治教育和文化教育一样,都具有德育的功能,都是为了提高人的素养、促使人的全面发展,但各自侧重点有所不同。

首先是劳动教育与思想政治教育的联系与区别。

思想政治教育在人才培养中非常重要。在"五育"中处于首位的德育,很大的一块内容就是思想政治教育。什么是思想政治教育?思想政治教育就是教育者以一定的思想观念、政治观点、价值取向和道德规范等为主要内容对受教育者进行人生价值、道德观念和意识形态等宣传教育的活动,其目的是使受教育者养成社会所需要的思想品德。马克思主义的思想政治教育就是用崇高的理想和真理的力量去赢得人心,就是用科学理论、实践真理和斗争精神理直气壮地讲大道理、正道理和实道理,批驳各种错误立场、观点、思潮和论调,教育人们坚持真理、坚持正确的政治立场,弘扬主旋律,正本清源、守正创新。因此,思想政治教育具有鲜明的政治性、阶级性和立场性。

在高校,思想政治教育的目的是让学生成为有崇高理想信念和先进思想觉悟的人,成为能够践行社会主义核心价值观的人,成为堪当"强国建设、民族复兴"重任的人,教育的重点在于树立正确的人生观、世界观和价值观。因此,思想政治教育是"觉悟"教育,其核心就是"立德""塑魂""树人"。显然,高校的思想政治教育具有很强的政治导向、立场取向和价值指向,同时还具有鲜明的使命感和时代特征。

毫无疑问,劳动教育是思想政治教育不可或缺的重要组成部分,特别是马克思主义劳动观和劳动教育观是高校思想政治教育必须坚持的重要理论观点。在"培养德智体全面发展的有社会主义觉悟的有文化的劳动者"的教育方针中,德育包含了劳动教育。但劳动教育无法替代思想政治教育,因为思想政治教育的立意更高、内涵更丰富、覆盖面更广。例如,劳动观仅仅是人生观、世界观、价值观的一个方面,劳动实践也仅仅是社会实践的一种方式。因此,我们一方面要在思想政治教育中用好劳动教育这个有效的工具,另一方面要在劳动教育中紧紧把握思想政治教育的大方向、紧紧扣牢思想政治教育的总要求。

其次是劳动教育与法治教育的联系与区别。

法治是一种法律信念,是一种治国原则,是相对于"人治"而言的治理方式。依法治国就是要依照体现人民意志和社会发展规律的法律治理国家,而不是依照个人的意志或主张治理国家。① 党的二十大报告强调,要坚持全面依法治国,推进法治中国建设。要实现依法治国,就必须开展有效的法治教育。法治教育是道德教育的核心内容,它着眼于使人民群众掌握法治思想、增强法治素养。法治教育的目的就是要让广大人民群众了解法治精神、掌握法治基本理念,从而夯实法治实践基础,就是要让全体公民认同并维护法治国家建设与社会公平正义。因此,法治教育是促进法治国家建设、实现司法公平公正的重要基础。

与法治教育紧密相关的一个概念是法制教育。法制是法律制度的简称,属于制度的范畴,是政府治理国家、管理社会的工具,是法治的基础和依据,是一种实际存在的东西。因此,法制教育是法治教育的主要内容,也是社会主义精神文明教育的重要组成部分。法制教育

---

① 戴中璧.论习近平法治思想视域下思想道德与法治课教学中若干矛盾的化解[J].江苏科技大学学报(社会科学版),2023(1):103-108.

的目的是通过系统传播以宪法为核心的法律知识,提高公民的法律素养,加强公民遵纪守法的意识,弘扬法治理念,引导公民把以宪法为核心的法律放在首位,培养公民自觉守法的观念。法治教育与法制教育的区别在于侧重点不同:前者强调法律至上,以法文化与法律精神为教育内容,以广大人民群众知法、懂法、守法、信法、用法为教育目的[①];后者强调法制内容(法律常识和基础知识),注重法文化器物层面的教育,目的是让广大人民群众熟知应遵守的规则及其相关内容,不做违法的事。

高校开展以法制教育为基础的法治教育,是思想政治教育理论课的重要内容。高校毕业生将来要成为各行各业的中坚力量,有的还要走上各级领导岗位,因此法治理念对他们而言尤为重要。高校法治教育的目的就是要让学生知道自己身上的责任,要有法治观念,要守住底线,明白什么可以为、什么不可以为。尤其要加强职业操守教育,不踩红线,不碰高压线。可见,法治教育是警示教育、告诫教育。

劳动教育与法治教育的总体目标是一致的,其中劳动教育中的诚实劳动教育属于法治教育的范畴,但两者的角度不一样。相对而言,劳动教育是正面教育,它引导学生思考应该树立什么样的劳动观、应该成为什么样的劳动者,教育教学的案例大多体现劳模精神、工匠精神和创新创业精神,具有示范激励作用。法治教育则通常结合反面教育,主要是教导学生不应该干什么、不应该成为什么样的人,教育教学案例大多是各种各类违法犯罪事例,具有威慑警示作用。因此,我们要把这正反两面的教育结合起来,通过有效的劳动教育增强法治教育,利用严肃的法治教育推进劳动教育。

最后是劳动教育与文化教育的联系与区别。

---

① 苏静,李雅梅,付丽妍,等.医学院校高职医学生法治素养的培育研究[J].继续医学教育,2021(12):61-64.

文化是一个国家或民族的地理、历史、生活方式、传统习俗、风土人情、行为规范、思维方式、价值观念、文学艺术等的统称，是人类在社会历史发展过程中通过生产劳动所创造的物质财富与精神财富的总和，具体包括物质文化、制度文化和心理文化三个层面。① 狭义的文化仅指意识形态层面所创造的精神财富，包括信仰、宗教、风俗习惯、道德情操、科学技术、文学艺术、学术思想、各种制度等。② 文化是一定社会条件下政治和经济发展的反映，同时又反作用于政治和经济发展，它是一种精神力量，能够在人们认识世界、改造世界的过程中发挥巨大的凝心聚力作用，并转化为物质力量，从而对民族、社会和国家产生深刻的影响。我国"十四五"规划首次明确指出，要在 2035 年建成"文化强国"，这是实现中华民族伟大复兴的必然要求。只有不断提升文化实力、坚定文化自信，才能加快推进民族复兴进程。

显然，文化教育就是文化自信的教育，就是要让人们深刻了解民族和国家的历史、风土人情、各种制度、语言文字、价值观念、道德宗教、民族精神、哲学思想等知识，并对其中的精华部分加以认同和发扬光大，目的是增强人们的民族自豪感和自信心，增强对国家的认同感和归属感，从而激发集体主义和爱国主义精神，团结一致建设国家。毫无疑问，文化教育具有很强的民族性、历史性、阶级性和时代性，也是思想政治教育的核心内容之一，具有持续的、根本性的影响作用。

高校作为培养人才的主要场所，文化教育具有不可替代的重要意义。如果经过高等教育的学生都不了解自己民族和国家的历史与传统、文化根脉与传承、特有精神与贡献，不具有民族文化认同感、国家文化自豪感，如何能够担当起民族复兴的历史重任？因此，高校的文化教育尤为重要，并且更加需要注重文化底蕴的教育、文化内涵的教育和文化创新的教育，更加需要与学科专业相结合的多层次、多维度

---

① 钟爱保，罗丽珍.论廉政文化建设大众化[J].江西行政学院学报,2009(4):66-69.
② 李丽菊.论学校民族文化教育的价值诉求[J].黑龙江教育学院学报,2013(1):10-12.

的文化教育。从一定程度上讲,高校的一切教育都是文化教育,其内容极其丰富。

文化是由人类生产劳动创造的,因此,文化教育是劳动教育的一部分,劳动教育也是文化教育的重要构成内容。例如,由中华民族优秀劳动传统、劳动技能和劳动精神所组成的优秀劳动文化,就是我国文化教育中最靓丽的内容。但相比之下,劳动教育似乎更强调实践性和参与性,而文化教育似乎更侧重理解和感悟。我们要寻找劳动教育与文化教育相结合的途径,以期相互促进、相互提高。例如,在中华优秀传统节日文化教育、陶瓷文化教育、书法文化教育、饮食文化教育等特色文化教育中,让学生亲身参与劳动实践,以取得寓教于乐的效果。

综上,劳动教育与思想政治教育、法治教育和文化教育之间存在许多交叉的内容,区别是相对的,共性是主要的。它们之间既互有区别、各有侧重,又相互联系、相互支撑,共同构成大思政教育体系。

三、劳动教育的时代价值

实践充分证明,劳动教育具有独特的育人价值。因为,劳动教育是关于人类生存生活本能的教育,人要自立,就要参与劳动及其产品交换;劳动教育是职业启蒙教育,劳动的过程就是职业启蒙的开端;劳动的价值是可以交换的,劳动教育连通了"工作世界"或"劳动世界";劳动教育具有其他"四育"所不具备的综合育人的特点;劳动教育包含集体主义教育,它强调劳动协作。学生正是在劳动教育及劳动实践中形成赖以生存和发展的基本劳动能力,从中感受到自身的力量、智慧和才干,逐渐树立起服务社会、报效祖国、造福人类的信念和信心。[①]

首先,对学生个人而言,劳动教育是成长成才的必修课。

劳动教育是促进大学生全面发展的关键。劳动教育的最终价值

---

① 杨翠兰,弓辰翥."砺"劳树人:高校劳动教育的本真与行动[J].西南科技大学学报(哲学社会科学版),2022(4):90-97.

在于促进个体的全面发展,具体表现在将立德树人融入劳动教育的过程。① 它在整个教育体系中具有弘扬道德、提高智力、增强体质、培养美感的独特功能,已经成为立德树人不可或缺的一部分。

　　加强劳动教育,不仅可以促进大学生树立正确的劳动观念和劳动意识,而且可以帮助大学生养成劳动习惯,提高劳动技能。一是有助于大学生培养艰苦奋斗、勤俭节约、勇于拼搏、创新奉献的良好品德,形成马克思主义劳动价值观,成为有道德的人。二是在信息技术日新月异的时代,创造性劳动具有重要意义。大学生接受劳动教育,参加劳动实践,努力做到知行合一,不仅可以提高他们掌握和运用知识的能力,而且可以增强他们的创新意识和创造能力,有利于智力开发。三是智力劳动和体力劳动都需要辛勤劳动、努力奋斗。劳动教育可以帮助大学生锻炼身体,改善身体机能,提高身体素质。四是可以让大学生感受到劳动实践的美,体悟劳动的内在美,发现参加劳动的人的美,提高他们发现美、鉴赏美、创造美的能力。因此,劳动教育在立德树人、增强智力、强健体魄、培养美感等方面发挥着重要作用,对大学生的全面发展至关重要。② 正是因为有了劳动和劳动教育,才使学生的个体素养达到较高水平,从而使其知识、品德、体力、审美等方面得到均衡发展,并实现相互渗透、相互融合,因此以劳育人促进了学生个体的全面发展。③ 关于劳动教育在这些方面的具体价值和作用,将在第六章进一步阐述。

　　一段时间,劳动教育处于相对薄弱的地位,在传统的课程设置中,它一直被隐匿于德育、智育和体育之中,后来又依附于综合实践活动课程,并未形成系统的劳动教育培养体系。同时,生活在物质生活相

---

　　① 　王标,伊鑫迪,叶秀丹.新时代大学生劳动教育的内涵、价值与实施路径[J].海南师范大学学报(社会科学版),2022(1):72-77.

　　② 　杨柳,才忠喜.高校大学生劳动教育的现状及对策[J].西部素质教育,2023(1):77-80.

　　③ 　王标,伊鑫迪,叶秀丹.新时代大学生劳动教育的内涵、价值与实施路径[J].海南师范大学学报(社会科学版),2022(1):72-77.

对丰富年代的大学生,也出现了劳动意识淡薄和劳动能力相对薄弱的现象,特别是受当前网络等新媒体传播的影响,艰苦奋斗、自觉劳动等观念受到了怀疑。[①] 因此,重新定位和强化劳动教育,具有十分重要的理论意义和现实价值。

其次,对高校而言,劳动教育是落实立德树人的必要抓手。

学校的根本任务就是立德树人,就是"为党育人,为国育才"。党和国家一直高度重视"立什么德、树什么人"的问题,同时也十分注重用什么样的方式培养人才的问题。[②] 党的二十大报告指出,"教育是国之大计、党之大计。培养什么人、怎样培养人、为谁培养人是教育的根本问题。育人的根本在于立德",号召我们要"全面贯彻党的教育方针,落实立德树人根本任务,培养德智体美劳全面发展的社会主义建设者和接班人"。

无疑,立德离不开劳动之德,因为劳动之德是人的根本之德。要培养德智体美劳全面发展的社会主义建设者和接班人,就必须加强劳动教育,充分发挥其立德的基础性和根本性作用。高校作为培养有学科素养和专业技能人才的主要场所,立德树人的责任更大,劳动教育的要求更高。因此,高校只有遵照新时代党的教育方针,紧紧握住劳动教育这个立德树人的必要抓手,不断加强和改进劳动教育的内容、方式和组织保障,才能充分彰显其独特的育人作用。一是加强和改进劳动教育有利于提升思想政治教育效果,因为丰富的劳动内涵、多样的劳动实践和感人的劳动精神可以很好地起到润物细无声的教育作用,从而让正确的人生观、价值观和世界观入脑入心。二是加强和改进劳动教育有利于提高人才培养质量,因为所有受教育者最终都要成为劳动者,毕业生能否实现高质量充分就业,很大程度上取决于学生

---

① 王标,伊鑫迪,叶秀丹.新时代大学生劳动教育的内涵、价值与实施路径[J].海南师范大学学报(社会科学版),2022(1):72-77.

② 曹桢.新时代发挥劳动教育的育人作用探析[J].思想理论教育导刊,2024(5):135-143.

是否树立了正确的劳动观以及劳动教育与学科专业教育相结合的程度。① 有效的劳动教育既能树立学生正确的劳动观和就业观,又能激发学生与时俱进的劳动与专业相结合的学习热情,使学生成为高素质的全面发展的人才。三是加强和改进劳动教育有利于促进学校与社会的联系与合作,因为劳动实践教育教学需要社会各方力量与资源的支持,校内平台资源是满足不了广大学生劳动实践的需要的。因此,高校必须走出校门,到社会中去寻找更为广阔的劳动实践平台和更为丰富的劳动实践资源,特别是能够与学科专业相结合的平台和资源,这样一来,学校与社会的接触就多了,得到的各方面支持也增加了,同时也推进了各方面的社会服务与社会合作。

新时代加强劳动教育,既是当前我国深化高等教育改革的题中应有之义,也是高校承担立德树人根本任务的必由之路。我们要站在培养德智体美劳全面发展的社会主义建设者和接班人的战略高度,极力纠正劳动教育在学校中被弱化的现象,深入剖析新时代大学生在思想、心理、行为等方面的特点,充分结合现代科技的发展趋势,深入研究如何有效开展劳动教育这一重大理论问题和时代课题。

最后,对党和国家而言,劳动教育是培养和造就合格的社会主义建设者和接班人的必要手段。

党的二十大报告指出,必须坚持科技是第一生产力、人才是第一资源、创新是第一动力,深入实施科教兴国战略、人才强国战略、创新驱动发展战略,开辟发展新领域新赛道,不断塑造发展新动能新优势。这对高等教育提出了新的更高的要求,无论是科技还是人才或是创新,高校都是聚焦地、落脚点。高校人才培养质量直接事关科教兴国战略、人才强国战略、创新驱动发展战略能否取得成功,事关能否为党和国家培养合格的社会主义事业建设者和接班人。

---

① 孙烨.劳动教育对大学生思想政治教育提升的作用探讨[J].黑龙江科学,2021(15):25-26,29.

　　很显然,合格的社会主义事业建设者和接班人,是德智体美劳全面发展的人,"五育"缺一不可。从劳动教育与其他"四育"的联系来看,尽管劳动教育侧重培养劳动观念和劳动技能,解决"以怎样的态度和方式进行生产和生活"的问题①,但形成正确的劳动价值观、提升劳动技能、锻炼劳动能力、体验劳动的壮美,本身就是高校进行德育、智育、体育和美育的重要内容,五者各有特点又互相联系,共同构成了全面的教育体系。劳动教育独有的育人功能,是培养全面发展人才的教育体系的重要组成部分,是促进德智体美教育发展的重要支撑。

　　强国建设靠什么?靠全体人民共同劳动,不仅要靠双手劳动,也要靠智慧劳动(创新劳动),还要靠诚实劳动。一个国家的发展能否抢占先机、赢得主动,越来越取决于国民素质特别是广大劳动者的素质。② 大学生是未来知识型、技能型、创新型高素质劳动者,是推动中国速度向中国质量转变、制造大国向制造强国转变、中国制造向中国创造转变的中坚力量。因此,新时代加强劳动教育是建设中国特色社会主义现代化强国、实现伟大复兴中国梦的必然要求。劳动教育可以使培养的人才拥有坚强的心理素质和顽强的工作意志,形成积极向上的就业创业观,在国家社会需要与个人价值实现、专业学习与岗位匹配等方面找到最佳平衡点;可以使人才坚定理想信念、锤炼高尚品格、培育劳动情怀,自觉把人生理想、家庭幸福融入国家富强、民族复兴的伟业,建构个人与集体、个人梦与中国梦、小家与国家融合统一的发展共同体和命运共同体,在接续奋斗中共同实现中华民族伟大复兴的中国梦。③

　　总之,劳动教育对于培养具有崇高理想信念、正确劳动观念、过硬

---

　　① 李珂,蔡元帅.陶行知劳动教育思想对新时代加强大学生劳动教育的启示[J].思想教育研究,2019(1):107-110.

　　② 习近平.在庆祝"五一"国际劳动节暨表彰全国劳动模范和先进工作者大会上的讲话[N].人民日报,2015-04-29(2).

　　③ 杨柳春,李宏祥,由明月.新时代"三项精神"引领高职劳动教育的思考——以课程思政建设为视角[J].兰州职业技术学院学报,2022(2):85-91.

劳动技能和强大创新创造劳动能力的新时代劳动者具有特别重要的意义,是党和国家培养和造就合格的社会主义建设者和接班人的必要手段。

第三节　新时代劳动教育的特征与要求

中华民族历来是热爱劳动的民族,在劳动中创造了五千多年的辉煌历史。中华人民共和国成立以来,我国劳动教育地位、作用的变化,显示出我们对中国特色社会主义教育规律认识的升华,反映出我们对落实立德树人根本任务的重视,折射出我国教育逻辑和实践逻辑的统一。新时代,高校要不断强化劳动教育思想并加以创新,明确新时代劳动教育的特征与要求,同时要关注数字化技术引起的劳动生产方式的巨大变革及其带来的一系列重大影响。

概括起来,劳动教育具有思想性、社会性和实践性等基本特征和要求,并且在不同时代具有不同的表现。

一、劳动教育的思想性

思想性是高校劳动教育最鲜明的特点,也是区别于其他阶段劳动教育的显著特征。新时代的劳动教育是在继承和发展马克思主义劳动观的基础上,经过创新发展的 21 世纪马克思主义劳动教育[①],即要以习近平新时代中国特色社会主义思想为指导,培养德智体美劳全面发展的社会主义建设者和接班人。特别是在当前,要在社会主义核心价值观的指导下,通过加强劳动教育,坚决抵制和摒弃好逸恶劳、贪图享受的思想,坚决杜绝不劳而获、少劳多得、糟蹋劳动成果等不良现

---

① 王标,伊鑫迪,叶秀丹.新时代大学生劳动教育的内涵、价值与实施路径[J].海南师范大学学报(社会科学版),2022(1):72-77.

象,使学生从思想上认识到劳动的内涵与价值,只有劳动才能创造美好幸福的生活。我国所追求的共同富裕由全体人民共建共享,有劳动能力的人,谁都不能搭便车,不能不劳而获。要让学生通过辛勤劳动,去准确体会什么是劳动;通过诚实劳动,去深刻感悟什么是生活;通过创造性劳动,去深刻体悟什么是人生。[①]

高校的劳动教育教学课程设置,必须坚持育人为本的价值导向,体现劳动教育的思想性,体系要有高度,内容要有深度,覆盖面要有广度。要把劳动教育目标进行细化和具体化,让学生从思想上明白人为什么要劳动、劳动要达到什么目的、该如何劳动等问题。要讲清楚劳动对于个人、家庭、社会和国家的现实意义,要讲明白劳育与德育、智育、体育、美育之间的关系,要讲清楚劳动教育在思想政治教育中的重要地位。要结合学生的接受能力以及身心发展水平,设计各种各样有深刻思想内涵的劳动实践活动,让他们在亲身锻炼中积累劳动经验、提高劳动实践能力,从而树立正确的劳动意识。

社会主义是干出来的,新时代是奋斗出来的。我们要认真学习贯彻习近平总书记关于劳动与劳动教育的重要论述。关于劳动的意义,习近平总书记指出,"人民创造历史,劳动开创未来。劳动是推动人类社会进步的根本力量。幸福不会从天而降,梦想不会自动成真。实现我们的奋斗目标,开创我们的美好未来,必须紧紧依靠人民、始终为了人民,必须依靠辛勤劳动、诚实劳动、创造性劳动"[②]。他还指出,"'不惰者,众善之师也。'在长期实践中,我们培育形成了爱岗敬业、争创一流、艰苦奋斗、勇于创新、淡泊名利、甘于奉献的劳模精神,崇尚劳动、热爱劳动、辛勤劳动、诚实劳动的劳动精神,执着专注、精益求精、一丝不苟、追求卓越的工匠精神。劳模精神、劳动精神、工匠精神是以爱国主义为核心的民族精神和以改革创新为核心的时代精神的生动体现,

① 曹桢.以劳动教育夯实共富基础[N].浙江日报,2022-05-09(6).
② 习近平.习近平谈治国理政[M].北京:外文出版社,2014:44.

是鼓舞全党全国各族人民风雨无阻、勇敢前进的强大精神动力"①。这些重要论述为新时代的劳动教育提供了新的思想引领。

二、劳动教育的社会性

劳动是一种社会实践活动,每个劳动者都是社会的一分子,劳动是个体与社会联结的桥梁和纽带。新时代的劳动教育必须与生产劳动相结合,尤其是与科技生产劳动相结合,无论是"没有劳动的教育",还是"没有教育的劳动",都会脱离现代科技高速运行的轨道,久而久之就会脱离社会。② 因此,新时代的高校劳动教育不能简单地被理解为基于专业知识与技能学习的教育活动,而是具有广泛社会性的综合育人活动。

劳动教育的社会性是由劳动的社会属性决定的。家庭是劳动教育的第一场所,学校是劳动教育的第二场所,社会是劳动教育的第三场所同时也是最大的终身场所。劳动教育的目的是树立正确的劳动观,正确的劳动观其实就是摆正自己在社会关系中的位置,既要用自己的劳动去贡献社会,也要在劳动过程中维护自己的合法权益。因此,首先,劳动教育的社会性表现为让学生具备处理各种社会关系的能力。为了培养学生的这种能力,高校的劳动教育必须从校内走向社会,一是要借助社会力量和资源为学生的劳动实践提供平台和机会,二是要让学生在社会舞台上接受劳动教育和劳动锻炼。例如,田园劳动实践、企业生产实践、社会服务实践等,都可以让学生获得参与感和体悟感。其次,劳动教育的社会性还表现为推动社会进步,即通过劳动教育不断提高学生将科技知识与劳动实践相结合的能力,使学生毕业后成为各行各业的优秀劳动者和具有创新意识与能力的人,进而推

① 习近平.在全国劳动模范和先进工作者表彰大会上的讲话[M].北京:人民出版社,2020:4.
② 王标,伊鑫迪,叶秀丹.新时代大学生劳动教育的内涵、价值与实施路径[J].海南师范大学学报(社会科学版),2022(1):72-77.

动社会的发展与变革,促进人类社会不断进步。为此,高校要努力改变当代大学生生活在校园"象牙塔"中的现象,为学生创造参与各种社会实践活动的条件,使之在社会大课堂中得到锻炼。同时要不断加强全社会对劳动教育的认识,动员社会各界积极营造崇尚劳动、热爱劳动和尊重一切劳动者的社会氛围。

新时代,劳动教育一定要有更宽广的社会视野。要基于"两个大局"的时代背景和构建新发展格局的总要求,结合以 AI 为代表的科技革命,放眼全球,不断丰富高校劳动教育的内容、不断创新劳动教育方式,培养出越来越多适应世界发展变化趋势的新型劳动者。

三、劳动教育的实践性

劳动教育的突出特征就是实践性,因为劳动的过程就是实践的过程。劳动教育如果只有教育而没有劳动,就无法体现其效果。光说不做等于白说,光说不练等于没练。实践是检验真理的唯一标准,只有劳动实践才能让学生体验到成功、体验到劳动的真正价值,才能培养学生的创新意识,才能让学生在实践中体验到相互合作带来的快乐。因此,实践是劳动教育的最好途径,每一位家长和教育工作者都应该为学生创造一切劳动实践的机会。

学校的劳动教育本质上以日常生活劳动为主,以生产劳动和服务性劳动为辅。[①] 生活劳动、生产劳动和服务性劳动均具有鲜明的"实践"品格。正因如此,劳动教育要从娃娃抓起,要从家庭生活劳动训练开始。家长和教师要根据学生的年龄特点选择适合的劳动项目,让学生在实践中动脑、动手、出力、出汗、出智慧,最后将知识转化为能力、转化为成果。新时代高校的劳动教育,必须坚持将专业知识与实践结合起来,渗透到生活劳动、生产劳动和服务性劳动之中,组织好各种社

---

① 王标,伊鑫迪,叶秀丹.新时代大学生劳动教育的内涵、价值与实施路径[J].海南师范大学学报(社会科学版),2022(1):72-77.

会实践活动;要与职业规划结合起来,提前谋划、趁早实践,通过有效的专业实习促进就业;要充分利用社会资源扩大劳动实践的范围、增强劳动实践的力度、提升劳动实践的效果。

我们要鼓励学生努力学习、大胆尝试,积极在党和国家需要的事业中从事各种劳动实践活动,并且干一行爱一行,为中国式现代化建设建功立业。习近平总书记指出,三百六十行,行行出状元。任何一名劳动者,要想在百舸争流、千帆竞发的洪流中勇立潮头,在不进则退、不强则弱的竞争中赢得优势,在报效祖国、服务人民的人生中有所作为,就要孜孜不倦学习、勤勉奋发干事。[①] "一切伟大成就都是接续奋斗的结果,一切伟大事业都需要在继往开来中推进。新时代必将是大有可为的时代。全党全国各族人民要像英雄模范那样坚守、像英雄模范那样奋斗,共同谱写新时代人民共和国的壮丽凯歌!"[②]

当然,劳动教育的思想性、社会性和实践性都不是一成不变的,其具体内容和形式都具有时代性。随着数字化技术的广泛应用,人类的劳动形式已经发生了很大的变化,表现为体力劳动比重不断下降,智力劳动比重不断上升,新的劳动结构形式不断出现。因此,高校的劳动教育应该适应劳动的这种时代变化。

总之,新时代的劳动教育更强调信仰、情感、意志、精神和品德的教育,更注重人的全面发展和社会的全面进步,更注重与科技创新相结合,更注重内容与方式的多元化,着力解决好为什么劳动、为谁劳动和如何劳动等问题。《关于全面加强新时代大中小学劳动教育的意见》明确指出,"劳动教育是中国特色社会主义教育制度的重要内容,直接决定社会主义建设者和接班人的劳动精神面貌、劳动价值取向和劳动技能水平"。该意见还要求"高等学校要注重围绕创新创业,结合

---

①　习近平.在庆祝"五一"国际劳动节暨表彰全国劳动模范和先进工作者大会上的讲话[N].人民日报,2015-04-29(2).

②　中共中央党史和文献研究院.十九大以来重要文献选编(中)[M].北京:中央文献出版社,2021:222.

学科和专业积极开展实习实训、专业服务、社会实践、勤工助学等,重视新知识、新技术、新工艺、新方法应用,创造性地解决实际问题,使学生增强诚实劳动意识,积累职业经验,提升就业创业能力,树立正确择业观,具有到艰苦地区和行业工作的奋斗精神,懂得空谈误国、实干兴邦的深刻道理;注重培育公共服务意识,使学生具有面对重大疫情、灾害等危机主动作为的奉献精神"。高校应将该意见的要求落到实处,在新时代充分体现劳动教育的思想性、社会性和实践性。

第三章　马列主义劳动教育观及其时代意义

马列主义劳动教育观是经过实践检验证明的、科学的劳动教育观,是中国共产党劳动教育实践的理论依据和行动指南。马列主义关于教育与生产劳动相结合的劳动教育思想,对中国共产党制定和完善教育方针、推动劳动教育实践与理论创新起到了巨大的指导作用。新时代,我们要进一步推动马列主义劳动教育观中国化、时代化,把它同中国具体实际和中华优秀传统文化相结合,使其展现出强大的生命力和时代意义。

第一节　马克思、恩格斯的劳动教育观

马克思、恩格斯在构建科学社会主义思想的过程中,以唯物辩证法和历史唯物主义为基本方法论,不断丰富和发展有关教育与生产劳动相结合的思想,形成了马克思主义劳动教育观,成为马克思主义思想的重要组成部分。[①]

一、马克思关于劳动教育的论述

马克思不仅对劳动有深刻的认识,对劳动教育也有独到的见解。

[①] 石中英.马克思恩格斯教育与生产劳动相结合思想的再思考[J].北京大学教育评论,2022 (2):2-20,186.

在工人阶级的教育问题上,马克思与恩格斯的看法一致,他在深入考察现代机器大工业生产的过程中,基于其教劳分离的现象,深入阐述了生产劳动必须与教育相结合的观点,在不同的著作中发表了一系列关于劳动教育的重要论述。

1866年,马克思为国际工人协会起草了《临时中央委员会就若干问题给代表的指示》,对当时工人阶级及其子女受教育的状况进行了分析。在马克思看来,无产阶级革命要依靠正在成长的工人一代,指出"最先进的工人完全了解,他们阶级的未来,从而也是人类的未来,完全取决于正在成长的工人一代的教育"[①]。因此,他特别重视对工人子女的教育。马克思明确指出:"我们把教育理解为以下三件事:第一,智育。第二,体育,即体育学校和军事训练所教授的那种东西。第三,技术教育,这种教育要使儿童和少年了解生产各个过程中的基本原理,同时使他们获得运用各种生产的最简单的工具的技能。"[②]从这里可以看出,马克思非常关心工人阶级儿童和少年的教育问题,因为资产阶级的儿童根本无须接受什么技术教育。在该指示的第四部分,马克思专门就"男女儿童和少年劳动"的问题给出意见,具体包括:现代工业吸引男女儿童和少年参加社会生产事业是一种进步的、健康的以及合乎规律的趋势;每个儿童从9岁起应当像个有劳动能力的成人那样成为生产工作者;工人阶级应通过促进普遍的立法来保护少年儿童的权利,防止他们成为资本积累的简单工具;儿童的劳动时间应该根据儿童的年龄来确定;把有报酬的生产劳动与智育、体育、综合技术教育结合起来。[③]马克思认为:"在合理的社会制度下,每个儿童从9岁起都应当像每个有劳动能力的成人那样成为生产工作者,应当服从普遍的自然规律,这个规律就是:为了吃饭,他必须劳动,不仅用脑劳

---

　　① 杨兆山,姚俊.马克思主义经典作家教育文论选讲[M].沈阳:辽宁人民出版社,2017:96.

　　② 杨兆山,姚俊.马克思主义经典作家教育文论选讲[M].沈阳:辽宁人民出版社,2017:96.

　　③ 石中英.马克思恩格斯教育与生产劳动相结合思想的再思考[J].北京大学教育评论,2022(2):2-20,186.

动,而且用双手劳动。"①在该文件中,马克思还针对大工业时代以来资本家和资产阶级思想家对工人阶级在智力、性情、道德、习惯等方面的讽刺与抹黑进行了有力的反击,深刻指出"把有报酬的生产劳动、智育、体育和综合技术教育结合起来,就会把工人阶级提高到比贵族和资产阶级高得多的水平"②。很显然,马克思充分肯定了工人阶级的勤劳能干和聪明才智,认为只要给予工人阶级教育与生产劳动相结合的机会,他们的整体素质、能力与水平就会得到极大的提升,就会远远超过贵族和资产阶级。正因为如此,马克思认为团结起来的、接受过教育的工人阶级完全可以推翻资产阶级政权和资本主义制度,从而解放自己。

《资本论》是马克思的代表作。1867 年,《资本论》第一卷问世。马克思系统研究了资本主义商品生产与再生产过程,揭示了资本的本质、剩余价值规律、现代大工业生产与资本主义生产关系之间的深刻矛盾③,揭开了资本家剥削工人的罪恶秘密,同时再一次证明了工人阶级接受教育的重要性。马克思分析了机器化大生产对工人片面发展的直接影响,指出:"机器劳动极度地损害了神经系统,同时它又压抑肌肉的多方面运动,夺去身体上和精神上的一切自由活动。甚至减轻劳动也成了折磨人的手段,因为机器不是使工人摆脱劳动,而是使工人的劳动毫无内容……生产过程的智力同体力劳动相分离,智力转化为资本支配劳动的权力,是在以机器为基础的大工业中完成的。"④同时马克思也指出,"现代工业的技术基础是革命的,而所有以往的生产方式的技术基础本质上是保守的","大工业的本性决定了劳动的变

---

① 华东师范大学教育系.马克思恩格斯论教育(修订本)[M].北京:人民教育出版社,1986:206.

② 杨兆山,姚俊.马克思主义经典作家教育文论选讲[M].沈阳:辽宁人民出版社,2017:96.

③ 石中英.马克思恩格斯教育与生产劳动相结合思想的再思考[J].北京大学教育评论,2022(2):2-20,186.

④ 马克思恩格斯文集(第五卷)[M].中共中央马克思恩格斯列宁斯大林著作编译局,译.北京:人民出版社,2009:486-487.

化、职能的更动和工人的全面流动性"。① 可见，马克思没有把工人阶级及其子女片面发展的根本原因归咎于机器大工业生产本身，而是归咎于其背后的资本主义生产关系。也就是说，马克思认为大工业的本性是革命的，它为工人阶级的全面发展创造了客观条件。正是基于这样的认识，马克思进一步提出："尽管工厂法的教育条款整个说来是不足道的，但还是把初等教育宣布为劳动的强制性条件。这一条款的成就第一次证明了智育和体育同体力劳动相结合的可能性，从而也证明了体力劳动同智育和体育相结合的可能性。"②一方面，马克思指出工厂法中的教育条款是"不足道的"，因为条款承诺的 14 岁以下参加生产劳动儿童的教育仅限于每天 2 小时的初等教育，而且能否兑现还存在很大的不确定性；另一方面，马克思也肯定了教育条款的法律化，认为它从制度上为实现智育和体育同体力劳动相结合提供了可能性。在此基础上，马克思更深刻地指出："从工厂制度中萌发出了未来教育的幼芽，未来教育对所有已满一定年龄的儿童来说，就是生产劳动同智育和体育相结合，它不仅是提高社会生产的一种方法，而且是造就全面发展的人的唯一方法。"③这是马克思首次阐明教育与生产劳动相结合之于人的全面发展的重大意义，认为建立在科学技术和社会化机器大工业生产基础上的教育与生产劳动相结合，既是提高社会生产的一种方法，也是造就全面发展的人的唯一方法。这标志着马克思、恩格斯关于教育与生产劳动相结合理论的正式形成。④

马克思还在《临时中央委员会就若干问题给代表的指示》中首次明确提出了综合技术教育这个概念，他指出："要使儿童和少年了解生

---

① 华东师范大学教育系.马克思恩格斯论教育(修订本)[M].北京:人民教育出版社,1986:232.
② 马克思恩格斯选集(第二卷)[M].中共中央马克思恩格斯列宁斯大林著作编译局,译.北京:人民出版社,2012:230.
③ 马克思恩格斯全集(第二十三卷)[M].中共中央马克思恩格斯列宁斯大林著作编译局,译.北京:人民出版社,1972:530.
④ 石中英.马克思恩格斯教育与生产劳动相结合思想的再思考[J].北京大学教育评论,2022(2):2-20,186.

产各个过程的基本原理,同时使他们获得运用各种生产的最简单的工具的技能,对儿童和少年工人应当按不同的年龄循序渐进地授以智育、体育和技术教育课程。"① 1869 年,马克思在"关于现代社会中的普及教育的发言"中明确指出,综合技术教育的目的"旨在弥补分工所造成的缺陷,因为分工妨碍学徒获得本身业务的牢固知识"②。在《资本论》中,马克思进一步论述了综合技术教育的必要性,指出"现代工业从来不把某一生产过程的现成形式看成和当作最后的形式","现代工业通过机器、化学过程和其他方法,使劳动者的职能和劳动的社会结合不断地随着生产的技术基础发生变革"。③ 因此,只有通过综合技术教育才能让劳动者懂得各种生产过程的基本原理和工艺技术,才能在较短的时间内让工人掌握多种生产技术并且不断适应生产技术的发展变化。④ 在马克思看来,综合技术教育可以有效消除体力劳动与脑力劳动相分离的现象以及工人劳动分工被固化的情况。⑤

1875 年,马克思又写成了《对德国工人党纲领的几点意见》(又称《哥达纲领批判》)一文。《德国工人党纲领》是德国工人运动两个主要派别——德国社会民主工党和全德工人联合会——合并以后共同起草的一份政治纲领,其中包括了一些反映拉萨尔机会主义的观点,马克思对此进行了批判,并对该纲领的一些主要政治主张进行了批注⑥,包括一些关于教育的批注。例如,马克思认为,纲领所提出的"由国家

---

① 马克思恩格斯全集(第十六卷)[M].中共中央马克思恩格斯列宁斯大林著作编译局,译.北京:人民出版社,1964:218.

② 马克思恩格斯全集(第十六卷)[M].中共中央马克思恩格斯列宁斯大林著作编译局,译.北京:人民出版社,1964:655.

③ 华东师范大学教育系.马克思恩格斯论教育(修订本)[M].北京:人民教育出版社,1986:232.

④ 陈美华.新时代劳动教育的理论渊源、基本内涵及实践路径[J].经济研究参考,2021(13):85-96.

⑤ 徐辉,张永富.论马克思主义的"教劳结合"思想与综合技术教育[J].西北师大学报(社会科学版),2020(3):117-123.

⑥ 石中英.马克思恩格斯教育与生产劳动相结合思想的再思考[J].北京大学教育评论,2022(2):2-20,186.

实行普遍的和平等的国民教育；实行普遍的义务教育；实行免费教育"的主张，忽视了教育的阶级性、德国工人阶级的实际需求以及技术教育的重要性，其本身不符合工人阶级的利益。又如，针对纲领"限制妇女劳动和禁止儿童劳动"的条款，马克思认为应当明确"限制妇女劳动"的内涵和条件，对"禁止儿童劳动"必须指明年龄界限。① 对于这些问题，马克思重申了他在《临时中央委员会就若干问题给代表的指示》中的观点："普遍禁止童工是和大工业的存在不相容的，所以这是空洞的虔诚的愿望。实行这一措施——如果可能的话——是反动的，因为在按照各种年龄严格调节劳动时间并采取其他保护儿童的预防措施的条件下，生产劳动和教育的早期结合是改造现代社会的最强力的手段之一。"②

二、恩格斯关于劳动教育的论述

相比而言，恩格斯比马克思更早关注工人阶级及其子女的教育问题，在相关论著中发表了大量关于工人阶级的教育以及教育与生产劳动相结合的论述，对资本主义教育制度进行了猛烈的抨击。

1844 年 9 月至 1845 年 3 月，恩格斯写下《英国工人阶级状况》这篇报告。为了了解英国工人阶级的愿望、痛苦和希望，分析他们陷入贫困、受压迫的原因，恩格斯用了 21 个月，通过亲身观察和交谈获得了大量第一手资料，对英国工人阶级的状况以及工人运动的发展趋势进行了客观描述和深刻分析。关于工人阶级及其子女的教育问题，恩格斯站在"无产阶级的教育"立场，对资本主义制度进行了深入的批判。恩格斯指出："工人随时都发现资产阶级把他当做物品、当做自己的财产来对待，就凭这一点，工人也要成为资产阶级的敌人……工人

---

① 石中英.马克思恩格斯教育与生产劳动相结合思想的再思考[J].北京大学教育评论,2022(2):2-20,186.

② 马克思恩格斯选集(第三卷)[M].中共中央马克思恩格斯列宁斯大林著作编译局,译.北京:人民出版社,1972:24.

只有仇恨和反抗资产阶级,才能拯救自己的人的尊严。而工人之所以能够如此强烈地反抗有产者的暴政,应当归功于他所受的教育,或者更确切地说,应当归功于他没有受过教育。"①他这段话有两层意思:一是资本主义的工业革命只是把工人变成了简单的机器,工人阶级毫无独立活动的自由;二是工业革命迫使工人阶级把自己作为一个阶级去思考,工人阶级是解放自己的主体。

同时,恩格斯在《英国工人阶级状况》中提出了两个概念:工人阶级"所受的教育"和"没有受过的教育",前者是指工人及其子女在由工会会员、宪章派和空想社会主义者依托工会创办的学校和阅览室里得到的教育,"在这里,孩子们受到纯粹无产阶级的教育,摆脱了资产阶级的一切影响,览室里只有或几乎只有无产阶级的书刊"②;后者是指工人及其子女在资产阶级创办的学校(包括某些技术学校)里受到的教育,这些学校教授的内容只对资产阶级有用,从而对工人及其子女没有任何意义,正如恩格斯指出的,"工人从中得出的唯一结论是,对他们来说,最明智之举莫过于默默地驯服地饿死。这里的一切都是教人俯首帖耳地顺从占统治地位的政治和宗教,所以工人在这里听到的只是劝他们唯唯诺诺、任人摆布和听天由命的说教"③。由此,恩格斯深刻地揭示了资本主义制度下工人及其子女生产劳动与教育相背离的现象,为提出马列主义生产劳动与教育相结合的劳动教育观奠定了基础。

1847年11月,恩格斯为共产主义者同盟撰写了《共产主义原理》这篇文献,明确提出了"把教育与生产结合起来"这个命题。恩格斯强调指出,在那些无产阶级业已形成并且比重占优的国家(如英国),可

---

① 马克思恩格斯选集(第一卷)[M].中共中央马克思恩格斯列宁斯大林著作编译局,译.北京:人民出版社,2012:104.
② 马克思恩格斯选集(第一卷)[M].中共中央马克思恩格斯列宁斯大林著作编译局,译.北京:人民出版社,2012:130.
③ 马克思恩格斯选集(第一卷)[M].中共中央马克思恩格斯列宁斯大林著作编译局,译.北京:人民出版社,2012:130.

以利用资产阶级的民主手段争取无产阶级的权利并向私有制发起进攻,并且基于当时无产阶级革命的实际状况提出了 12 条可以"立即采取措施"的要求,其中第 8 条是"所有的儿童,从能够离开母亲照顾的时候起,都由国家出钱在国家设施中受教育。把教育和生产结合起来"①。按照恩格斯的观点,无产阶级的教育既要实施普及教育,又要将教育与生产劳动结合起来。

1876—1878 年,恩格斯写出了《反杜林论》,目的是对当时柏林大学讲师杜林的一些思想观念进行批判,针对杜林的"未来学校计划",恩格斯批判其只不过是"稍微"完美一些的普鲁士中等学校,完全不满足工人阶级及其子女的需要。因为在杜林的所谓未来学校中,虽然也试图体现劳动与教育相结合的原则,并且开设了技术教育课程,但是"旧的分工在杜林的未来的生产中基本上原封不动地保存下来,所以学校中的这种技术教育就被剥夺了以后的任何实际运用,被剥夺了对生产本身的任何意义;它只有一个教育目的:它应该代替体育"②。这表明,杜林关于未来学校计划的构想,是对马克思、恩格斯教育与生产劳动相结合思想的误读甚至是歪曲。③ 恩格斯还指出,"生产劳动给每一个人提供全面发展和表现自己全部的即体力和脑力的能力的机会,这样,生产劳动就不再是奴役人的手段,而成了解放人的手段,因此,生产劳动就从一种负担变成一种快乐"④,进一步阐明了教育与生产劳动相结合的观点。

---

① 马克思恩格斯选集(第一卷)[M].中共中央马克思恩格斯列宁斯大林著作编译局,译.北京:人民出版社,2012:305.

② 马克思恩格斯选集(第三卷)[M].中共中央马克思恩格斯列宁斯大林著作编译局,译.北京:人民出版社,2012:710.

③ 石中英.马克思恩格斯教育与生产劳动相结合思想的再思考[J].北京大学教育评论,2022(2):2-20,186.

④ 马克思恩格斯全集(第二十卷)[M].中共中央马克思恩格斯列宁斯大林著作编译局,译.北京:人民出版社,1971:318.

三、《共产党宣言》关于劳动教育的论述

《共产党宣言》是一部纲领性文件，是马克思、恩格斯受共产主义者同盟第二次国际代表大会委托于 1848 年共同完成的又一部伟大著作，是《共产主义原理》的升级版。它篇幅不长，包含四个部分：资产者和无产者、无产者和共产党人、社会主义的和共产主义的文献、共产党人对各反对党派的态度。起草这个纲领性文件的目的是公开阐明共产党人对于无产阶级革命的态度、观点和主张，回击来自资产阶级阵营和其他形形色色所谓社会主义者的攻击，号召全世界无产者联合起来，推翻现存以私有制为核心特征的资本主义制度。[①] 在这个纲领中，马克思、恩格斯明确提出了教育为无产阶级政治服务的观点。

在《共产党宣言》中，马克思、恩格斯明确提出了教育的阶级性，批评"资产者唯恐失去的那种教育"只为资产阶级统治服务，它"对绝大多数人来说是把人训练成机器"。[②] 马克思、恩格斯指出，无产阶级革命的任务不是要否认教育的阶级性，而是要使教育摆脱资产阶级统治的影响，为无产阶级政治服务。马克思、恩格斯就当时无产阶级革命任务提出了 10 条虽然"不够充分"但是"必不可少"的建议措施，与恩格斯在《共产主义原理》中提出的 12 条措施在内容上基本保持了一致。

《共产党宣言》关于"教育"的建议是："对所有儿童实行公共的和免费的教育。取消现在这种形式的儿童的工厂劳动。把教育同物质生产结合起来。"[③] 这三句话的意义非常深刻，第一句"对所有儿童实行

---

① 石中英.马克思恩格斯教育与生产劳动相结合思想的再思考[J].北京大学教育评论，2022（2）：2-20,186.

② 马克思恩格斯选集（第一卷）[M].中共中央马克思恩格斯列宁斯大林著作编译局，译.北京：人民出版社，2012：417.

③ 马克思恩格斯选集（第一卷）[M].中共中央马克思恩格斯列宁斯大林著作编译局，译.北京：人民出版社，2012：422.

公共的和免费的教育",实际上是呼吁代表资本利益的资产阶级国家对工人阶级子弟实行免费教育,因为"公共的和免费的教育"正是工人阶级所需要的;第二句"取消现在这种形式的儿童的工厂劳动",意欲要求进一步巩固工厂法颁布以来的斗争成果,缩短儿童劳动时间,改善儿童劳动条件,防止无产阶级子女从小被变成单纯的商品和劳动的工具,导致畸形发展;第三句"把教育同物质生产结合起来",强调无产阶级争取受教育权与劳动权的统一。[①]

四、马克思、恩格斯劳动教育观的核心要义

马克思、恩格斯的劳动教育观是在资产阶级教育与生产劳动相背离的历史背景下提出的。马克思、恩格斯关于劳动教育的系列论述以教育为视角、以教育与生产劳动相结合为主线,强调的是教育对生产劳动者的重要性,目的是维护工人阶级受教育的权利、推动无产阶级革命,因此具有明显的阶级性。

本书认为,马克思、恩格斯劳动教育观的核心要义主要体现在以下三个方面。

首先,马克思、恩格斯高度强调教育的特殊重要性。他们认为每个人都应该接受教育,包括智育、体育和综合技术教育,并且要从少年儿童开始。在资本主义社会工人阶级被剥夺受教育权、受到压迫和剥削的背景下,他们站在无产阶级的立场上,为工人阶级争取生存与发展的权利,既要争取劳动权,也要争取受教育权,力求实现两者的统一。马克思的"最先进的工人完全了解,他们阶级的未来,从而也是人类的未来,完全取决于正在成长的工人一代的教育"[②]这一句话,表明工人阶级自身乃至整个人类社会会有怎样的未来,取决于一代又一代

---

① 石中英.马克思恩格斯教育与生产劳动相结合思想的再思考[J].北京大学教育评论,2022(2):2-20,186.

② 杨兆山,姚俊.马克思主义经典作家教育文论选讲[M].沈阳:辽宁人民出版社,2017:96.

工人所接受的教育情况,包括教育的普及面、教育的内容和教育的深度。工人阶级只有获得教育,才能掌握知识、掌握技术,并且在生产劳动中具有充分的话语权、自主权和发展权;只有获得教育,工人阶级才能提高思想觉悟,才能起来反抗资产阶级的压迫,从而最终解放自己。

其次,马克思、恩格斯强调教育必须与生产劳动相结合。他们认为教育与生产劳动相结合是造就全面发展的人的唯一方法,是工人阶级摆脱愚昧、改变受剥削和受压迫状况的必然选择。马克思"未来教育对所有已满一定年龄的儿童来说,就是生产劳动同智育和体育相结合,它不仅是提高社会生产的一种方法,而且是造就全面发展的人的唯一方法"①和"把有报酬的生产劳动、智育、体育和综合技术教育结合起来,就会把工人阶级提高到比贵族和资产阶级高得多的水平"②的论述,既充分表明了教育与生产劳动相结合对提高工人阶级整体素质、促使他们成为全面发展的人的必要性,也充分肯定了受教育工人阶级成为全面发展的人的可能性。马克思、恩格斯坚定地认为,只有做到教育与生产劳动相结合,工人阶级才能成为由全面发展的人组成的先进阶级,才能领导无产阶级推翻资产阶级的统治,才能最终实现共产主义。

最后,马克思、恩格斯充分肯定科学技术与生产社会化的重要意义。如前所述,马克思认为大工业的本性是革命的,为工人阶级的全面发展创造了客观条件,因为"大工业的本性决定了劳动的变化、职能的更动和工人的全面流动性"③。这表明马克思、恩格斯不仅充分认识到工业革命、技术进步对生产劳动效率提升的重要性,而且也认识到其对工人阶级成长的重要性,即科技革命带来的生产技术进步有利于

---

①　马克思恩格斯全集(第二十三卷)[M].中共中央马克思恩格斯列宁斯大林著作编译局,译.北京:人民出版社,1972:530.

②　杨兆山、姚俊.马克思主义经典作家教育文论选讲[M].沈阳:辽宁人民出版社,2017:96.

③　马克思恩格斯选集(第二卷)[M].中共中央马克思恩格斯列宁斯大林著作编译局,译.北京:人民出版社,2012:231.

工人阶级提升综合素养、加快全面发展的步伐。毫无疑问,机器工业化大生产是教育与生产劳动相结合的生产力基础。技术进步带来的生产方式的改变,特别是人与技术结合方式的改变、劳动形式的改变以及劳动成果形态的改变,正是人类社会向前发展的根本表现。简言之,科技进步是人类社会发展的必然要求。当然,教育与生产劳动结合方式的改变也会反过来促使科技进步。

第二节　列宁的劳动教育观

列宁在领导俄国无产阶级解放和社会主义国家建设的具体实践过程中,继承和发展了马克思主义的劳动教育观,并结合俄国国情与具体形势,孕育产生了其教育与生产劳动相结合的思想,逐步形成了列宁的劳动教育观,并在俄国的社会主义建设过程中得到了很好的实践。[①] 列宁劳动教育观的主线是通过教育与生产劳动相结合,培养无产阶级力量,推翻资产阶级统治,建立社会主义社会继而最终实现共产主义。

一、列宁关于教育与生产劳动相结合思想的提出

十月革命以前,列宁在观察工人阶级劳动状况和批判资产阶级教育制度的基础上,孕育产生了劳动与教育相结合的思想。在 19 世纪 90 年代,列宁立足当时俄国落后的教育状况,对资本主义教育制度的片面化与虚假性进行了批判。一方面,列宁认为资本主义制度的教育与生产劳动相脱离,它将人变成了奴隶和工具,违背了人的自由全面发展的原则;另一方面,列宁认为教育与生产劳动相脱离的资产阶级

---

① 张桂芳,闫越. 列宁劳动教育观及其当代价值[J]. 贵阳学院学报(社会科学版),2021(2):26-31.

教育会进一步造成科技文化发展的落后,对社会发展起阻碍作用。很显然,列宁继承发展了马克思、恩格斯对资产阶级教育的批判,明确指出:资产阶级的学校"完全变成了资产阶级统治的工具,浸透了资产阶级的等级思想,它的目的是为资本家培养恭顺的奴才和能干的工人"①。"在资本主义社会里,教育工作的根本缺点之一是同组织劳动这个基本任务脱节,因为资本家需要驯化和调教的是一些俯首帖耳、训练有素的工人。""教学工作死气沉沉,不切实际,形式主义……必然会把一切有生气的、健康的东西扼杀掉。"②

列宁尤其关注青年一代教育与生产劳动相结合的问题。1897年,列宁在《民粹主义空想计划的典型》一文中对俄国民粹主义者尤沙柯夫的谬论进行了批判,提出"没有年轻一代的教育和生产劳动的结合,未来社会的理想是不能想象的:无论是脱离生产劳动的教学和教育,或是没有同时进行教学和教育的生产劳动,都不能达到现代技术水平和科学知识现状所要求的高度"③。同时列宁还认为,教育与生产劳动相脱离的资本主义教育也会造成教育与社会建设背道而驰的恶果。这种资本主义空想教育观,提倡的所谓的"教育与体力劳动相结合"的总的原则,实则只是为穷人规定的,充满着资本主义教育的伪善性与虚假性。④

二、列宁关于教育与生产劳动相结合思想的发展

十月革命胜利后,列宁将"把教育和社会生产劳动紧密结合起来"

---

① 列宁全集(第二十八卷)[M]. 中共中央马克思恩格斯列宁斯大林著作编译局,译. 北京:人民出版社,1956:69.

② 列宁全集(第三十八卷)[M]. 中共中央马克思恩格斯列宁斯大林著作编译局,译. 北京:人民出版社,2017:182.

③ 列宁全集(第二卷)[M]. 中共中央马克思恩格斯列宁斯大林著作编译局,译. 北京:人民出版社,2013:463-464.

④ 张桂芳,闫越. 列宁劳动教育观及其当代价值[J]. 贵阳学院学报(社会科学版),2021(2):26-31.

写入了 1919 年的《俄共（布）纲领草案》，系统论述了教育同生产劳动相结合的最终目的、重大作用以及基本内容、原则和要求，规定对未满16 岁的男女儿童一律实行免费的义务的普通教育和综合技术教育[①]，把教学工作和儿童的社会生产劳动结合起来。不难发现，这个纲领草案关于教育及其与生产劳动相结合的规定，体现了这么几个特点：一是教育要从青少年抓起；二是男女平等，都要接受教育；三是实行免费的义务的普通教育；四是要实行综合技术教育。根据列宁的有关论述，这里所指的综合技术教育是关于现代工业的基本原理或一般科学原则的教育。

列宁为什么如此重视青少年的教育与生产劳动相结合问题？从当时的历史背景看，本书认为主要原因有这么两个方面：一是为了发展经济、巩固新生政权；二是为了培养接班人、推进共产主义事业。社会主义苏维埃政权是在资本主义世界的薄弱环节上建立起来的，经济文化相对落后。

为了发展经济、巩固政权，必须不断发展社会生产力，必须不断改善人民生活。很显然，教育与生产劳动相结合有利于提升这个新生社会主义国家的生产力水平。列宁认为，提高劳动者的纪律、工作技能、效率、劳动强度，改善劳动组织等，都是发展经济的条件。而这一切，劳动教育至关重要。列宁指出："学校教学和教育工作的性质，以及社会教育的性质都应当改变，这并不是说要改变教育原则和教学方针，而是要使教学工作的性质适应向和平建设的转变，这种和平建设要实现国家的工业改造和经济改造的远大计划，因为总的经济困难和总的任务就是恢复我国的经济力量，使得无产阶级革命在小农经济存在的同时，建立起新的经济生活基础。"[②]同时，列宁结合"国家电气化计划"

---

① 列宁全集（第三十六卷）[M].中共中央马克思恩格斯列宁斯大林著作编译局，译.北京：人民出版社，1985：87.

② 列宁全集（第三十八卷）[M].中共中央马克思恩格斯列宁斯大林著作编译局，译.北京：人民出版社，2017：182.

任务,提出了教育必须与经济基础的发展阶段相适应的观点。实践证明,列宁"教育与生产劳动相结合"的思想,使教育在俄国社会生产力水平的提升过程中起到了直接的促进作用。[①]

为了改变文化水平落后的局面和改造旧有的、落后的封建思想,提升青年的思想觉悟,列宁进一步强调要发挥"教育与生产劳动相合"的作用。列宁在《青年团的任务》一文中指出,"在一个文盲的国家里是不能建成共产主义社会的"[②]。列宁还指出,"文盲是处在政治之外的……不识字就不可能有政治,不识字只能有流言蜚语、谎话偏见,而没有政治"[③]。这充分体现了列宁对教育、对文化的重视,认为只有通过普遍的义务教育、消除文盲、大幅度提升文化水平才能建成共产主义社会。与此同时,列宁也同样强调生产劳动对提高青年思想觉悟的作用,呼吁共青团员们利用自己的每一刻空闲时间去劳动,要求他们"把自己的训练、学习和教育同工农的劳动结合起来,不要关在自己的学校里,不要只限于阅读共产主义书籍和小册子。只有在劳动中同工农打成一片,才能成为真正的共产主义者"[④]。也就是说,青年团只有从小在自觉的有纪律的劳动中受教育、成为团结一致的自觉的劳动者,才能成为共产主义者,才能为改变国家贫穷落后的状况、使之变成一个富裕的国家做出贡献。可见,列宁把教育与生产劳动相结合,同国家建设和实现共产主义理想紧密地联系在了一起。

三、列宁关于教育与生产劳动相结合思想的实践

列宁不仅鲜明提出了"教育与生产劳动相结合"的思想,而且还结

---

① 张桂芳,闫越.列宁劳动教育观及其当代价值[J].贵阳学院学报(社会科学版),2021(2):26-31.

② 列宁全集(第三十九卷)[M].中共中央马克思恩格斯列宁斯大林著作编译局,译.北京:人民出版社,1986:309.

③ 列宁全集(第四十二卷)[M].中共中央马克思恩格斯列宁斯大林著作编译局,译.北京:人民出版社,1987:200.

④ 列宁选集(第四卷)[M].中共中央马克思恩格斯列宁斯大林著作编译局,译.北京:人民出版社,1972:358.

合苏维埃俄国当时的实际情况进行了创新性的实践,在寻求"教育与生产劳动相结合"具体化、实践化的过程中,独创了"义务劳动"这种劳动教育实践方式,展现了义务劳动在建设社会主义和共产主义社会中的教育意义。

"义务劳动"是苏维埃俄国人民的伟大创举。1919 年,当时的苏维埃俄国为了捍卫新生政权,实施了战时共产主义政策。列宁号召全体人民共同抗击帝国主义敌人,捍卫无产阶级政权,建设社会主义事业。为了响应列宁的号召,1919 年 5 月,共产党领导苏维埃俄国各级机构和人民自发参与了在星期六进行的六小时无报酬的体力劳动,帮助运输燃料和粮食。列宁对此给予了高度的肯定,发表了一系列关于义务劳动的重要论述,如《伟大的创举》《在俄共(布)莫斯科市代表会议上关于星期六义务劳动的报告》以及《从莫斯科—喀山铁路的第一次星期六义务劳动到五一节全俄星期六义务劳动》等。[①] 星期六义务劳动很快在苏维埃俄国各地展开,随后义务劳动在苏维埃俄国成为固定的制度并延续了半个多世纪,不仅对经济建设起到了巨大的促进作用,而且对人民尤其是青年起到了非常积极的思想教育作用。

列宁为什么如此赞赏义务劳动?因为他认为义务劳动是崇高的劳动,是共产主义事业需要的劳动。在《在俄共(布)莫斯科市代表会议上关于星期六义务劳动的报告》中,他认为"社会主义……是新社会的初级形式。至于共产主义,它是这种社会的高级形式……社会主义的前提是在不要资本家帮助的情况下进行工作,是在劳动者的有组织的先锋队即先进部分施行最严格的计算、监督和监察的情况下进行社会劳动;同时还应该规定劳动量和劳动报酬……资本主义社会给我们留下了许多遗迹和习惯……这一切都是同真正共产主义经济的要求背道而驰的。所谓共产主义,是指这样一种制度,在这种制度下,人们

---

① 张桂芳,闫越.列宁劳动教育观及其当代价值[J].贵阳学院学报(社会科学版),2021
(2):26-31.

习惯于履行社会义务而不需要特殊的强制机关,不拿报酬地为公共利益工作成了普遍的现象"①。很显然,在列宁看来,只有不拿报酬地为公共利益工作的义务劳动才是共产主义性质的劳动,认为义务劳动是一种比社会主义制度下的有组织、有监督、有报酬的劳动具有更高层次的劳动。

因此,列宁认为义务劳动有利于培养共产主义劳动纪律和共产主义道德。② 列宁在《伟大的创举》中评价共产主义星期六义务劳动"这是非常重要的开端……因为这是战胜自身的保守、涣散和小资产阶级利己主义,战胜万恶的资本主义遗留给工农的这些习惯。当这种胜利获得巩固时,那时,而且只有那时,新的社会纪律,社会主义的纪律才会建立起来……共产主义才真正变得不可战胜"③。列宁在《在俄共(布)莫斯科市代表会议上关于星期六义务劳动的报告》中又指出:"星期六义务劳动无疑是纯洁党的好办法。它不是万能的洗涤剂,却是效力很大的洗涤剂。"④同时列宁还认为,用义务劳动培育共产主义道德是一个长期的过程,在这个长期的过程中可能遭遇曲折和困难,但义务劳动必须坚持不懈地进行。列宁在《从破坏历来的旧制度到创造新制度》中认为,共产主义劳动在目前的社会制度下还不能广泛而普遍地实行,这是一项需要许多年甚至几十年才能完成的工作⑤,而义务劳动就是这种社会主义劳动和共产主义劳动在目前阶段的具体方式。事实证明,义务劳动对保持苏维埃俄国共产党队伍的纯洁性和纪律性

---

① 列宁选集(第四卷)[M].中共中央马克思恩格斯列宁斯大林著作编译局,译.北京:人民出版社,1972:141.

② 张桂芳,闫越.列宁劳动教育观及其当代价值[J].贵阳学院学报(社会科学版),2021(2):26-31.

③ 列宁全集(第三十七卷)[M].中共中央马克思恩格斯列宁斯大林著作编译局,译.北京:人民出版社,2017:1-2.

④ 列宁全集(第三十八卷)[M].中共中央马克思恩格斯列宁斯大林著作编译局,译.北京:人民出版社,2017:41.

⑤ 列宁全集(第三十八卷)[M].中共中央马克思恩格斯列宁斯大林著作编译局,译.北京:人民出版社,2017:349-351.

起到了非常积极的作用。

总之,义务劳动的意义在于:可以养成共产主义劳动纪律,践行共产主义道德品德,从而为共产主义事业培养有奉献精神的劳动者。列宁关于义务劳动的思想,不仅在苏维埃社会主义事业建设过程中发挥了长远积极作用,而且激励了其他社会主义国家的社会主义建设。[①]

四、列宁劳动教育观的核心要义

诚然,列宁很好地继承和发扬了马克思、恩格斯的劳动教育观,深化了对"教育与生产劳动相结合"的认识,并在苏维埃社会主义事业建设过程中以"义务劳动"的方式进行了实践,实现了马克思主义劳动教育观的俄国化。

本书认为,列宁劳动教育观的核心要义主要有以下三个方面。

首先,列宁从劳动重要性的角度阐释"教育与生产劳动相结合"的必要性,即强调劳动的教育意义。虽然列宁与马克思、恩格斯的劳动教育观都建立在"教育与生产劳动相结合"这一基本的认识上,但两者的侧重点有所不同。如果说马克思、恩格斯的劳动教育观偏重教育对劳动者的劳动意义,那么列宁的劳动教育观则偏重劳动对劳动者的教育意义。也就是说,列宁不仅把劳动尤其是义务劳动作为人们接受教育、提高思想觉悟的一种途径,而且还把它作为了教育本身的内容之一。虽然他反复强调文盲的国家不可能实现共产主义,但他更强调劳动对实现共产主义的意义。在越来越多人可以得到教育的今天,人们缺乏的往往就是劳动。这也正是劳动教育的重要性所在。

其次,列宁认为资本主义的教育制度会阻碍社会的进步。列宁指出,资本主义的教育制度存在片面化与虚假性,其"根本缺点之一是同组织劳动这个基本任务脱节",目的是"驯化和调教一些俯首帖耳、训

---

① 张桂芳,闫越.列宁劳动教育观及其当代价值[J].贵阳学院学报(社会科学版),2021(2):26-31.

练有素的工人"。① 列宁认为,教育与生产劳动相脱离的资本主义教育
会进一步造成科技文化发展的落后,对社会发展起阻碍作用。无论是
脱离生产劳动的教学和教育,或是没有同时进行教学和教育的生产劳
动,都不能达到现代技术水平和科学知识现状所要求的高度,会造成
教育与社会建设背道而驰。很显然,列宁的这些观点,依然突出了教
育与生产劳动相结合的必要性,尤其是强调了教育不能脱离生产劳
动。只有与生产劳动相结合的教育,才能促进科学技术的发展,才能
推动社会的进步。

　　最后,列宁把"教育与生产劳动相结合"的劳动教育作为了发展经
济的有效手段。列宁指出,教育与生产劳动相结合有利于提升苏维埃
俄国这个新生的社会主义国家的生产力水平,建立起新的经济生活基
础。为此,他呼吁共青团员们要利用自己的每一刻空闲时间去劳动,
以期把苏维埃俄国这个贫穷落后的国家变成一个富裕的国家。他认
为,只有成为自觉的劳动者并且团结一致,才能成为真正的共产主义
者,才能推进社会发展。② 可见,列宁不仅把劳动教育作为人的全面发
展的需要,也把它作为国家建设和社会发展的需要。说到底,美好的
生活要靠劳动去创造。

第三节　马列主义劳动教育观的时代意义

　　马克思、恩格斯、列宁把教育与生产劳动相结合的劳动教育观,对
中国共产党确定中国的教育方针产生了至关重要的影响。尽管时间
已经过去了一百多年,尽管如今的世界格局发生了巨大的变化,尽管

----

① 列宁全集(第三十八卷)[M].中共中央马克思恩格斯列宁斯大林著作编译局,译.北京:人民出版社,2017:182.
② 张桂芳,闫越.列宁劳动教育观及其当代价值[J].贵阳学院学报(社会科学版),2021(2):26-31.

今日的科技水平达到了前所未有的高度,但马列主义的劳动观仍然具有重要的时代意义。

一、生产劳动只有与教育相结合,才有利于生产力发展和社会进步

人类从事生产劳动是为了获取生存与发展所需的资源。从刀耕火种到工业化大生产,再到如今的智能化生产,无论科技发生了怎样的变化,也无论使用了什么样的工具和手段,劳动始终是人类创造一切所需的唯一来源,没有劳动就没有人类所需的一切。但是,人类为什么能够从刀耕火种式的生产劳动发展成如今的智能化生产劳动?靠的就是人类自主的教育!

教育作为一种有计划、有目的培养人的活动,通过传道授业解惑等方式,帮助个人和社会实现一个又一个目标,不断满足人类社会发展的需求。无论是启蒙式的家庭教育,还是规范化的学校教育,或是多样化的社会教育,都能够给每一个个人的成长,对整个人类社会的发展产生系统全面的影响。显然,这里所说的教育包括了所有方面的内容,如道德教育、文化知识教育、法治教育、技术实践教育、体育、美育……不难想象,如果人类没有教育,生产劳动不与教育相结合,那该如何提高对生产劳动的认识?如何有效进行生产劳动分工与协作?如何改进生产劳动方式?如何辨析生产劳动去向?如何规范生产劳动秩序?如何分配生产劳动成果?没有以教育的支撑的生产劳动,人类很可能还停留在刀耕火种的原始状态,不可能有今天的一切。因此,教育是持续组织有序的生产劳动并不断提升劳动效率的前提,更是人类全面发展进而推动社会发展的必备条件。

每个人都应该是劳动者,每个人都有受教育的权利。我们所指的教育与生产劳动相结合,是就每个人而言的,并不是部分人接受教育而脱离生产劳动、部分人从事生产劳动而脱离教育的情况。这种情况

正是马克思、恩格斯、列宁所批判的当时资本主义教育制度的弊病所在。当然,这并不是说每个人所接受的教育和所从事的劳动必须是一样的,受客观条件和后天因素影响,个体之间肯定会存在差别。但从制度上看,每个人的权利应该是公平的,应该是匹配的。可以设想,在共产主义社会,教育与生产劳动将是完全融合的。

　　教育强则国家强,建设教育强国的目的之一,就是为生产劳动提供持续的、扎实的人力资本。如今,人类进入了以大数据、人工智能为标志的新的科技时代,生产、生活方式都发生了巨大的变化。大数据技术之所以能够迅速得到推广应用,正是教育与生产劳动高度结合的结果。试想,如果没有教育的普及与教育程度的提升,人类如何理解并从事以大数据技术为基础的各种生产劳动? 当然,如今的教育与生产劳动的结合方式与以往是不一样的,不仅更加紧密,而且更加多元化,因为无论是教育的内涵还是生产劳动的内涵都发生了实质性的变化,具有显著的数字化、智能化时代特征。

二、教育只有与生产劳动相结合,才能发挥其真正的作用

　　人类为什么要开展教育? 本书认为,其目的是帮助人类自己更好更快地实现自由而全面的发展。虽然生产劳动的第一功能是维持人类的生存,但其意义并不止于此。人类如果仅仅把劳动作为纯粹维持生命的手段,那么与动物就没有多大的区别。既然如此,劳动的真正意义是什么? 本书认为,劳动的真正意义在于人类借由劳动去实现自由而全面的发展,借由劳动去实现人生的价值。在这个过程中,教育起到了放大器、加速器的作用,即人类通过教育让自己更有效地经由生产劳动实现人生的价值。

　　那么什么是人生的价值? 是不断挑战自我、超越自我并帮助他人追求梦想的过程还是无穷追求物质、无度享受生活的过程? 本书认为

是前者。人类追求丰富的物质生活没有错,但这不是终点。享受生活也不仅是享受外在的东西,更应该是享受内在的东西,即内心世界的追求与满足。物质丰富到一定程度,精神追求就变成第一重要了,如实现个人的兴趣爱好,乐于助人,探索科学,挑战极限,保护生态……如何实现精神追求? 当然是依靠劳动。没有劳动的付出,就不可能有任何的收获。因此,教育要从小引导人们树立这样的劳动观:无论是物质追求还是精神追求,都需要通过自身的劳动来实现,并且在劳动实践中体会劳动的真正意义。也就是说,教育只有与生产劳动相结合,才能树立正确的世界观、人生观、价值观,才能有崇高的精神境界。脱离正确劳动观的教育、脱离劳动实践的教育,是虚伪的教育。为此,需要家庭、学校和社会三者协同,形成合力,通过各种有效的方式让每一个人从内心深处理解劳动的意义。对于学校,必须把劳动教育纳入人才培养体系,把德育和劳育结合起来,不仅要把劳动教育作为思政教育必不可少的有机部分,而且要在思政教育中突出劳动教育的地位,同时让每一位学生都参与生产劳动。这也正是列宁所提倡的。

　　如今,我国正在推进中国式现代化建设。中国式现代化是物质文明与精神文明相结合的现代化。要在 14 亿人口的大国实现现代化谈何容易! 靠什么去实现? 唯有劳动——辛勤劳动、诚实劳动和科学劳动。谁来劳动? 所有具有劳动能力的人都要参与劳动。因此,从小培养合格的劳动者,培养一代又一代能够接续奋斗的劳动者,就成为历史的使命、时代的要求。这样的劳动者,一定是教育与生产劳动高度结合的人,既具有必需的文化水平和专业知识,又能从事相应的生产劳动。要培养这样的劳动者,除了上述的正确劳动观教育,还要让文化知识教育、学科专业教育、综合技术教育符合时代发展的要求,适应科学技术发展的趋势,绝不能出现教育脱离实际、落后于时代发展步伐的情况。否则,教育就会起反作用,不利于人类实现自身的价值。

　　总之,无论是出现受教育者不喜欢劳动的情况,还是出现受教育者不会劳动的情况,这样的教育都是失败的教育,都是不符合中国式现代化建设需要的。

三、教育与生产劳动相结合的方式随时代发展而变化

马克思、恩格斯根据当时资产阶级社会受教育者不从事生产劳动而生产劳动者缺乏教育的情况,提出了教育与生产劳动相结合的观点,目的是为从事生产劳动的工人阶级争取受教育的权利,提高工人阶级的文化知识水平,从而具备反抗资产阶级压迫、剥削的能力和思想觉悟,使其全面发展。马克思认为,未来教育对所有已满一定年龄的儿童来说,就是生产劳动同智育和体育相结合,它不仅是提高社会生产的一种方法,而且是造就全面发展的人的唯一方法。[①] 但是在当时的条件下,受资本主义制度的限制,教育与生产劳动的结合是不可能充分的,只能是以生产劳动者尽量减少劳动时间、获得更多受教育时间的方式来体现这种结合。现在看来,当时教育与生产劳动相结合的生产力基础,即科学技术、生产社会化以及生产机械化的程度,都还是不太高的。

列宁强调教育与生产劳动相结合的时代背景,与马恩时代有所不同,因为俄国实现了从资本主义到社会主义的转变。列宁一方面与马恩一样批判资本主义的教育制度,另一方面突出教育与生产劳动相结合对于社会主义建设的重要意义,即促进劳动生产力发展和提高共产主义者的劳动自觉性。在列宁看来,"无论是脱离生产劳动的教学和教育,或是没有同时进行教学和教育的生产劳动,都不能达到现代技术水平和科学知识现状所要求的高度"[②],因为在一个文盲的国家里是不能建成共产主义社会的,缺乏具有共产主义觉悟的劳动者也是不能

---

① 马克思恩格斯全集(第二十三卷)[M].中共中央马克思恩格斯列宁斯大林著作编译局,译.北京:人民出版社,1972:530.

② 列宁全集(第二卷)[M].中共中央马克思恩格斯列宁斯大林著作编译局,译.北京:人民出版社,2013:463-464.

建成共产主义社会的。因此,尽管列宁的劳动教育观偏重于劳动对劳动者的教育意义,但他所强调的教育与生产劳动相结合实际上是强调双向的结合。

如今,人类的教育程度、科技发展水平与社会生产力水平都是前所未有的,这既是进一步深化教育与生产劳动结合的条件,也是教育与生产劳动持续结合的结果。在人工智能时代,随着人类的劳动越来越从体力劳动转变为脑力劳动、直接劳动转变为间接劳动,可以预见今后教育与生产劳动相结合的方式还将发生深刻的变化。为此,我们要积极创造有利于高校开展劳动教育的环境,因为创造有利于劳动教育的环境是劳动教育的基础。当然,教育的内容与形式、生产劳动的对象与方式也都会发生巨大的变化。但不管如何变化,劳动教育依然是必需的,教育与生产劳动相结合依然是社会进步、人类全面发展的必然要求。

第四章　中华传统劳动教育及其借鉴意义

中国自古以来就是一个农业大国,中国古代社会的发展离不开农业生产和农业进步。而农业生产和农业进步离不开劳动和劳动教育,因此劳动和劳动教育是中华优秀传统文化的重要组成部分。吃苦耐劳、勤劳奉献也成为中华民族的优秀传统美德。劳动和劳动教育渗透在古人的日常生活中。身体力行、礼仪教化、家风家训等是古代劳动观和劳动教育形成的主要方法,并且中国古代有大量的诗词反映了当时的劳动观和劳动教育。

第一节　中华传统耕读结合与劳动教育

中华具有悠久的耕读结合的传统,劳动和劳动教育是中华优秀传统文化的组成部分。要想了解中国劳动教育的起源与发展,就必须了解耕读结合这种劳动教育方式。亦耕亦读、半耕半读的教育方式,在中国古代形成了勤奋刻苦的优良传统,也成为一代代青年人成长励志的重要方式。

一、耕读结合的历史传承

"耕读"一词出自《曾国藩家书》:"久居乡间,将一切规模立定,以耕读二字为本,乃是长久之计。"①此处的"耕读"指的是读书人边耕作边读书,或指老师在培养教育学生的同时也带领他们从事田间劳作。曾国藩自己就是靠耕读结合勤奋成才的。

中国古代最常见的劳动教育就是耕读结合这种实践方式。耕读结合其实就是教劳结合,即把教育与生产劳动融合在一起,既重视农业生产的体力劳动,也重视熟读圣贤书的脑力劳动。耕读传家是我国优良传统之一,虽然"耕读"一词晚清时期才出现,但耕读现象早在尧舜禹时期就已经存在。

古人为了抗争自然,不得不以教劳结合的方式求得生存。例如,流传至今的女娲补天、夸父追日、精卫填海、后羿射日、鲧禹治水、钻燧取火等耳熟能详的神话故事,都反映了我国古人与天斗、与地斗、与水斗的抗争精神和劳动精神,并且教育激励着后人。

据《吴越春秋》记载:"尧聘弃,使教民山居,随地造区,妍营种之术……乃拜弃为农师,封之台,号为后稷,姓姬氏。"《孟子·滕文公上》记载:"后稷教民稼穑,树艺五谷,五谷熟而民人育。"②可见,在中国原始社会,先人的教育是与农业生产和农业劳动紧密联系在一起的,目的是应对自然条件而生存。

西周时期为了培养农业生产的武士,有"三时务农,而一时讲武"的说法,即四分之三的时间用于农业生产、四分之一时间用于农闲习武。据《尚书大传·略说》记载,西周时期的一些学校,农村子弟秋收完毕后进入学校学习,到了农忙季节就要离开学校回乡从事农业生产。也就是说,每年冬天的农闲阶段才是进入学校学习的主要时段。③

春秋时期,诸子百家对待劳动及劳动教育的态度不尽相同。例如,儒家教育始终围绕由道德文章通向成圣成贤这一路径而展开,生产劳动则不被重视,甚至为士大夫阶层所不齿。但与儒家不同的是,

①　曾国藩.曾国藩家书[M].北京:团结出版社,2015:679.
②　胡青.耕读——中国古代的教育与生产劳动相结合[J].江西师范大学学报,1992(3):9-12,22.
③　杨玲.论优秀传统文化在劳动教育中的影响[J].中国文化与管理,2021(2):112-118.

墨家和农家对劳动教育较为重视。墨子理想中的"兼士"除了要具备儒家"君子"般的品行,还要在生产劳动上有一技之长。墨子教育弟子"赖其力者生,不赖其力者不生","故圣人作诲,男耕稼树艺,以为民食",提倡人们靠劳动为生存打拼。与墨家相似,农家学派许行、陈相不仅主张"贤者与民并耕而食,饔飧而治",在现实中也坚持"衣褐,捆屦,织席以为食"。①

　　汉代以儒家思想为主流,官学教育摒弃了生产劳动方面的知识内容。但是在很多私学中,依然沿用耕读结合的教育模式,在教授学问的同时,开展农业生产劳动。② 关于汉代的私学耕读有较多的记载。例如,郑玄,"客耕东莱,学徒相随已数百人";孙期,在大泽中放猪,"远人从其学者,皆执经垄畔以追之";等等。之后,私学耕读得以延续,如魏晋南北朝的徐苗,边耕作边教育,"乡邻有死者,便辍耕助营棺撑;门生亡于家,即敛于讲堂"。唐代的熊履素,"居南昌山三十余年,倾产买书,聚徒讲习,暇则荷锸躬,弟子自远而至者与均衣食"。到了宋代,耕读理念到达了顶峰。例如,陆九渊在象山精舍,率领弟子开山造田,聚粮筑室,相与讲习,终于创下陆派学术与讲学的基地。③ 随着唐代中后期士族门阀的瓦解以及宋代社会的大发展变革,在文化方面出现了三大新形势:一是平民百姓可以通过科举入仕;二是教育发达,文化普及,以农民为主的广大底层民众有学文化的热情和条件;三是大量士子、落榜考生未能入仕,沉淀在农村家乡,继续务农。因此,边耕边读、半耕半读的现象成为常态。④

　　元明清时期,地方大都设有社学,教育对象主要是农家子弟,他们以生产劳动为主,农闲时接受教育。这种教育基本处于蒙学阶段,是

　　① 周海涛.中国共产党劳动教育思想对传统劳动教育思想的超越[J].商丘师范学院学报,2021(1):31-35.
　　② 杨玲.论优秀传统文化在劳动教育中的影响[J].中国文化与管理,2021(2):112-118.
　　③ 胡青.耕读——中国古代的教育与生产劳动相结合[J].江西师范大学学报,1992(3):9-12,22.
　　④ 程民生.论"耕读文化"在宋代的确立[J].社会科学战线,2020(6):93-102.

统治阶级利用教育推广教化、稳定秩序、发展农桑的重要措施。但不可否认,社学对农家子弟文化水平的提高、农桑耕作技术的推广、乡村风俗的改良、村民道德素质的提高等发挥了重大作用。其中,明代吴与弼耕读结合的事例非常典型:"(与弼)居乡,躬耕食力,弟子从者甚众……(与弼)雨中被笠,负耒耜,与诸生并耕,谈乾坤及坎、离、艮、震、兑、巽于所耕之耒耜可见。归则解犁,饭粝蔬豆共食。陈白沙自广来学,晨光才辨,先生(与弼)手自簸谷。白沙未起,先生大声曰:'秀才,若为懒惰,即他日何从到伊川门下? 又何以孟子门下?'一日刈禾,镰伤厥指,先生负痛曰:'何可为物所胜?'竟刈如初。"明末清初的颜元一生没有脱离劳动,认为人人应以生产劳动为己任,他把礼、乐、射、御、书、数、兵、农、钱、谷、水、火、工、虞、天文、地理等作为教育内容,其中农事被放在与礼乐、兵事同等重要的地位,他还在为门人所列的"教条"中专列"农学"一科。在教育过程中,颜元特别强调"习动""实学""习行""致用"的教学方法,在教学过程中联系实际、躬行实践。讲之功有限,习之功无已,"习"的含义就是实践。当然,颜元并不排斥通过读和讲的方式来学习理论知识。颜元门下有学礼乐者,也有学兵、农、水、火者,他既培养出了善于制造小仪器的学生,也培养出了垦荒种田的好手,可见颜元的耕读结合已上升到一个新的高度。[①] 明末清初的理学大家孙奇逢,数次拒绝入朝为官,推崇耕读相兼的思想,边讲学、边率子弟躬耕,四方来学者亦授田使耕,所居成聚。其"孝友堂家规"也是名声远扬。

二、耕读结合的借鉴意义

中华传统的耕读结合的劳动教育,较好地解决了教育与生产劳动相结合的问题,这种结合方式实际上一直延续到今天,不同的是,如今

---

① 胡青.耕读——中国古代的教育与生产劳动相结合[J].江西师范大学学报,1992(3):9-12,22.

的教育是成建制的、规范化的学校教育而不是以往的以私学为主的师承式教育,学生参与的劳动也不一定是农业生产劳动而是各种类型的劳动。如今的教育除了学校教育,还有家庭教育和社会教育。

尽管历史已经发生了巨大的变化,但本书认为耕读结合的劳动教育依然有重要的借鉴意义。

首先,耕读结合是为了解决生存问题。民以食为天,故"赖其力者生,不赖其力者不生"。我国古代,社会生产力水平比较低,社会分工也很粗略,获取生活来源的途径比较有限,基本上要通过田间劳作来维持生活,不从事农业生产就解决不了衣食等基本的生存问题,因此在古人看来,"耕"是每个人都必须掌握的基本技能,是日常基本活动。但从长辈的期望上看,又希望子弟能够通过学习文化知识和传统礼仪而成为有身份的人,甚至期望他们能够考取功名,因此也十分重视教育,有条件就送子弟去拜师学习。既要"耕"又要"读",怎么办?不得不两者兼顾。由于一年当中三分之二或四分之三的时间可以从事农业生产,因此对于绝大多数子弟而言,用于学习的时间就只有三分之一或四分之一了。从当时的情况看,耕读结合无疑是具有科学性的,既尽最大可能地解决了生存问题,又部分地满足了教育的需要。也就是说,为了读,首先要耕,要能自食其力。在物质资料已经相当充裕的今天,自食其力依然是对每个有劳动能力的人的最基本的要求。

其次,耕读结合有利于防止懒惰行为。人是有惰性的,而且人的惰性具有传染性。"耕"与"读"都需要耐心和毅力,都需要长期坚持、不怕辛苦。一个没有"耕"的意识、不爱好生产劳动的人,久而久之,也会不爱学习、厌恶读书,因为读书并不是轻松的事,它需要付出艰苦的脑力劳动。众所周知,要想把书读好,主要靠自觉,需要争分夺秒甚至挑灯夜战,需要静下心来专注于书中的知识及其背后深刻的含义。如果有些知识比较枯燥,还不得不反复习读甚至死记硬背。因此,读书如果没有耐心和耐力是不行的。我们认为,古人以耕读结合的方式教育下一代就是为了解决子女的惰性问题,体现了其良苦用心,即让体力劳动与脑力劳动相结合,互相体会另一种付出的不容易,从而更加理解"耕"的意义,更加珍惜"读"的机会。只有耕读结合,每日习行,才能戒懒治惰。不难发现,耕读结合的教育方式其实包含了伟大的哲学思想,即相辅相成的辩证思想。这一点,也充分展示了古人的智慧,值得我们继承和发扬。

最后,耕读结合有利于理论联系实际。理论必须联系实际是人类在几千年的实践中总结出来的经验,只有实践才是检验真理的唯一标准。就"耕"与"读"的关系而言,"耕"是"读"的基本内容之一,"读"是"耕"等实践活动的经验总结与理论化。然而,到底什么是"耕"? 非亲身实践不得而知。一个"读"的人,如果只知道"读"而从不接触"耕",那么哪怕他对"读"的内容滚瓜烂熟、倒背如流也是白读。试想,一个"读"者若不分五谷杂粮、手无缚鸡之力,熟读四书五经又有何用? 这样的人,就算考取功名、谋得一官半职,也难以胜任,因为他不懂得油盐酱醋,不知道劳作之累,不了解民间疾苦,即使不贪,也是昏庸。无论是"礼、乐、射、御、书、数",还是"兵、农、钱、谷、水、火、工、虞、天文、地理"①,都来自现实,只有"读"者在"耕"的过程中去理解、去体会,才能深知其内涵意义。到了今天,理论联系实际依然是教育的基本原则之一,依然需要从小抓起,依然需要"耕读"结合。

第二节　中华传统祭祀文化与劳动教育

祭祀在中国古代占有重要的地位,上至统治阶层、下至百姓家庭,都把祭祀当作寄托愿望、教育后人的一种神圣形式,形成了独特的祭祀文化。祭祀文化以"民以食为天"为切入口,突出了粮食的重要地位,强调了劳动的重要意义,以此教育后人要尊重劳动、崇尚劳动、热

---

① 颜元.颜元集[M].北京:中华书局,1987:743.

爱劳动。可见,中国古代祭祀文化饱含劳动教育的元素。

一、祭祀文化的历史传承

中国古代十分重视祭礼,形成了独特的祭祀文化,即"国家大事,唯祀与戎"。祭礼作为"五礼"之首,也包含了一定的与劳动教育相关的内容,古人对此做了较为详细的记录。

中华传统文化以社稷指代国家,而"社"和"稷"与传说中的后土与后稷有关。据《礼记·祭法》记载:"是故厉山氏之有天下也,其子曰农,能殖百谷;夏之衰也,周弃继之,故祀以为稷。共工氏之霸九州也,其子曰后土,能平九州,故祀以为社。"①意思是说,曾经主宰天下的厉山氏有一个儿子,后人尊称他为"神农",能种植百种谷物。夏朝衰落后,周代的先祖继承了"神农"的事业,封号为后稷。共工氏也曾称霸九州,他的儿子叫"后土",平定九州并划分土地。因为"神农"和"后稷"向百姓传授了种植五谷的技艺,"后土"平定九州后划分土地使百姓安居乐业,故后人为怀念他们而设立了社稷祭祀之礼。

社稷坛立于王宫之右,是国家的象征。《礼记·曲礼下》曰:"国君死社稷",其义就是国君与社稷共存亡。古代君主每年都要到郊外举行祭祀,祈求国事太平、五谷丰登。被封土地的诸侯,也要立社祭祀。甚至乡间百姓也可以立社祭祀。"社日"成为睦邻欢聚的日子,同时还有各种欢庆活动,流传至今的"社戏""社火"就是例子。这些礼仪活动让人们在潜移默化中接受劳动教育。

西周奠定了传承千年的籍田礼制。周公主张统治者身体力行、亲自耕作,以此劝天下务农。西周时期,专为天子设置了用于劳作的籍田,立春前夕,周天子与诸侯参与籍田礼。《诗经》中对"孟春之月"天子亲自率领官员农耕、行籍田礼的场面有明确记载。据学者考证,殷

---

① 孙希旦.礼记集解(下)[M].北京:中华书局,1989:1204.

商时的商王已躬行此礼,但将籍田礼作为一种较为完备的礼节制度是从西周开始的。西周时期,鼓励女子同男子一起参与劳作。在祭祀中,不仅天子要率领臣子们亲自耕种粮食,王后也要带领夫人们亲自养蚕,以此鼓励百姓,无论男女都应积极劳动。《礼记·祭统》中写道:"天子亲耕于南郊,以共齐盛;王后蚕于北郊,以共纯服。诸侯耕于东郊,亦以共齐盛;夫人蚕于北郊,以共冕服。"西周通过天子在"孟春之月"躬耕帝籍,劝诫广大农夫不要偷懒、贻误农时,起到了很好的劳动示范作用。[①]

汉代皇帝不仅行亲耕礼,还仿效祭祀社稷的礼仪祭祀神农,设神农祠。《后汉书》中就有大量关于天子行籍田礼的记载,如汉明帝下旨"朕亲耕籍田,以祈农事"。此后,历经数朝数代,籍田制度得到了进一步完善,唐宋已达到"籍田千亩之甸",成为仅次于祭天的重大祭祀活动。再其后至明清,象征天子亲耕的籍田礼愈加盛大。明代建立伊始就在都城南京设立了先农坛,作为皇帝行籍田礼的场所;永乐年间,在北京再造先农坛,成为明清两代统治者亲耕祭先农的祭坛。可以说,西周统治者重视劳动及受此影响形成的天子亲耕和籍田礼制,对中国的劳动观念产生了十分深远的影响。[②]

不可否认,在历史发展的特定阶段,儒家文化或多或少地存在鄙视劳动的倾向,但它依然重视对包括天子、诸侯在内的社会上层人士进行劳动教育,目的是让他们认识到粮食和土地是国家的发展根基,让他们感受到劳动的艰辛和农业生产的不易。同时,天子及诸侯对农业劳动的参与,也是为了对百姓产生示范效应,让人们勿忘农业劳动的重要性,归根结底是为了巩固统治阶级自身的政权。

---

①　刘润.中国古代劳动德治思想管窥[J].中学政治教学参考,2022(12):75-77.
②　刘润.中国古代劳动德治思想管窥[J].中学政治教学参考,2022(12):75-77.

二、祭祀文化的借鉴意义

中华传统祭祀文化既有糟粕的内容,也有积极的成分,其中重农事、重劳动的思想至今也不过时,值得借鉴与传承。

首先,祭祀文化体现了农业生产劳动至高无上的地位。民以食为天,解决"食"的问题就是头等大事。从神农到后稷、后土,这些先贤以传承"植谷""稼穑"技能为己任,以"五谷"来养育"民人"。这样的贡献自然值得后人世世代代感恩怀念,无论是为了纪念后稷而建立的稷神坛还是为了纪念后土而建立的社神坛,或是汉朝设立的神农祠和明朝设立的先农坛,都是后人用以表达感恩之情的场所,也成为国家的象征。社稷之所以能够代表国家,原因在于粮食本身就是国之大者,而粮食乃是农业生产劳动的成果。由此,古人对社稷的祭祀,表面上是祈求风调雨顺、五谷丰登、六畜兴旺、丰衣足食,实际上是对农业生产劳动的传承和对其地位的肯定。也就是说,只有从事农业生产劳动的人才值得拥有祭祀这样的大礼。如今,虽然农业生产技术早已不是古人所能想象,但农业始终是国民经济的基础,粮食安全问题仍然是国之大者,千万不能掉以轻心,一定要把饭碗紧紧掌握在自己的手上而不能听天由命或掌握在他人手中,因此,农业生产劳动在人工智能时代仍然具有不可替代的地位,发展农业生产仍然任重道远。

其次,祭礼活动不失为一种有效的劳动教育方式。祭礼活动除了充分肯定农业生产劳动的地位,还有一个重要的目的就是教育后人千万不能数典忘祖,千万不能忘了农业生产劳动;告诫后人不仅要牢记祖训,还要身体力行、成为受人尊敬的生产劳动者。在古人看来,祭礼活动无疑是一种有效的劳动教育活动,因为它被仪式化、神圣化而显得有震撼力和说服力,让人们在潜移默化中牢记先人的教诲。事实上,祭祀文化在中国从未中断,虽然现在不再提倡祭礼,但在逢年过节的时候依然有不少家庭以各种形式举行祭礼活动,目的是告诉家人尤其是子女要不忘祖训、不忘劳动,因此它仍然具有一定的积极教育意义。抛开封建迷信的标签,祭礼的庄重仪式和部分有针对性的内容还是值得认可的。如今,我们的劳动教育以劳动模范为榜样,以大力宣传、学习和弘扬劳模精神来代替古人的祭祀活动,无疑具有更深刻的内涵、更广泛的意义和更直接的体会,从而更具有生动的说服力和时代感染力。

最后,祭祀文化对统治者也有警示教育意义。根据有关记载,从殷商王开始,再到西周周公,再到汉、唐、明等朝代的统治者,都十分重视祭礼活动,他们纷纷设立祭坛或祭祀,不仅祈求得到上天和先人保佑,希望来年及今后都能够和顺平安、作物丰收,而且亲自带领臣民在籍田耕作,躬行实践。有的统治者甚至还鼓励女性也参加养蚕等劳动。统治者"亲耕籍田"的做法虽然具有形式主义或象征意义,但其目的性十分明确,即通过自身的示范作用号召大家都来从事农业生产劳动,都不要忘了粮食生产这个根本。同时,这也是统治者体恤民情、感受劳动人民从事农业生产劳动之辛苦的一种渠道,从而警示自己不要忘本,告诫家眷和大臣不要脱离劳动、不要奢侈浪费。因此,从这个角度看,古代统治者设立祭坛、亲耕籍田,不仅是在教育国民要不忘农事,也是在警示自己要饮水思源、不能脱离实际,具有一定的借鉴意义。当然,并不是所有统治者都能做到这一点的,其中不乏轻视农业生产、骄纵奢侈、胡作非为者。纵观历史,能彻底改变执政者脱离群众、脱离生产劳动这种局面的唯有中国共产党。坚持以人民为中心、密切联系群众的中国共产党勇于自我革命,始终尊重人民、崇尚劳动、弘扬劳动精神。中国共产党主张要进一步加强干部教育,号召各级干部始终与人民在一起,始终热爱劳动、积极劳动,身先士卒、做出表率,并以此带领全国人民通过"辛勤劳动、诚实劳动和科学劳动"实现共同富裕的奋斗目标。

第三节　中华传统家训家书与劳动教育

家书抵千金，家训传万年。家训家书是我国祖辈对后辈表达愿望、寄托期望的一种重要方式，目的是告诫后辈如何做人做事才能保持家庭兴旺、事业不败，其中就包含了劳动立家、勤俭持家的思想。因此，家训家书的内容也是中华传统劳动教育的重要组成部分。

一、家训家书的基本内容

中华耕读结合、勤俭持家的传统，主要通过家训家风的方式加以传承，其中诸葛亮的《诫子书》、颜之推的《颜氏家训》、司马光的《训俭示康》、朱柏庐的《朱子家训》以及曾国藩的《曾文正公家书》等最具代表性。①

这些家训家书虽然侧重点有所不同，但基本内容是一致的，主要是告诫后人要勤俭戒奢、修身立德。

诸葛亮的《诫子书》从立志、勤学与成才三者的关系立意，深刻论述了修身立德的重要性："夫君子之行，静以修身，俭以养德，非澹泊无以明志，非宁静无以致远。"②诸葛亮告诫孩子要勤俭养德，认为通过勤俭的劳动教育可以达到修身养德的目的。

南北朝时期颜之推的《颜氏家训》影响深远，是家训著作中的杰作。颜之推虽然出身于官宦人家，但是非常重视农业生产，鼓励子弟参与劳动，培养他们热爱劳动、自强自立的品德。他说："古人欲知稼穑之艰难，斯盖贵谷务本之道也。夫食为民天，民非食不生矣，三日不

---

① 崔海亮,白梦姣.中国传统文化中的劳动教育及其当代价值[J].教育与教学研究,2021(4):17-27.

② 席联鑫.闲章集句印谱[M].南昌:江西教育出版社,2018:307.

粒,父子不能相存,耕种之,莳锄之,刈获之,载积之,打拂之,簸扬之,凡几涉手,而入仓廪,安可轻农事而贵末业哉!"①"民以食为天",粮食生产关系到人们的生存,必须重视农业,体会农业劳动的艰辛,才能对农业的基础地位有深刻的认识。"故治官则不了,营家则不办,皆优闲之过也。"②他认为,那些没有接触农业生产、不识农业之事务的士大夫是不可能懂得社会上其他事务的,他们之所以为官不明吏道,治家不懂经营,都是因为悠闲的生活导致的。与传统儒家"君子谋道不谋食"的观念相比,颜之推的这些看法显得更为朴素和实际,这种以稼穑为先的重农思想,其实是在强调热爱劳动的勤勉品德的培养。③

宋朝司马光在《训俭示康》中告诫其子:"顾人之常情,由俭入奢易,由奢入俭难。吾今日之俸,岂能常存?""侈则多欲。君子多欲则贪慕富贵,枉道速祸;小人多欲则多求妄用,败家丧身;是以居官必贿,居乡必盗。"他深入分析了"俭"与"奢"的关系,说明了奢侈是败家丧身、贪腐招祸的根源,人人都应该保持勤俭的优良作风,以俭养德,以俭养廉。司马光对勤俭重要性的揭示,对于今天的劳动教育、道德教育和廉政教育都很有启发意义。④

清代朱柏庐也多次论及要勤做家务,积极参加生产生活劳动,其《朱子家训》开篇即言:"黎明即起,洒扫庭除,要内外整洁。既昏便息,关锁门户,必亲自检点。"⑤这些训言与《礼记·内则》中要求家庭成员早起的规范是一致的,也是中华民族勤劳优良传统的体现。《朱子家训》中最著名的一句话就是:"一粥一饭,当思来处不易;半丝半缕,恒念物力维艰。"朱柏庐谆谆教诲下一代要理解父母劳动的辛苦、谋衣谋

---

① 颜之推.颜氏家训[M].北京:中国文史出版社,2003:214.
② 颜之推.颜氏家训[M].北京:中国文史出版社,2003:185.
③ 崔海亮,白梦姣.中国传统文化中的劳动教育及其当代价值[J].教育与教学研究,2021(4):17-27.
④ 崔海亮,白梦姣.中国传统文化中的劳动教育及其当代价值[J].教育与教学研究,2021(4):17-27.
⑤ 朱柏庐.朱子家训[M].兰州:甘肃人民出版社,1990:1.

食的艰难，告诫人们要体恤民情、理解劳动人民的艰辛，要珍惜劳动成果、养成勤俭节约的良好习惯。这些教诲包含着饮水思源、不要忘本的意思。①

晚清时期的曾国藩被认为是"立德、立功、立言"的"三不朽"圣人，他非常重视对子弟的劳动教育，《曾国藩家书》备受世人称颂。他告诫家人要厉行节俭："凡仕宦之家，由俭入奢易，由奢返俭难，尔年尚幼，切不可贪爱奢华，不可惯习懒惰。无论大家小家、士农工商，勤苦俭约，未有不兴，骄奢倦怠，未有不败。"②在曾国藩看来，勤俭不仅关乎个人的成长成才，而且关系到家族的振兴与延续。他说："傲为凶德，惰为衰气，二者皆败家之道。戒惰莫如早起，戒傲莫如多走路，少坐轿。""戒骄字，以不轻非笑人为第一义；戒惰字，以不晏起为第一义。"③他认为，懒惰和骄傲都是败家之道，要养成勤俭节约的好习惯，后辈年轻人要走路，不能坐轿骑马；家中女儿不要懒惰，都应该学习烧茶煮饭。发扬勤劳节俭的好家风，家运断无不兴之理。当然，曾国藩自己也是坚持勤劳节俭的典范，身体力行地践行了勤劳节俭的家风，他在繁忙的军旅生涯中，仍然抽空写了大量家书，对子女和家族成员谆谆教诲："勤俭自持，习劳习苦，可以处乐，可以处约，此君子也。余服官二十年，不敢稍染官宦气习，饮食起居，尚守寒素家风，极俭也可，略丰也可，太丰则吾不敢也。"④曾国藩以传统君子人格要求自己，自觉以勤劳节俭约束自己，不但不觉得苦，反而在劳动中体会到了快乐。他的这种严格律己、以身作则的精神也为传承勤劳节俭的家风作出了表率。⑤

---

① 崔海亮，白梦姣．中国传统文化中的劳动教育及其当代价值[J]．教育与教学研究，2021（4）：17-27．

② 崔海亮，白梦姣．中国传统文化中的劳动教育及其当代价值[J]．教育与教学研究，2021（4）：17-27．

③ 曾国藩．曾文正公家书：上[M]．北京：线装书局，2015：36．

④ 曾国藩．曾文正公家书：上[M]．北京：线装书局，2015：78．

⑤ 崔海亮，白梦姣．中国传统文化中的劳动教育及其当代价值[J]．教育与教学研究，2021（4）：17-27．

二、家训家书的借鉴意义

从以上这些典型的家训家书可以概括出的核心思想主要有三：一是要勤劳，二是要节俭，三是要谦卑。正如曾国藩所言："无论大家小家、士农工商，勤苦俭约，未有不兴，骄奢倦怠，未有不败。"①

首先，这些家训家书都强调"人必须勤劳"。人类为什么要贵谷务本？只因稼穑之艰难，故勤劳是生存之道。例如，《颜氏家训》非常重视和鼓励子弟参与农业生产劳动，以此培养他们热爱劳动、自强自立的品德。②《颜氏家训》还具体描述了农业生产的步骤和过程，即"耕种之，茠锄之，刈获之，载积之，打拂之，簸扬之，凡几涉手，而入仓廪"，告诫人们"安可轻农事而贵末业哉"。勤劳的一个重要标志就是要早起，不可睡懒觉。又如，《朱子家训》要求"黎明即起，洒扫庭除，要内外整洁。既昏便息，关锁门户，必亲自检点"③，告诉后人养成勤劳习惯要从做家务开始，要早起早睡。再如，曾国藩指出"戒惰，以不宴起为本"，即戒除懒惰陋习要以早起为根本，要求儿子能吃苦，女儿能烧茶煮饭。早起的目的是什么？一是学习，二是劳动，归根结底就是要珍惜时间，要千方百计利用日出日落之间的宝贵时间进行学习或劳动，正所谓"一年之计在于春，一日之计在于晨"。这种早起的习惯一直延续到今天，也成了中华民族勤劳的象征。当然，如今不一定非要早起才算勤劳，挑灯夜战也是常事，只要珍惜时间去学习、去劳动、去科研、去做任何有意义的事情，都是勤劳的表现。

其次，这些家训家书都强调"人必须简朴节约"。中华民族一直以勤俭为美德，不仅要勤劳，而且要节俭。人为什么要节俭？司马光的《训俭示康》指出，由俭入奢易，由奢入俭难，奢侈是败家丧身、贪腐招

---

① 曾国藩.曾文正公家书：上[M].北京：线装书局，2015：332.
② 崔海亮，白梦姣.中国传统文化中的劳动教育及其当代价值[J].教育与教学研究，2021(4)：17-27.
③ 朱柏庐.朱子家训[M].兰州：甘肃人民出版社，1990：1.

祸的根源。所以,我们所享用的"一粥一饭",都"当思来处不易";我们所穿戴的"半丝半缕",都应"恒念物力维艰"。纵观古今中外,有多少因骄纵奢侈而使国家灭亡、家族衰败的例子!节俭的人通常是勤劳的人,因为他知道衣食来之不易而倍加珍惜;而不劳动的人(特别是统治阶层)因为不知衣食之物来之维艰,所以不会珍惜而铺张浪费。所以,劳动教育也是节俭教育。曾国藩可以说是勤劳节俭的典范。如今,我们的物质资料虽然已经相对充裕,大家都过上了比较好的日子,但依然要简朴节约,禁不起任何的铺张浪费,因为发展的不充分不平衡问题还将在较长的时期里存在。因此,我们要教育公众,特别是青少年从小养成勤俭节约的理念与习惯,切不可盲目攀比、物欲横流。在这方面,父母一定要带好头、作示范,学校要建制度、立规矩,社会要立风气、正导向。

最后,这些家训家书都强调"人必须谦虚低调"。做人要谦虚低调,这是中华传统文化的又一重要内容。懂谦卑、不骄傲、不轻狂,是做人的基本要求之一,"非澹泊无以明志,非宁静无以致远",谦卑可以修身养德。曾国藩认为"傲为凶德",与惰一样都是败家之道。从逻辑上看,非谦逊而骄傲者,通常是狂妄自大者,狂者目中无人。一个目中无人者,自然看不起劳动者,自然不会有勤俭之德。这样的人,在"读"方面也往往是不学无术或一知半解,在为人处世方面也不会有诚信和诚心。久而久之,这样的人何有不败之理!那么如何戒除狂傲之气、养成谦逊之德?根据上述家训家书可以发现,唯有勤俭教育,特别是劳动教育这一良策。只有经历过劳动之艰辛的人,才能站稳脚跟,才懂得谦逊、谨慎、低调,才会处处节俭。可见,劳动才是养德的根本,这再一次证明了劳动教育的重要性。因此,对于青年一代,我们要从劳动教育着手去防范和戒除任何可能出现的骄傲自满、狂妄自大之气,让每一位学生都能脚踏实地、戒骄戒躁地学习、生活和成长。

第四节　中华传统劳动教育的不足

　　总体而言,中华传统劳动教育有许多积极、正面的东西,无论是耕读结合还是祭祀文化或是家训家书,都说明了这一点。但是,并非所有的传统劳动教育都是崇尚劳动、尊重劳动的,也有一些不积极、不健康的思想或做法,需要我们清醒地加以看待。

一、儒家教育存在轻视劳动的思想

　　在《论语·子路》中有这样一段记载:"樊迟请学稼,子曰:'吾不如老农。'请学为圃,曰:'吾不如老圃。'樊迟出,子曰:'小人哉,樊须也!上好礼,则民莫敢不敬;上好义,则民莫敢不服;上好信,则民莫敢不用情。夫如是,则四方之民,襁负其子而至矣;焉用稼!'"[①]

　　通过《论语》的诸多记载,我们可以看到,孔子的弟子大多是问仁问政,即便是赤裸裸地问干禄,孔子也是态度和蔼,有问必答。而樊迟问到有关农业生产的知识,孔子却勃然大怒,骂樊迟为"小人"我们不能断言孔子就是轻视生产劳动,但是从对樊迟的态度中,我们不难看出孔子对学生学习生产劳动技能的态度。在孔子看来,天地大道才是教育的目标所在,入世为官、济世救民才是学习的根本目的。儒家这种重视文化知识教育而轻视生产劳动教育的倾向,对此后的中国教育产生了深远的影响。[②]

　　受儒家文化的影响,在我国整个古代社会,教育时不时表现出排斥、脱离生产劳动的倾向。在中国人的观念里,读书就是为了考取功

　　① 孔子.论语[M].沈阳:辽宁民族出版社,1996:7.
　　② 李瑞华,辛全洲.从"樊迟问稼稿"看我国传统劳动教育的缺失[J].青海师范大学民族师范学院学报,2015(2):65-67.

名,入世为官,所谓"学而优则仕"。巫医乐师百工所从事的都是一些具体的琐碎工作,无法与做官相提并论。其后的孟子提出"劳心者治人,劳力者治于人"的观点,更是划定了官与民的界线,也从此成为人们鄙视劳动和劳动者的理论依据。[①]

二、古代科举考试内容存在脱离实际的现象

根据历史有关记载,历代科举考试的内容大体没有超越四书五经的范围,其他知识统统都成了杂学。虽然唐中期曾设置过明法科、明算科、明字科等稍微实用一些的科目,但问津者寥寥无几,昙花一现便没了踪迹,更不要说是"农作物栽培"或"水产养殖"之类的实用技术。于是教育与社会生产劳动成了互不相关的"两张皮",读书与生产劳动成了一对不可调和的矛盾,生产劳动教育也未真正被世人所认可。"两耳不闻窗外事,一心只读圣贤书",其结果是造就出了一大批"四体不勤,五谷不分"的文弱书生,这也是我国自古以来自然科学发展相对缓慢的重要原因所在。[②]

三、读书人的身份被摆在了高不可攀的地位

在我国整个古代社会,行业尊卑的基本排名顺序为士、农、工、商。管子在《小匡》中这样说:"士农工商四民者,国之石民也。"[③]《淮南子·齐俗训》中说:"是以人不兼官,官不兼事,士农工商,乡别州异,是故农与农言力,士与士言行,工与工言巧,商与商言数。"[④]这样做使各个行

---

①　李瑞华,辛全洲.从"樊迟问稼穑"看我国传统劳动教育的缺失[J].青海师范大学民族师范学院学报,2015(2):65-67.

②　李瑞华,辛全洲.从"樊迟问稼穑"看我国传统劳动教育的缺失[J].青海师范大学民族师范学院学报,2015(2):65-67.

③　孟宪承.中国古代教育文选[C].北京:人民教育出版社,1985:4.

④　孟宪承.中国古代教育文选[C].北京:人民教育出版社,1985:4.

业的人各安其位,各司其职。①

　　读书人的地位如此之尊贵,看待其他行业自然是"万般皆下品",除了读书是不屑做其他事情的。特别是自"科举制"产生以后,一些中小地主和寒门子弟也加入读书人的行列,从此将目标定为修、齐、平、治上。他们自然不会种田,不知做工,更不屑去做那些"杂事",使其原本并不富裕的生活更加困窘,"百无一用是书生"这句话由此产生。②

四、读书的目的只是做官

　　在古人眼中,读书人仅有优越地位还远远不够,读书的最终目的是做官。读书做官被视为金科玉律,"读书改变命运"成了至理名言。"朝为田舍郎,暮登天子堂",成为每个中国男人的梦想。"书中自有黄金屋,书中自有颜如玉",据说这是宋真宗赵恒为了鼓励士子们读书而做的一首励学诗。作为一个皇帝,堂而皇之地用金钱和美女来鼓励士人读书,可以看出,这种功利主义的教育观不仅是士子们的一厢情愿,也是国家重要的用人策略,被统治者所认可并予以积极鼓励。读书做官、做官拿取俸禄成为最为正当的改善生活与处境的有效途径,"学而优则仕"也由此成为整个封建社会教育所追求的价值取向。③

　　总之,求学与功名利禄的直接挂钩,在古代社会形成了"唯有读书高"的价值取向,导致了读书为"升官发财"的实用主义、功利主义态度,也造成了教育与生产劳动相脱节、劳心者与劳力者相脱离等严重弊端。④ 我们要防止这种思想蔓延到今天的教育中,要教育学生认识

---

　　① 李瑞华,辛全洲.从"樊迟问稼穑"看我国传统劳动教育的缺失[J].青海师范大学民族师范学院学报,2015(2):65-67.
　　② 李瑞华,辛全洲.从"樊迟问稼穑"看我国传统劳动教育的缺失[J].青海师范大学民族师范学院学报,2015(2):65-67.
　　③ 李瑞华,辛全洲.从"樊迟问稼穑"看我国传统劳动教育的缺失[J].青海师范大学民族师范学院学报,2015(2):65-67.
　　④ 李瑞华,辛全洲.从"樊迟问稼穑"看我国传统劳动教育的缺失[J].青海师范大学民族师范学院学报,2015(2):65-67.

到读书的目的是将来更好地劳动,使人类社会得到更好的发展。同时要告诉学生,劳动本身也是需要读的书,是无字之书、实践之书、成长之书、终身之书、必修之书。

第五章　中国共产党劳动教育实践探索与创新发展

　　中国共产党成立100多年来,带领全国各族人民用勤劳的双手,通过不懈的艰苦奋斗,迎来了从站起来到富起来再到强起来的伟大飞跃。在这个过程中,中国共产党以马克思主义的劳动教育观为指导,以中华民族优秀的劳动观与劳动教育实践为传承,对劳动教育进行了大胆的实践探索与创新,开辟了中国特色社会主义劳动教育之路。

　　虽然中国共产党在不同历史时期的劳动教育有不同的侧重点,但贯穿始终的依然是"劳动与教育相结合"这一主线。为了深化新时代对劳动教育的认识和研究,有必要对中国共产党100多年来的劳动教育探索与发展进行总结。本书参考刘向兵、张清宇[①],刘向兵、曲霞[②],古光甫、邹吉权[③]、卓晴君[④]等文献,把中国共产党100多年来的劳动教育实践分为四个阶段,即新民主主义革命时期的启蒙起步阶段、社会主义改造和建设时期的自主探索阶段、改革开放和社会主义现代化建设时期的调整发展阶段和中国特色社会主义新时代的创新深化阶段,下文将分别加以梳理与总结。

---

　　① 刘向兵,张清宇.中国共产党建党百年以来对劳动教育的探索[J].国家教育行政学院学报,2021(7):28-37.

　　② 刘向兵,曲霞.党史百年历程中劳动教育的功能及其实现[J].教育研究,2021(10):4-10.

　　③ 古光甫,邹吉权.中国共产党建党百年来劳动教育:政策变迁、时代内涵及实施路径[J].职教论坛,2021(6):14-22.

　　④ 卓晴君.我国中小学劳动教育发展历程概述(上)——新中国成立至改革开放前的历史时期[J].基础教育课程,2020(17):19-28;卓晴君.我国中小学劳动教育发展历程概述(下)——改革开放后的历史时期[J].基础教育课程,2020(19):17-28.

第一节　中国共产党劳动教育的启蒙起步

新民主主义革命时期是指从中国共产党诞生到中华人民共和国成立之间的这一段时期。

1921—1949 年,经历了大革命、土地革命、抗日战争和解放战争,中国共产党带领人民取得了新民主主义革命的胜利。这一时期,中国共产党的任务就是让中华民族获得独立、人民得到解放,彻底改写中华民族自鸦片战争以来的屈辱史。中国共产党一经成立就认识到,要完成这一任务必须依靠广大人民群众,必须让人民群众觉醒、起来斗争,为此必须对广大人民群众进行劳动教育,以培养他们的斗争意识和革命能力。

一、劳动教育启蒙起步的基本历程

1918 年,李大钊在《庶民的胜利》中指出,"须知今后的世界,变成劳工的世界……凡是不作工吃干饭的人,都是强盗"[1],他号召大家都要去做工、不要贪惰、不做强盗。他积极为工农劳苦大众争取受教育的机会,除了呼吁应根据工人生产、生活现状去争取劳工受教育机会,还号召有志青年到农村去"利用乡间学校开办农民补习班"[2],以帮助农民提高文化和生产知识并启发他们的阶级觉悟。

1921 年 7 月,中国共产党成立。《中国共产党第一个决议》虽然没

---

[1]　中共中央党史和文献研究院,中央档案馆.中国共产党重要文献汇编(第一卷,一九二一年七月——一九二一年十二月)[M].北京:人民出版社,2022:110.
[2]　周继良,吴肖.寻根问路:中国共产党对高校劳动教育的百年探索与经验启示[J].重庆高教研究,2021(4):16-29.

有关于劳动教育的明确表述[①],但明确指出党应在工会里灌输阶级斗争的精神,在一切产业部门成立工人学校,以提高工人觉悟[②]。此后,中国共产党先后在各地创办了劳动补习学校、子弟学校、工人俱乐部、图书馆等工人教育机构,向工人阶级宣传革命思想、阐释劳动价值、进行革命教育,培养了一大批工人骨干,壮大了革命力量。从 1921 年秋到 1925 年,邓中夏、毛泽东、李立三、刘少奇等深入工矿企业创办工人学校,开展工人教育,极大地提高了工人阶级的斗争能力。[③] 其中,1921 年 8 月毛泽东等创办的"湖南自修大学"在大纲中规定,"本大学学友为破除文弱之习惯,图脑力与体力之平均发展,并求知识与劳力两阶级之接近,应注意劳动"[④]。同时,党还深入农村开展调查研究,建立了农会、创办了农校,除了宣传革命道理,还对农民开展文化教育和生产知识教育,使农民阶级成为革命队伍的重要力量,为今后中国共产党建立农村革命根据地奠定了良好的基础。此外,中国共产党十分注重干部队伍的培养,在传播马克思主义的同时结合开展劳动教育,倡导开展实地调查研究,力求理论联系实际,对青年学生增强革命信念产生了积极作用。[⑤]

为了让更多的一般青年工人成为无产阶级革命的重要力量,1922 年 5 月召开的中国社会主义青年团第一次全国代表大会通过了《关于教育运动的议决案》,提出要努力为一般无产者的子女争取普遍的义务教育,以"启发一般青年工人的阶级觉悟和争斗能力"[⑥]。

① 古光甫,邹吉权.中国共产党建党百年来劳动教育:政策变迁、时代内涵及实施路径[J].职教论坛,2021(6):14-22.

② 中共中央党史和文献研究院,中央档案馆.中国共产党重要文献汇编(第一卷,一九二一年七月——一九二一年十二月)[M].北京:人民出版社,2022:4-5.

③ 刘向兵,张清宇.中国共产党建党百年以来 对劳动教育的探索,《国家教育行政学院学报》,2021(7):28-37.

④ 陈元晖.中国现代教育史[M].北京:人民教育出版社,1979:66.

⑤ 刘向兵,张清宇.中国共产党建党百年以来对劳动教育的探索[J].国家教育行政学院学报,2021(7):28-37.

⑥ 中共中央党史和文献研究院,中央档案馆.中国共产党重要文献汇编(第二卷,一九二二年)[M].北京:人民出版社,2022:132.

　　土地革命时期,为了巩固和发展苏维埃政权,中国共产党号召工农群众积极投身生产劳动之中,以支持革命事业。1932 年 5 月,江西省第一次工农兵苏维埃代表大会通过的《财政与经济问题的决议案》指出,要向广大工农群众宣传革命战争的意义,使他们通过提高政治认识而努力发展生产。[①] 湘鄂省苏维埃政府训令规定:"教育与工业生活农业生活结合,即劳动与教育结合,劳心与劳力结合,理论与实际结合……"[②]至此,马列主义的"教育与生产劳动相结合"这一劳动教育观开始在苏区得以传播并在生产建设与文化建设中得以贯彻,边区根据地的中小学校也都开展了相应的劳动教育。1934 年 1 月,毛泽东在第二次全国苏维埃代表大会的报告中指出,"苏维埃文化教育的总方针……在于以共产主义的精神来教育广大的劳苦民众……在于使教育与劳动联系起来"[③]。

　　抗日战争时期,为了支援前线、打败日本帝国主义的侵略,中国共产党号召大家"自己动手,丰衣足食",在极为艰难困苦的环境下开展生产自救。其中,特别号召青年学生和知识分子投身"生产劳动"。1939 年 5 月,毛泽东在延安青年群众举行的"五四"运动 20 周年纪念会上充分肯定了延安青年的所作所为,指出"延安的青年运动的方向是正确的",因为"他们在实行生产劳动,开发了千亩万亩的荒地"。[④]在党的号召下,全国各地的进步青年与军民一道积极投身大生产运动,为巩固根据地建设和支援前线战斗做出了巨大的贡献,同时也从中磨炼了革命意志、坚定了革命信心。

　　随着抗日战争逐步走向胜利,中国共产党开始思考国民教育问题。1945 年 4 月,毛泽东在《论联合政府》中提出:"中国应当建立自己

　　① 中共江西省委党史教研室,江西省档案馆. 中央革命根据地史料选编[M]. 南昌:江西人民出版社,1982:578.
　　② 李蔺田,王萍. 中国职业技术教育史[M]. 北京:高等教育出版社,1994:226.
　　③ 中共中央文献研究室,中央档案馆. 建党以来重要文献选编(一九二一——一九四九,第十一册)[M]. 北京:中央文献出版社,2011:127.
　　④ 毛泽东选集(第二卷)[M]. 北京:人民出版社,1991:568.

的民族的、科学的、人民大众的新文化和新教育。"①什么是新文化和新教育？就是与生产劳动相结合的文化和教育,这一思想在中国共产党领导的各抗日根据地的教育实践中得到了充分的体现,如各中小学普遍组织师生参加有关劳动,使学校能够适应培养革命者和建设者的需要,使教师能够担负起教育和培养劳动人民子女的重任,使学生能够养成正确的劳动观、爱国主义观和爱护公共财物观。②

随着解放战争取得节节胜利,中国共产党为了建立中华人民共和国,领导中国人民站起来、富起来、强起来,教育方针开始从教育与农业生产劳动相结合逐步转向与工业生产劳动相结合。工业生产对劳动者提出了更高的文化知识和技术能力要求,因此"新型正规化"教育逐渐被提上了日程。③

二、劳动教育启蒙起步的阶段特征

毋庸置疑,中国共产党从成立开始就十分重视劳动教育,把它作为重要的政治任务。劳动教育在党的成长发展壮大过程中发挥了不可替代的积极作用,同时也为中国的社会主义劳动教育奠定了非常重要的实践基础。总的来看,中国共产党在新民主主义革命时期的劳动教育,具有如下三个鲜明的特征。

首先,它具有鲜明的阶级性。可以说,中国共产党的劳动教育是以唤醒广大工农群众、劳苦大众的斗争精神和思想觉悟为起点的。在当时的历史背景下,广大劳动人民受压迫、受剥削、受欺辱,过着暗无天日的生活,要改变这种现状,唯有起来抗争,赶跑外国侵略者,推翻反动统治者,自己当家作主。俄国十月革命的胜利和马克思主义开始

---

① 毛泽东选集(第三卷)[M].北京:人民出版社,1991:1083.
② 古光甫,邹吉权.中国共产党建党百年来劳动教育:政策变迁、时代内涵及实施路径[J].职教论坛,2021(6):14-22.
③ 古光甫,邹吉权.中国共产党建党百年来劳动教育:政策变迁、时代内涵及实施路径[J].职教论坛,2021(6):14-22.

在中国传播使李大钊等一部分先进分子认识到了这种可能,即建立无产阶级政党,带领人民推翻压在头上的"三座大山"。然而,广大劳苦大众因为被剥夺了受教育的权利而缺乏文化知识,很多都是文盲,并且长期受封建思想的影响而缺乏自主思维,很多人对自己的未来都是听天由命、只能认命。怎么办?那就要从教育抓起,争取一切机会让劳苦大众接受文化教育和生产知识教育,在教育中传播革命道理,在教育中拓宽民众的视野,在教育中强化民众的斗争精神并增强综合能力。从工厂到农村,从工校到农校,中国共产党结合传播马克思主义开展了大量卓有成效的劳动教育,使革命队伍不断发展壮大,战斗能力不断厚实增强,最终实现了人民当家作主的愿望。因此,中国共产党开展劳动教育的过程就是自身队伍建设的过程,更是开展阶级斗争、夺取政权的过程。

其次,它以广大工农群众为教育对象,以青年群体为重点对象。中国共产党是中国工人阶级的先锋队,同时也是中国人民和中华民族的先锋队。出席党的一大的代表都是接受马克思主义的、代表劳工利益并具有文化知识的先进分子,他们走在一起建立中国共产党的目的就是要以马克思主义为指导,彻底改变中国的命运。中国共产党成立之初,力量非常弱小,因此党的一大决定以主要精力建立工会组织,指导工人运动和做好宣传工作,不断吸收工人中的先进分子加入党组织。不难发现,建立工会组织并指导工人运动、做好宣传工作的过程就是开展工人教育的过程。所以,中国共产党劳动教育最早的对象是广大工人,也就是李大钊所说的劳工,而工会组织(包括工校)就是开展劳动教育的场所。为了不断扩大影响和壮大力量,中国共产党之后又把劳动教育的对象延伸到了广大农民,并且在实践中发现了符合中国实际的"以农村包围城市"的革命道路。因此,工农联盟是中国共产党的力量基础,广大工农群众是中国共产党劳动教育的对象。同时,中国共产党深刻认识到劳动教育必须以青年群体为重点对象,因为他们朝气蓬勃、代表着未来,他们更容易接受教育、接受新思想,他们具有更强的可塑性和学习能力,是革命和建设力量的源泉。毛泽东对延安青年实行生产劳动的高度肯定以及根据地各类学校对劳动教育的高度重视,都充分说明了这一点。

最后,它初步形成了教育与生产劳动相结合的马列主义劳动教育观。中国共产党在接受和传播马列主义的同时,也接受了其教育与生产劳动相结合的劳动教育观。党在成立之初,劳动教育的重点任务是帮助工农获得更多受教育的机会,提高他们的文化知识和生产知识,增强他们的思想觉悟、斗争意识和革命本领。土地革命战争之后,中国共产党劳动教育的重点任务有所转变,除了继续加强对广大工农进行文化知识教育,还十分重视对青年群体、党员干部和工农子女的体力劳动教育,倡导他们直接投身生产劳动。这一方面是为了"丰衣足食",加强根据地物质资料供应的能力,以支持前方战争;另一方面是为了通过劳动锻炼来磨炼他们的革命意志、坚定他们的理想信念,防止他们脱离群众、脱离实际,保持中国共产党的先进性和革命队伍的纯洁性。无论是苏维埃政府的有关文件还是毛泽东同志的有关讲话,都强调了要使教育与劳动结合(联系)起来,并在根据地得到了很好的贯彻,对发展和壮大革命队伍起到了极为重要的作用。可以说,这是马列主义的教育与生产劳动相结合的劳动教育观在中国最初的具体实践,不仅取得了巨大的成功,而且对中国的劳动教育产生了深远的影响。

第二节　中国共产党劳动教育的自主探索

社会主义改造和建设时期是指从中华人民共和国成立到党的十一届三中全会召开之前的一段时期。

随着中华人民共和国的成立,中国共产党的重点任务转变为巩固政权、发展生产和改善人民生活,由此进入了社会主义改造和建设时期。毫无疑问,当时百废待兴,可以说是"一穷二白"。要改变这种局面,唯有依靠劳动,因此社会急需大量的工农业生产劳动者。① 为此,党号召一切有劳动能力的人都要积极参加生产劳动,为建设社会主义国家贡献力量。很显然,青年学生是一支重要的力量,如何引导他们参与生产劳动? 基于这样的背景,中国共产党开始了劳动教育实践的自主探索。

一、劳动教育自主探索的实践经历

1949 年 9 月,《中国人民政治协商会议共同纲领》提出了"爱祖国、爱人民、爱劳动、爱科学、爱护公共财物"的"五爱"号召(1982 年,《中华人民共和国宪法》把它修改为"爱祖国、爱人民、爱劳动、爱科学、爱社会主义"),把"爱劳动"作为"五爱"之一,倡导全国人民热爱劳动、参与劳动、积极劳动。学校也普遍实施"五爱"教育,并十分突出"爱劳动"的教育,旨在教育和引导广大青少年热爱劳动、参与劳动。显然,这一时期党的劳动教育以生产劳动为主要出发点。

这一时期,马列主义的劳动教育观开始在中国迅速传播,特别是有关苏联劳动教育的思想在报刊上屡有所见。1950 年 3 月,《人民日报》刊登了蒋洪举节译的《苏联的劳动教育》一文,介绍了苏联相关教育学家的劳动教育理论,从培养劳动价值观、丰富劳动知识、塑造青年道德面貌、培养劳动精神等角度对劳动教育的重要意义进行了详细的解读。②

中共中央、国务院高度重视学校的劳动教育,教育部门积极响应,大力推进学校的劳动教育。1949 年 12 月教育部主持召开的第一次全国教育工作会议和 1950 年 5 月中共中央、国务院印发的《当前教育建设的方针》,都突出强调了劳动教育,指出"教育为工农服务,为生产建

---

① 郑程月,王帅.建国 70 年我国劳动教育的演进脉络、时代内涵与实践路径[J].当代教育科学,2019(5):14-18.

② 蒋洪举(节译).苏联的劳动教育[N].人民日报,1950-03-28(5).

设服务",号召未曾从事过生产劳动的人都要补上劳动这一课、通过参加生产劳动来改造自我、提高自己。① 时任教育部副部长钱俊瑞在1950 年的讲话中更是明确提出要把劳动教育作为贯彻教育为生产建设服务的重要内容。② 同年 6 月召开的第一次全国高等教育会议指出：新中国高等教育要以理论与实际一致的方法，培养具有高度文化水平、掌握现代科学技术成就、全心全意为人民服务的高级国家建设人才。要准备和开始吸收工农干部和工农青年进高等学校，培养工农出身的新型知识分子。③ 很明显，会议突出了教育与工农生产紧密联系的导向。1950 年，教育部制定的《中学暂行教学计划（草案）》明确把劳动作为学生的课外活动之一，要求每天劳动活动 30 分钟左右。1952 年 3 月，教育部印发的《中学暂行规程（草案）》进一步提出了一切学校开展教学的基本原则，即理论要与实际相结合，为这一时期的劳动教育探索指明了方向。1954 年 5 月，中共中央宣传部印发了《关于高小和初中毕业生从事生产劳动宣传提纲》，提出教育必须同社会生产劳动相结合，体力劳动是一切劳动的重要基础，号召学校要积极组织学生参加社会生产劳动。1955 年 9 月，毛泽东在《在一个乡里进行合作化规划的经验》的按语中发出号召："组织中学生和高小毕业生参加合作化的工作，值得特别注意。一切可以到农村中去工作的这样的知识分子，应当高兴地到那里去。农村是一个广阔的天地，在那里是可以大有作为的。"④

　　1955 年，教育部发布了《关于初中和高小毕业生从事生产劳动的宣传教育工作报告》，要求在课堂教学中对学生进行劳动思想教育，让学生参加体力劳动；同年，教育部发布的《关于小学课外活动的规定的

　　① 古光甫，邹吉权. 中国共产党建党百年来劳动教育：政策变迁、时代内涵及实施路径,《职教论坛》,2021(6):14-22.
　　② 钱俊瑞. 当前教育建设的方针(下) [J]. 人民教育，1950(2):8-11.
　　③ 顾明远. 教育大辞典[M]. 上海：上海教育出版社,1998.
　　④ 毛泽东文集(第六卷)[M]. 北京：人民出版社,1999:462.

通知》提出,将生产技术教育与智育、德育、体育、美育并举。[①] 1955 年
9 月教育部颁布《小学教学计划及说明》和《关于执行小学教学计划的
指示》,明确规定小学一至六年级均独立开设"手工劳动课"(农村小学
在五、六年级专设农业常识课),每周 1 课时。[②] 1956 年,教育部发布
《关于普通学校实施基本生产技术教育的指示(草案)》和《1956—1957
学年度中学授课时数表》,对生产技术教育的每周上课时间和具体要
求做了明确规定。[③]

　　1957 年,毛泽东在《关于正确处理人民内部矛盾的问题》中提出:
"我们的教育方针,应该使受教育者在德育、智育、体育几方面都得到
发展,成为有社会主义觉悟的有文化的劳动者。"[④]这指明了教育的方
向,"三育"融合的目的就是使受教育者成为有文化的劳动者,就是要
培养又红又专的全面发展的人,这样的人既是知识分子,也是生产劳
动者。

　　1958 年,共青团中央发布《关于在学生中提倡勤工俭学的决定》,
倡导学生勤工俭学、半工半读和半农半读。[⑤] 同年 9 月,中共中央、国
务院发出《关于教育工作的指示》,指出"党的教育工作方针,是教育为
无产阶级的政治服务,教育与生产劳动相结合;为了实现这个方针,教
育工作必须由党来领导",要培养教师和学生的"劳动观点即脑力劳动
与体力劳动结合的观点(同轻视体力劳动和体力劳动者、主张劳心劳
力分离的观点进行斗争)"。[⑥] 也在这一年,陆定一在《红旗》上发表题

　　① 党印,刘丽红,张诺. 教育与生产劳动相结合:理论溯源、历史演进与现实方向[J]. 中国劳动
关系学院学报,2022(2):8-18.
　　② 卓晴君. 我国中小学劳动教育发展历程概述(上)——新中国成立至改革开放前的历史时期
[J]. 基础教育课程,2020(17):19-28.
　　③ 党印,刘丽红,张诺. 教育与生产劳动相结合:理论溯源、历史演进与现实方向[J]. 中国劳动
关系学院学报,2022(2):8-18.
　　④ 毛泽东文集(第七卷)[M]. 北京:人民出版社,1999:226.
　　⑤ 党印,刘丽红,张诺. 教育与生产劳动相结合:理论溯源、历史演进与现实方向[J]. 中国劳动
关系学院学报,2022(2):8-18.
　　⑥ 中共中央国务院关于教育工作的指示[N]. 人民日报,1958-09-20(1).

为《教育必须与生产劳动相结合》的文章,提出"我们主张全面发展的教育方针,我们认为培养全面发展的人类的唯一方法,是教育为无产阶级的政治服务,教育与生产劳动相结合"①。1958 年之后,在实践中出现学校的劳动教育过度使正常教学得不到保障的情况。1963 年,教育部颁布并执行了《全日制小学暂行工作条例(草案)》和《全日制中学暂行工作条例(草案)》,比较系统地总结了中华人民共和国成立以来特别是 1958 年以来中小学教育的经验和教训,制定了适合当时情况的各项具体政策,使中小学教育进一步明确了办学方向,建立起了正常的教学秩序。②

但在此后的实践中,存在教育脱节、大中小学教育质量低、科技人才短缺等问题。直至 1977 年恢复了高考,使一批有理想有追求的有志青年圆了大学梦。

二、劳动教育自主探索的阶段特征

中国共产党在近 30 年的劳动教育自主探索过程中,逐渐把马列主义劳动教育观中国化,形成了自己的教育方针。尊重劳动、崇尚劳动、热爱劳动的理念以及培养有社会主义觉悟的有文化的劳动者的实践,贯穿社会主义改造和建设时期的全过程。概括起来看,中国共产党在社会主义改造和建设时期的劳动教育,具有如下主要特征。

第一,它具有鲜明的政治目标导向,即为工农服务,为生产建设服务,为无产阶级政治服务,目的是为党培养德智体全面发展的有社会主义觉悟的有文化的劳动者。中华人民共和国成立以后,中国共产党最担心的事情就是脱离群众、脱离实际、失去无产阶级革命觉悟,经受不住新的考验,尤其是担心青年一代在成为有知识的人的同时不能成

---

① 陆定一. 陆定一文集[M]. 北京:人民出版社,1992:581-599.
② 卓晴君. 我国中小学劳动教育发展历程概述(上)——新中国成立至改革开放前的历史时期[J]. 基础教育课程,2020(17):19-28.

为热爱劳动的人,而是成为追求资产阶级腐朽生活的人。因此,教育必须与生产劳动相结合。这一期间中国共产党对劳动教育高度重视,牢牢掌握劳动教育的领导权和主导权。总之,我们的教育目的,不仅要让受教育者接受文化知识,而且还要接受德育和体育,既要红又要专,既要脑力劳动又要体力劳动,最终使受教育者成为社会主义事业的建设者与劳动者。

第二,它特别重视开展农业生产劳动教育,把广阔的农村作为开展劳动教育的主要舞台。这一时期,学校开展劳动教育的形式有很多,如学工、学农、学军,勤工俭学、半工半读、半农半读等。学校不仅通过课堂教学使学生学习工农业生产的基础知识,还组织学生参观工厂、农场、农业生产合作社,访问劳动模范、请劳动英雄作报告,与劳动青年联欢,阅读有劳动教育意义的读物,参加体力劳动活动。[①] 不仅在课堂上开设"手工劳动课"和"生产劳动课",还要求学生在家里承担相应的家务劳动,并且组织学生在校办工厂或校办农场开展实习。其中,农业生产劳动教育是更为广泛的教育形式,特别是在出现中小学生毕业后升学难、就业难的状况时,党和国家更是号召大家到广阔的农村去从事农业生产劳动。

第三,它继续以青少年群体作为劳动教育的重点对象,系统开展学校的劳动教育,十分注重从小学抓起。中国共产党从诞生之日起就高度重视对青少年的教育与培养,因为青少年群体是无产阶级革命和社会主义建设永不枯竭的力量之源。为了使青年人树立正确的劳动观念、养成良好的劳动习惯,各级各类学校都开设了劳动教育必修课,除生产劳动课外,还把学生参加体力劳动的时间也做了明确的要求。《全日制小学暂行工作条例(草案)》和《全日制中学暂行工作条例(草案)》进一步规范了中小学开展劳动教育的要求,对学生参加生产劳动

---

① 《中国教育年鉴》编辑部.教育部党组关于初中和高小毕业生从事生产劳动的宣传教育工作报告[C]//中国教育年鉴(1949—1981).北京:中国大百科全书出版社,1984:856-857.

的目的、内容(家庭劳动、学校种植养殖劳动、校内外生产劳动、社会公
益劳动)、方式、范围、劳动场所和在劳动中应注意的事项等都做出了
明确的规定。这些文件充分体现了劳动教育从小学抓起的初衷。党
高度重视学校的劳动教育并且从小学抓起的做法无疑是正确的,为形
成中国特色社会主义劳动教育体系奠定了重要的基础。

第四,它在探索教育与生产劳动如何结合的过程中,突出了生产
劳动的重要地位,但在结合方式的问题上出现了反复。劳动教育的目
的是树立正确的劳动观和养成爱劳动的品格,因此学校在教育过程中
突出生产劳动的重要地位,并根据不同学段学生的不同特点做出一些
参加生产劳动的具体规定和要求,无疑是正确的、必要的。总体上看,
这一时期劳动教育大的方向是正确的,对于锻炼青少年艰苦奋斗的意
志、树立正确的劳动观起到了积极的作用。但是在如何把握学文化与
学劳动的关系以及如何把教育与生产劳动进行有机结合上,出现了两
个极端:一是教育过于理论化,课堂教学脱离实际;二是劳动教育过于
侧重体力生产劳动,违背以教学为主的原则。这种情况在一定程度上
影响了我国整体教育水平的提升,培养"又红又专"的劳动者的目标没
有得到很好的实现,并且从长期看也影响了我国科技创新能力的提
高。由此也可以发现,实现马克思主义劳动教育观的中国化并非易
事,也说明这一时期的劳动教育实践探索值得我们从正反两个方面进
行系统的分析与总结。

第三节　中国共产党劳动教育的调整发展

改革开放和社会主义现代化建设时期是指从党的十一届三中全
会召开到党的十八大召开前的一段时期。

1978 年 12 月,中国共产党十一届三中全会在北京胜利召开,决定
将全党的工作重点转移到社会主义现代化建设上来,提出了改革开放

的任务,我国进入了社会主义现代化建设新时期。随着拨乱反正和思想解放,党的劳动教育方针也得到了调整和发展,经过多年的实践探索,具有中国特色的劳动教育思想、劳动教育体系基本形成。

一、劳动教育调整发展的总体情况

针对之前出现的劳动教育片面化的现象,邓小平提出了批评,指出不能以劳动代替劳动教育。1978 年 4 月 22 日,邓小平在全国教育工作会议上发表了重要讲话,他充分肯定了马克思、恩格斯、列宁和毛泽东关于教育与生产劳动相结合的论述的正确性,重申了教育与生产劳动相结合的重要性,指出"为了培养社会主义建设需要的合格的人才,我们必须认真研究在新的条件下,如何更好地贯彻教育与生产劳动相结合的方针"。他提出了"整个教育事业必须同国民经济发展的要求相适应""使教育事业的计划成为国民经济计划的一个重要组成部分""制订教育规划应该与国家的劳动计划结合起来,切实考虑劳动就业发展的需要"等论断,还指出,现代经济和技术的迅速发展"要求我们在教育与生产劳动结合的内容上、方法上不断有新的发展"。① 邓小平的重要讲话纠正了此前错误的教育思想,重申了"培养劳动者"的教育目标,恢复了"成为有社会主义觉悟的有文化的劳动者"的教育思想,为我国进入改革开放时期的劳动教育指明了发展方向。②

为了贯彻落实邓小平和党中央关于新条件下的教育与生产劳动相结合的方针,1981 年教育部发布了《全日制五年制小学教学计划(修订草案)》,对各年级如何开展劳动教育进行了规定。同年,教育部又发出《全日制六年制重点中学教学计划(试行草案)、全日制五年制

---

① 邓小平文选(第二卷)[M].北京:人民出版社,1994:103-110.
② 古光甫,邹吉权.中国共产党建党百年来劳动教育:政策变迁、时代内涵及实施路径[J].职教论坛,2021(6):14-22.

中学教学计划（试行草案）的修订意见的通知》，规定中学要开设劳动技术课。[①]

1981 年 8 月，教育部召开了全国学校思想政治教育工作会议，强调需要加强对学生的思想政治教育，其中包括"加强劳动教育"。时任教育部部长蒋南翔在会议上指出，过去学生参加劳动太多是不对的，但"不参加或很少参加劳动，不利于学生的全面成长"[②]。

1982 年，教育部发布《关于普通中学开设劳动技术教育课的试行意见》，针对该课开设的目的、意义，遵循的原则、内容和要求，时间和组织安排，成绩考核，培训提高教师，大纲和教材，劳动场地，加强领导等方面提出了全面而具体的意见。该意见第一次在中学劳动课程名称中加入"技术"两字，第一次把服务性劳动与工农业生产劳动并列为学生的劳动教育内容，第一次把职业技术教育内容列入普通中学的劳动教育内容中，注入了适应经济、科技、社会发展新趋势所需要的新元素。[③]

时任教育部部长何东昌曾多次强调劳动教育的重要性，指出"劳动教育不仅仅为了应用，其中有思想教育的内容，有德育、智育、体育、美育几方面的内容，关系到孩子从小立志做什么样的人""我们要执行德智体美劳全面发展的方针，提高培养人才的素质"[④]。这是中华人民共和国成立后教育部部长第一次提出"德智体美劳全面发展的方针"。[⑤] 1986 年，国家教委在《中小学勤工俭学发展规划要点》中将勤工俭学作为劳动教育的主要手段；1987 年，《"七五"期间全国教育科

① 卓晴君.我国中小学劳动教育发展历程概述（下）——改革开放后的历史时期[J].基础教育课程,2020(19):17-28.

② 加强劳动教育很有必要[J].湖南教育,1981(12):6-7.

③ 卓晴君.我国中小学劳动教育发展历程概述（下）——改革开放后的历史时期[J].基础教育课程,2020(19):17-28.

④ 何东昌.十年历程——建设有中国特色社会主义教育的探索[M].北京:人民教育出版社,1994:185,228.

⑤ 卓晴君.我国中小学劳动教育发展历程概述（下）——改革开放后的历史时期[J].基础教育课程,2020(19):17-28.

学规划要点》出台,首次以文件方式把劳育从德育中单列出来,与德育、智育、体育、美育并列提出。[①] 1988 年,李铁映任国务委员兼国家教委主任后也强调指出"教育战线必须努力做到教育为社会主义现代化建设服务,教育与生产劳动相结合,培养德、智、体、美、劳诸方面都得到发展的社会主义建设者和接班人"[②]。劳动教育的地位被摆在了新的高度,教育与生产劳动相结合的目的也从培养有社会主义觉悟的有文化的劳动者开始转变为培养德智体美劳全面发展的社会主义建设者和接班人。

为了将劳动教育课程落到实处,国家教委于 1987 年先后颁发了《全日制普通中学劳动技术课教学大纲(试行稿)》和《全日制小学劳动课教学大纲(试行草案)》;1988 年,国家教委又印发了《义务教育全日制小学、初级中学教学计划(试行草案)》;1989 年,国家教委出台《全日制小学劳动课教学器材配备目录(试行)》和《普通中学劳动技术课教学器材配备目录(试行)》。这样,中小学的劳动教育课就有完备的教学大纲、教学课时和器材配备等作为实施依据。1989 年,国家教委成立了督导机构;1991 年,国家教委印发了《普通中小学校督导评估工作指导纲要》,其中包含了对劳动教育落实情况进行督导的内容与要求。[③]

1992 年,邓小平发表了重要的南方谈话,同年召开的中共十四大明确提出要建立社会主义市场经济体制,由此我国改革开放和社会主义现代化建设进入了一个新的发展阶段。

1993 年,国务院发布《中国教育改革和发展纲要》,提出到 20 世纪末形成具有中国特色、面向 21 世纪的社会主义教育体系的基本框架,

① 何东昌.中华人民共和国重要教育文献(1976—1990)[M].海口:海南出版社,1998:2480,2665.

② 李铁映.中国教育改革发展探索——李铁映论教育(上卷)[M].北京:人民教育出版社,2014:312.

③ 卓晴君.我国中小学劳动教育发展历程概述(下)——改革开放后的历史时期[J].基础教育课程,2020(19):17-28.

要求各级各类学校认真贯彻"教育必须为社会主义现代化建设服务，必须与生产劳动相结合，培养德、智、体全面发展的建设者和接班人"的方针。[①]

1994 年，国家教委发布《〈实行新工时制对全日制小学、初级中学课程（教学）计划进行调整的意见〉和〈实行新工时制对高中教学计划进行调整的意见〉的通知》，对实行新工时制的小学、初中和高中的劳动教育进行了具体明确的规定。1995 年公布的《中华人民共和国教育法》，新增了教育要同社会实践相结合的具体要求。同年，国家教委发布《关于深入推进农村教育综合改革的意见》，对农村学校如何开展劳动教育提出了意见。1996 年，国家教委发布《小学管理规程》，目的是让小学生尽早养成爱劳动的思想和习惯。1997 年，国家教委印发《普通中小学校督导评估工作指导纲要（修订稿）》，目的是使学校全面落实德育、智育、体育、美育和劳动教育，切实实现教育目标。1997 年，国家教委与全国妇联共同发布《家长教育行为规范》，把劳动教育纳入家长教育行为规范范畴，即家长要"引导子女参加力所能及的家务劳动，支持子女参加社会公益劳动，培养子女的自理能力及劳动习惯"[②]。

1997 年党的十五大召开，提出要"重视受教育者素质的提高，培养德智体等全面发展的社会主义事业建设者和接班人"。1998 年，教育部办公厅发布了《关于加强普通中学劳动技术教育管理的若干意见》，将劳动技术教育作为劳动教育的重要内容，将劳动教育纳入素质教育的范畴，作为学生全面发展的重要组成部分。同年，教育部颁发《面向 21 世纪教育振兴行动计划》，强调要把劳动技能教育作为培养学生良好道德、健康心理和高尚情操的重要渠道。1999 年，江泽民在

———————————

①　卓晴君.我国中小学劳动教育发展历程概述（下）——改革开放后的历史时期[J].基础教育课程，2020(19):17-28.

②　何东昌.中华人民共和国重要教育文献(1991—1997)[M].海口：海南出版社，1998:3667-3671,4175.

全国教育工作会议上的讲话指出,"教育与生产劳动相结合是坚持社会主义教育方向的一项基本措施"①。同年,中共中央、国务院颁布《关于深化教育改革全面推进素质教育的决定》,要求将素质教育贯穿于各级各类学校,并强调要进一步加强和改进学生的社会实践教育,加强与生产劳动相结合。

2001 年,教育部颁发《基础教育课程改革纲要(试行)》,提出从小学至高中都要把综合实践活动作为必修课程,其中包括劳动教育活动,以此来全面推进学生的综合素质发展。2010 年,胡锦涛在全国劳动模范和先进工作者表彰大会上提出:"在我们社会主义国家,一定要在全社会大力培育和弘扬劳动光荣、知识崇高、人才宝贵、创造伟大的时代新风,让全体人民特别是广大青少年都懂得并践行劳动最光荣、劳动者最伟大的真理。"②同年,中共中央、国务院印发《国家中长期教育改革和发展规划纲要(2010—2020 年)》,再次指出教育要与生产劳动和社会实践相结合,培养德智体美全面发展的社会主义建设者和接班人。

二、劳动教育调整发展的阶段特征

伴随着改革开放,中国共产党重新审视了教育的根本问题,调整了教育方针,推动教育事业取得了重大的发展,最显著的标志是把"教育为无产阶级政治服务"转变为"为社会主义现代化建设服务",改正了以劳动代替教育的极端做法,恢复了大中小学正常的教学秩序。在这个过程中,劳动教育不仅得到了进一步的重视,而且在许多方面都得以改进和完善,逐步形成了中国特色社会主义劳动教育体系。具体来说,中国共产党在改革开放和社会主义现代化建设时期的劳动教

---

① 何东昌.中华人民共和国重要教育文献(1991—1997)[M].海口:海南出版社,1998:3650.
② 胡锦涛在全国劳动模范和先进工作者表彰大会上的讲话[EB/OL].(2010-04-27)[2023-11-17].http://www.gov.cn/ldhd/2010-04/27/content_ 1593951.htm.

育,具有如下主要特征。

首先,它坚持鲜明的政治导向,即以服从经济建设和社会主义现代化建设需要为出发点。这一时期的劳动教育坚持和发展了马列主义的劳动教育观和毛泽东关于劳动教育的正确论述,纠正了社会主义改造和建设时期曾一度出现的以体力劳动代替教育的错误实践。党的十一届三中全会以后,党的工作重心以经济建设为中心,以社会主义现代化建设为目标,为此迫切需要庞大的有知识、有文化、懂经济、懂科技、懂法律的各种各类人才,迫切需要提高广大劳动者的综合素质和基本技能。在这样的背景下,党的教育方针从"培养德智体全面发展的有社会主义觉悟的有文化的劳动者"调整为"培养德智体美(劳)全面发展的社会主义建设者和接班人"。从"劳动者"到"建设者和接班人",既一脉相承,又提出了更高的要求,极大地丰富和拓展了"培养什么人"的内涵。自然而然地,劳动教育也重新获得审视和重塑,无论是教育与生产劳动结合的内容还是方式都得到了有效的调整,更加注重体力劳动与脑力劳动并重以及两者的有机结合,更加注重对学生劳动技术技能的教育,更加注重受教育者综合素质的锻炼与提高。总之,培养社会主义建设者和接班人成为我国进入社会主义现代化建设以来党开展劳动教育的根本遵循。

其次,它不仅强调劳动教育的政治功能,还重视学生自身的发展,使劳动教育成为素质教育的重要内容。按照马克思主义理论,人类社会发展的最终目标是实现人的全面发展,而劳动是实现这一目标的唯一途径。教育为什么要与生产劳动相结合?就是为了实现人的全面发展。当然,这是一个漫长的过程,在不同的历史发展阶段,劳动教育的侧重点有所不同。随着我国改革开放的不断深入和社会主义现代化建设不断取得历史性成就,党越来越认识到学生个人素质提升和全面发展的重要性,并且把劳动教育作为学生全面发展的重要内容和个人综合素质提升的重要手段。例如,20世纪80年代,我国提出了德智体美劳全面发展的教育方针,把劳动教育与德育、智育、体育、美育相提并论,以提高人才培养的素质;党的十五大明确提出要重视提高受教育者的个人素质和全面发展;1998年,教育部办公厅发布的《关于加强普通中学劳动技术教育管理的若干意见》将劳动教育纳入素质教育的范畴,作为学生全面发展的重要组成部分,《面向21世纪教育振兴行动计划》强调要把劳动技能教育作为培养学生良好道德、健康心理和高尚情操的重要渠道;1999年,中共中央、国务院颁布的《关于深化教育改革全面推进素质教育的决定》提出,各级各类学校都必须推进学生的素质教育;2001年教育部颁发的《基础教育课程改革纲要(试行)》,要求通过综合实践活动来全面推进学生的综合素质发展。所有这些都说明,党对劳动教育的认识实现了飞跃,即劳动教育不仅要服务于社会主义现代化建设,还要服务于学生的素质提升和全面发展。

最后,它把"教育与生产劳动相结合"扩展为"教育与生产劳动、社会实践相结合"。我党的教育方针为什么在强调教育与生产劳动相结合的同时,还要强调与社会实践相结合? 本书认为,社会实践具有更大的覆盖面、灵活性和综合性,更需要脑力劳动与体力劳动相结合,更有利于引发学生参与的积极性,也更有利于学生的素质提升和全面发展。正因为如此,我国1995年出台的《中华人民共和国教育法》、1999年中共中央、国务院颁布的《关于深化教育改革全面推进素质教育的决定》、2001年教育部颁发的《基础教育课程改革纲要(试行)》、2010年中共中央、国务院印发的《国家中长期教育改革和发展规划纲要(2010—2020年)》,都强调了社会实践对全面提高学生综合素质的重要性。其实,生产劳动与社会实践是相互交叉融合的,也是相互补充的,即生产劳动是一种特殊类型的社会实践,而社会实践是一种广义的生产劳动。事实上,我国在社会主义改造和建设时期,教育就已经在一定程度上与社会实践相结合了。例如,学工、学农、学军活动,勤工俭学、半工半读、半农半读活动,组织学生参观工厂、农场、农业生产合作社和访问劳动模范活动等,都属于社会实践活动。

第四节　中国共产党劳动教育的创新深化

中国特色社会主义新时代是指党的十八大召开至今的时期。

2019 年召开的中央全面深化改革委员会第十一次会议强调,"劳动教育是中国特色社会主义教育制度的重要内容。要全面贯彻党的教育方针,坚持立德树人,把劳动教育纳入人才培养全过程,贯通大中小各学段,贯穿家庭、学校、社会各方面"[①]。在习近平新时代中国特色社会主义思想的指导下,党的劳动教育理论不断创新,劳动教育实践不断深化,取得了伟大的历史性成果。

一、劳动教育创新深化的重要进展

党的十八大以来,劳动教育成为新时代立德树人的重要内容和重要手段。

2015 年起,国务院决定将每年 5 月的第二周设为"职业教育活动周",规定职业学校要结合学校特点组织开展劳动技能竞赛、劳动教育征文、劳动教育成果展示等活动,让中小学生从小感受现代职业教育的特色与魅力,营造良好的劳动教育文化氛围。[②] 同年,教育部、共青团中央和全国少工委联合发布《关于加强中小学劳动教育的意见》,提出要加强培养学生的劳动兴趣、劳动爱好,以促进学生的身心健康和全面发展。同年 12 月,第十二届全国人民代表大会常务委员会第十八次会议决定对《中华人民共和国教育法》进行修改,指出"教育必须为社会主义现代化建设服务、为人民服务,必须与生产劳动和社会实

---

① 落实党的十九届四中全会重要举措　继续全面深化改革实现有机衔接融会贯通[N].人民日报,2019-11-27(1).

② 古光甫,邹吉权.中国共产党建党百年来劳动教育:政策变迁、时代内涵及实施路径[J].职教论坛,2021(6):14-22.

践相结合,培养德、智、体、美等方面全面发展的社会主义建设者和接班人"。

2018 年,习近平总书记在全国教育大会上发表了重要讲话,首次明确提出"要努力构建德智体美劳全面培养的教育体系"①,这是中华人民共和国成立以来,党和国家的最高领导人首次提出将劳动教育与德育、智育、体育和美育并列为"五育"的全面发展教育理念,首次提出构建"五育"全面发展的教育体系,首次将教育方针中的教育指导思想与教育目的及实现教育目的的基本途径三部分和谐统一起来②,开创了"五育并举"的教育新局面。2019 年 2 月,中共中央、国务院发布《中国教育现代化 2035》,提出要大力弘扬劳动精神。

为了贯彻落实习近平总书记在全国教育大会上的重要讲话精神,中共中央、国务院于 2020 年 3 月发布了《关于全面加强新时代大中小学劳动教育的意见》。《意见》明确指出,"劳动教育是中国特色社会主义教育制度的重要内容,直接决定社会主义建设者和接班人的劳动精神面貌、劳动价值取向和劳动技能水平",要"以习近平新时代中国特色社会主义思想为指导,全面贯彻党的教育方针,落实全国教育大会精神,坚持立德树人,坚持培育和践行社会主义核心价值观,把劳动教育纳入人才培养全过程,贯通大中小学各学段,贯穿家庭、学校、社会各方面,与德育、智育、体育、美育相融合,紧密结合经济社会发展变化和学生生活实际,积极探索具有中国特色的劳动教育模式,创新体制机制,注重教育实效,实现知行合一,促进学生形成正确的世界观、人生观、价值观",要"把准劳动教育价值取向,引导学生树立正确的劳动观,崇尚劳动、尊重劳动,增强对劳动人民的感情,报效国家,奉献社会"。

---

① 坚持中国特色社会主义教育发展道路 培养德智体美劳全面发展的社会主义建设者和接班人[N].人民日报,2018-09-11(1).

② 卓晴君.我国中小学劳动教育发展历程概述(下)——改革开放后的历史时期[J].基础教育课程,2020(19):17-28.

《意见》强调,要把握劳动教育基本内涵,充分发挥其树德、增智、强体、育美的综合育人价值;要根据教育目标,针对不同学段、类型学生的特点,以日常生活劳动、生产劳动和服务性劳动为主要内容开展劳动教育,特别是要结合产业新业态、劳动新形态,注重选择新型服务性劳动的内容。《意见》规定,中小学劳动教育课每周不少于 1 课时,职业院校开设劳动精神、劳模精神、工匠精神专题教育不少于 16 学时,普通高校本科阶段劳动教育不少于 32 学时。《意见》指出,家庭要发挥在劳动教育中的基础作用,学校要发挥在劳动教育中的主导作用,社会要发挥在劳动教育中的支持作用;要着力提升劳动教育支撑保障能力,切实加强劳动教育的组织实施。《意见》还提出要健全劳动素养评价制度。

2020 年 7 月,教育部发布《大中小学劳动教育指导纲要(试行)》,对落实《意见》进行了具体的部署。

2021 年 4 月,第十三届全国人民代表大会常务委员会第二十八次会议通过了关于修改《中华人民共和国教育法》的决定,明确指出"教育必须为社会主义现代化建设服务、为人民服务,必须与生产劳动和社会实践相结合,培养德智体美劳全面发展的社会主义建设者和接班人"。

2022 年 2 月,教育部发布《关于公布 2021 年度普通高等学校本科专业备案和审批结果的通知》及《列入普通高等学校本科专业目录的新专业名单》,"劳动教育"成为我国普通高等学校的新专业。

2022 年 10 月,党的二十大报告再次提出,要"全面贯彻党的教育方针,落实立德树人根本任务,培养德智体美劳全面发展的社会主义建设者和接班人","坚持以人民为中心发展教育,加快建设高质量教育体系"。

二、劳动教育创新深化的阶段特征

党的十八大以来,习近平总书记发表了一系列有关劳动教育的重要讲话,在推进劳动教育和促进人的全面发展等方面提出了许多重要的新观点、新理念,极大地丰富了中国传统劳动教育思想和马克思主义唯物主义劳动观,大大深化了劳动与育人的关系内涵①,有力地推进了我国劳动教育的理论创新与实践深化。归纳来看,中国共产党在中国特色社会主义新时代的劳动教育具有如下主要特征。

首先,它正式确立了德智体美劳全面发展的教育方针,使劳动教育成为"五育"之一。中国共产党一直都十分重视劳动教育,并且在改革开放和中国特色社会主义建设过程中取得了巨大的成就,但一直没有把劳动教育与德智体美并列成为党的教育方针。虽然在 20 世纪 80年代曾经提出过德智体美劳全面发展的概念,但并没有真正形成德智体美劳全面发展的教育方针。直到 2018 年习近平总书记在全国教育大会上明确要"努力构建德智体美劳全面培养的教育体系"之后,德智体美劳全面发展的方针才得以明确,并于 2021 年被纳入修正的《中华人民共和国教育法》成为法律,表述为"教育必须为社会主义现代化建设服务、为人民服务,必须与生产劳动和社会实践相结合,培养德智体美劳全面发展的社会主义建设者和接班人"。2022 年,党的二十大报告再次提出,要全面贯彻党的教育方针,落实立德树人根本任务,培养德智体美劳全面发展的社会主义建设者和接班人。从"德智体全面发展"到"德智体美全面发展"再到"德智体美劳全面发展",可谓意义十分重大,彰显了新时代劳动教育的重要性及其历史价值。可以说,德智体美劳全面发展的教育方针,是中国共产党整整经历了 100 年实践所取得的伟大成果。

其次,它以立德树人为导向,以强国建设、民族复兴为目标。以习近平同志为核心的党中央时刻关注"培养什么人、怎样培养人、为谁培养人"的问题,这是教育的时代之问。党的十八大以来,习近平总书记

---

① 古光甫,邹吉权.中国共产党建党百年来劳动教育:政策变迁、时代内涵及实施路径[J].职教论坛,2021(6):14-22.

明确指出,要坚持"立德树人",要"为党育人、为国育才"。《中华人民共和国教育法》明确规定,教育必须为社会主义现代化建设服务、为人民服务。为人民服务,就是不忘初心,就是满足人民对美好生活的需求。劳动教育作为新时代教育体系的重要组成内容,无疑承载着立德树人的历史使命,必须充分发挥其树德、增智、强体、育美的综合育人作用。我国建设教育强国的目的,就是要为科技强国、人才强国提供基础,为共同富裕所需的高质量劳动者提供支持,为社会主义现代化强国建设提供支撑,为实现中华民族伟大复兴和构建人类命运共同体提供保障,归根结底就是为人民服务。显然,教育强国也必然是劳动教育的强国,没有扎实的劳动教育就难以建成教育强国,就难以培养强国建设、民族复兴所需的合格的社会主义建设者和接班人。

最后,它突出强调培养学生的劳模精神、劳动精神、工匠精神,以此促使学生理解和形成马克思主义劳动观。党的十八大以来,习近平总书记反复号召全社会要尊重劳动,要大力弘扬劳模精神、劳动精神、工匠精神,这一要求在相关政策中得到了充分的体现。例如,2019年中共中央、国务院发布的《中国教育现代化2035》明确提出,要大力弘扬劳动精神;2020年中共中央、国务院发布的《意见》明确指出,要"引导学生树立正确的劳动观,崇尚劳动、尊重劳动,增强对劳动人民的感情,报效国家,奉献社会";2020年教育部发布的《大中小学劳动教育指导纲要(试行)》明确指出,要"让学生动手实践、出力流汗,接受锻炼、磨炼意志,培养学生正确劳动价值观和良好劳动品质"。这样做的目的是使学生牢固树立劳动最光荣、劳动最崇高、劳动最伟大、劳动最美丽的观念,培养勤俭、奋斗、创新、奉献的劳动精神,使之真正得到全面发展,从而成为合格的社会主义建设者和接班人。

第六章 劳动教育在"五育"中的重要地位

培养德智体美劳全面发展的社会主义建设者和接班人,是新时代党的教育方针,是中国共产党百年教育实践探索与创新发展的结果,体现了马克思主义关于"人的全面发展"理论的丰富内涵,也是党中央对"培养什么人、怎样培养人、为谁培养人"这一根本问题做出的深刻回答。为党育人、为国育才的育人目标,既为新时代教育事业的发展提供了方向指导,又对教育部门如何落实立德树人根本任务、构建更完善的人才培养体系、充分发挥劳动教育的育人功能、实现德智体美劳综合育人的效果提出了明确的要求。

第一节 "五育"的形成过程

围绕立德树人根本任务,我党教育方针从"德智体全面发展"到"德智体美全面发展"再到"德智体美劳全面发展"的变化,与时俱进地体现了人的全面发展这一总的要求。毫无疑问,新时代进一步加强劳动教育,是实现中华民族伟大复兴中国梦赋予我们的使命和责任。

一、"德智体全面发展"的育人探索阶段

1949 年,《中国人民政治协商会议共同纲领》提出,文化教育工作应以发展为人民服务的思想为主要任务,是民族的、科学的、大众的文

化教育。1957年,毛泽东在《关于正确处理人民内部矛盾的问题》中指出,要努力使受教育者"成为有社会主义觉悟的有文化的劳动者"①。1958年,中共中央、国务院发出的《关于教育工作的指示》中明确提出,"党的教育工作方针,是教育为无产阶级政治服务,教育与生产劳动相结合",同时指出"教育的目的,是培养有社会主义觉悟的有文化的劳动者"②,强调教育工作必须由党来领导。中华人民共和国成立初期的教育发展实践和人才培养目标为此后的社会主义教育发展提供了指导,也使党对教育方针、育人目标有了初步的探索。中华人民共和国成立初期,受国内经济基础和国际大环境影响,因此在人才培养方面特别注重引导学生树立正确的世界观、人生观、价值观,具备正确的政治立场,形成良好道德品质,学习科学文化知识和相关专业技能,增强体魄,铸造坚强的意志力和奋斗的品质,积极投身国家建设和生产实践活动。将生产建设放在首位,鼓励人们积极从事劳动,激发人们的劳动积极性和创造性,在劳动中改造自己,从而成为社会主义新人。受生产力水平制约,当时的劳动方式较为基础,但劳动教育也强调劳动态度、劳动观念,一方面注重劳动基本知识的传授,另一方面注重生产技术的教育,并不断纠正轻视劳动特别是体力劳动的现象,将劳动视为教育的重要途径,使德育、智育、体育与劳动生产相结合,这一时期的初步探索为党的教育事业发展奠定了基础,为此后德智体美劳"五育"的融合提供了直接的实践基础。

不论是"德智体全面发展的人",还是以此基础提出的"人的全面发展",都是我国社会主义建设对人才培养的质量、规格的具体表述和规定,即教育要促使学生在"德智体"三方面都得到发展,培养的人才是"全面发展"或具有综合素质的人才,从而成为社会主义的劳动者,为社会主义建设服务。这是当时对全面发展的人的素质表达和要求,是对

---

① 毛泽东文集(第七卷)[M].北京:人民出版社,1999:226.

② 中共中央 国务院关于教育工作的指示[N].人民日报,1958-09-20(1).

教育结果的规定、期待和期望,旨在使受教育者在接受教育的过程中实现德智体"三育"融合发展,而不是让"三育"仅仅成为三个具体的教育过程。

二、"德智体美全面发展"的育人发展阶段

党的十一届三中全会后,解放思想、实事求是的思想深入人心。1985 年,《中共中央关于教育体制改革的决定》明确,教育必须为社会主义建设服务,社会主义建设必须依靠教育,强调培养人才"面向现代化、面向世界、面向未来"。在这一时期,我国开展了"五讲四美三热爱"教育活动,对全国人民特别是青少年进行"讲文明、讲礼貌、讲卫生、讲秩序、讲道德,心灵美、语言美、行为美、环境美和热爱祖国、热爱社会主义、热爱中国共产党"的教育,产生了深远的影响。

随着改革开放的不断深化和社会经济的不断发展,在世纪更迭之际,江泽民同志提出了要"努力造就'有理想、有道德、有文化、有纪律'的,德育、智育、体育、美育等全面发展的社会主义事业建设者和接班人"的新要求[①],首次在育人目标中增加了"美育"的内容,丰富和完善了人才培养目标的内涵。从此,美育越来越受到重视,对提高人才综合素养起到了积极的作用。《国家中长期教育改革和发展规划纲要(2010—2020 年)》明确提出,要培养德智体美全面发展的社会主义建设者和接班人。之后,党的十八大报告进一步明确"把立德树人作为教育的根本任务,培养德智体美全面发展的社会主义建设者和接班人"。党的十九大报告再次强调,"要全面贯彻党的教育方针,落实立德树人根本任务,发展素质教育,推进教育公平,培养德智体美全面发展的社会主义建设者和接班人"。

从"德智体全面发展"到培养"四有"新人再到"德智体美全面发

---

① 冯刚.改革开放 40 年高校思想政治教育编年史(1978—2018)[M].北京:北京师范大学出版社,2019:249.

展",体现了我党教育方针由强调为无产阶级政治服务到为社会主义现代化建设服务的转变,体现了坚持以人为本的理念,顺应了时代发展的需要。对美的不断追求是社会文明进步的标志。在德育、智育和体育共同发展的基础上增加美育,反映出我党教育事业向纵深发展,以及对人的全面发展内涵的理解日益丰富和充实,同时对人才培养的要求也发生了变化。强调审美对人格塑造的作用,将美育融入德育、智育、体育,通过美育培养学生的审美观,陶冶学生的情操,使其不断理解美、鉴赏美、创造美,注重人的心灵充实和灵魂升华,有利于促进素质教育的发展和人才强国的实现。[①]

三、"德智体美劳全面发展"的育人新阶段

其实,无论是"德智体全面发展"还是"德智体美劳全面发展",我党的教育方针始终强调教育要与生产劳动相结合,并将劳动教育的功能体现在其他"四育"身上。随着时代的发展,"劳动"的含义也发生了变化,它除了传统意义上的生产实践,还包括基于脑力的创新创造实践和社会活动实践,并且包括克服困难的能力和承担责任的品质等。特别是党的十八大以来,党和国家非常强调将生产劳动和社会实践贯穿教书育人的过程,以实现对学生"劳"的品质的培养。

党的十九大报告指出,要"弘扬劳模精神和工匠精神,营造劳动光荣的社会风尚和精益求精的敬业风气",强调要尊重各种方式的劳动,树立正确的劳动理念。2018年9月,习近平总书记在全国教育大会上的讲话中提出"要努力构建德智体美劳全面培养的教育体系","培养德智体美劳全面发展的社会主义建设者和接班人"。[②] 自此,劳育与德智体美"四育"并列,正式成为"五育"之一,同时"教育与生产劳动相结

---

① 李建国,万成.从"德智体美"到"德智体美劳"——十八大以来习近平关于"培养什么样的人"论述的承变[J].现代教育科学,2019(6):83-88.

② 坚持中国特色社会主义教育发展道路　培养德智体美劳全面发展的社会主义建设者和接班人[N].人民日报,2018-09-11(1).

合""教育与社会实践相结合"也正式转变为"劳动教育"。2020年3月,中共中央、国务院发布的《意见》将劳动教育纳入学校人才培养方案。

2021年修正的《中华人民共和国教育法》将第五条修改为"教育必须为社会主义现代化建设服务、为人民服务,必须与生产劳动和社会实践相结合,培养德智体美劳全面发展的社会主义建设者和接班人"。

2022年,党的二十大报告再次提出,要"全面贯彻党的教育方针,落实立德树人根本任务,培养德智体美劳全面发展的社会主义建设者和接班人"。

由"德智体美全面发展"到"德智体美劳全面发展"是历史性的重要变革,是我国"劳动教育"发展史上的一次重要跨越。从"教育与生产劳动相结合"到"教育与生产劳动和社会实践相结合"再到"培养德智体美劳全面发展的社会主义建设者和接班人"[①],"劳动教育"的提出有其独特的理论根基和现实依据,也是全面建设中国特色社会主义现代化的必然要求。

毫无疑问,站在中华民族伟大复兴的高度,要对新时代的劳动教育提出了新的更高的要求。与中华人民共和国成立初期纯粹"劳动"的劳动教育相比,新时代的劳动教育不仅是对劳动认识的教育或是通过劳动的途径去教育,还要突出人作为现实的主体的作用,强调发挥自身主观能动性去创造和改变社会[②],强调正确处理人与自然、人与社会、人与人之间的关系,承担社会责任,勇于面对各类风险和挑战。这种变化反映出党和国家遵循教育发展规律,不断深化对育人目标的认识。事实上,"德智体美劳全面发展"的育人目标就是对"德智体全面发展""德智体美全面发展"育人目标的丰富和拓展,一脉相承,有序推进。

---

① 冯永刚.党的教育方针的历史演进、发展逻辑及其育人路径[J].中国德育,2021(11):46-52.

② 王莹.新时代育人目标的丰富和拓展——从"德智体美"到"德智体美劳"的解读[J].学校党建与思想教育,2020(7):52-55.

把"劳"与"德智体美"并列,明确将育人目标从"德智体美全面发展"拓展为"德智体美劳全面发展",不仅有利于学校育人目标与新时代社会经济发展需要、教育改革发展需求实现精准对接,还有利于"核心素养"的培育与"立德树人"根本任务的落实,有利于"劳模精神"的弘扬与"工匠精神"的重塑,有利于"中国智慧"的创造与"中国故事"的传播,归根结底有利于"培养担当民族复兴大任的时代新人"。

要培养"五育"并举的时代新人,首先,要培养青年一代的理想信念和本领担当。一方面,理想信念是精神之钙,青年只有拥有坚定的理想信念,才能拥有强大的精神力量,朝着自己确定的目标努力前进;另一方面,还需要有担当精神,需要有一定的本领和才能,勇于站在时代前沿为社会主义建设贡献力量。其次,要培养青年一代的社会主义核心价值观。正确的价值观能够指导青年明辨是非、认识世界、判断事物,引领青年向正确的方向发展。社会主义核心价值观是人民愿望的集中表达,是中华传统美德的高度凝练,只有把社会主义核心价值观融入灵魂、转化为习惯,才能成为一名合格的时代新人。最后,要培养青年一代的斗争精神和顽强斗志,能够自觉担当时代使命,遇到困难不退缩,碰到挫折不回头,争做时代先锋,勇做时代弄潮儿。总之,培养德智体美劳全面发展的时代新人,就是要培养符合时代发展需要的具有综合素质的人才,有力促进人的全面发展。

第二节　劳动教育是"五育"之基

劳动教育虽然是"五育"中的最新成员,但本书认为它是"五育"之基,在"五育"中起基础性作用,具有综合育人价值,不仅是人才培养体系的重要组成部分,还是国民教育体系的重要内容。① 前文已经说到,劳动教育是实现知行合一、理论联系实际的活动过程,具有显著的实践性和创造性特征。对于在校生来讲,劳动教育不仅是为了由知向行,更是为了了解劳动的本质、了解社会的现状、了解已有一切的来之不易,归根结底是要去学习书本上学不到的东西,因此是其成长的必要途径。新时代劳动教育不仅与生活、生产联系紧密,还与知识技术密切相连,侧重与时俱进的技术应用,实际操作性强。通过劳动教育,可以使学生的德育、智育、体育、美育有实践可依,促使其增长各方面的才干,为全面发展打下基础,因此劳动教育是一个综合性的教育。劳动教育与德育、智育、体育、美育之间既独立存在、各有侧重②,又相互关联、相互作用,进而达到"五育"并举、综合育人的目的。

一、以劳树德

劳动本身就是德育,因为劳动的过程是最重要的道德品质养成过程。从本质上讲,人类所有的世界认知、价值认同、规则制定和社会关系形成,都源自劳动以及以劳动为载体的劳动教育。因此,德育与劳育具有天然的联系:一方面,劳动教育为德育奠定扎实的基础;另一方面,德育把劳动教育作为重要的组成部分。因此,劳动教育就是为了夯实德育、巩固德育、促进德育。

"使学生树立正确的劳动观点和劳动态度、热爱劳动和劳动人民、养成劳动习惯的教育,是德育的内容之一"③,作为有劳动过程的劳动教育,无疑是实践德育理论极为重要的途径之一。劳动教育为道德教育提供基础、动力和滋养,以劳动精神丰富德性内涵、以劳动理论教育

---

① 曹桢,张诗怡.新时代高校劳动教育的基础性作用、主要问题与对策建议[J].中国劳动关系学院学报,2023(4):46-55.

② 魏慧慧.新时代劳动教育与德智体美四育关系的审思及重构[D].锦州:渤海大学,2021:36.

③ 《中国大百科全书》总编委会.中国大百科全书(第二版)[M].北京:中国大百科全书出版社,2009:78.

提升道德认知、以劳动实践教育推动道德行为养成、以劳动关系生成促进道德情感认同;积极推动以劳树德,对丰富社会主义道德的时代内涵、拓宽时代新人的培育路径,推动社会主义核心价值观培育与践行具有极为重要的现实意义。同时,高校从课程筑基、实践赋能、文化滋养等方面探索拓展以劳树德的实现路径,有助于学生爱国主义、集体主义、吃苦耐劳精神、顽强拼搏精神、独立自主精神、公平竞争意识、助人为乐意识、遵守规则和法治意识的培育和发展。[①]

党和国家很重视学生的德育工作,总体上看,我国的德育效果是好的,但也有不尽如人意的地方,如不关心党和国家大事、不愿意参加集体活动、不愿意帮助他人、极端自私、贪图享受、不愿意吃苦等"躺平""摸鱼"现象在一些学生身上有所表现,甚至一段时间"佛系青年""啃老""丧文化""废材""摆烂"等不良文化甚嚣尘上,究其根源是缺乏知行合一的实践载体,无法让道德情操在实践中生成。得过且过、坐享其成、不劳而获的生活态度和方式,折射出部分学生(尤其是大学生)消极的价值取向,对当代大学生理想信念、责任使命意识等造成严重的负面影响。究其原因,主要就是一些学生缺乏劳动教育和劳动锻炼,唯一的任务就是读书,从小养成了"衣来伸手、饭来张口"的不良习惯,有些人真的是"手无缚鸡之力"。在这方面,社会导向和家庭教育是有责任的,尤其是只偏重学习的家庭教育。这种状况不改变,谁来担当强国建设、民族复兴的历史重任? 因此,通过劳动教育来加强和改善学生的德育、培养其不怕苦的精神迫在眉睫。大学生只有通过劳动实践的体悟和劳动精神的感染,才能树立正确的世界观、价值观和人生观,才能坚守正确的理想信念,才能通过自己的劳动实现人生价值、肩负起中华民族伟大复兴的使命担当。

具体来讲,以劳树德的作用体现为以下几个方面:一是有利于积

---

① 曹桢,张诗怡.新时代高校劳动教育的基础性作用、主要问题与对策建议[J].中国劳动关系学院学报,2023(4):46-55.

极调动各方面资源,引导大学生坚定马克思主义劳动观,形成积极进取的劳动观念和价值取向,形成实践育人合力,特别是通过将劳动教育从教室、报告厅延伸到校内外各实践基地、实践平台,实现劳动教育理论与劳动教育实践相结合,可以起到很好的综合育人作用。例如,可以采取兴趣小组、社团等组织形式,在学雷锋纪念日、植树节、"五一"国际劳动节、志愿者日等一些有特殊意义的日子,开展丰富的主题劳动教育活动。二是能为学生提供广阔的实践土壤,将树德目标融入其中,能提高德育的针对性。以劳树德胜过空洞的理论说教,因为劳动教育可以为学生提供道德实践的机会,促使学生在劳动体验中感悟并实现德育内化。例如,学校可设置"劳动周",走出去、请进来,采用专题讲座、主题演讲、劳动技能竞赛、劳动项目实践、劳动成果展示等形式,开展形式多样的劳动教育活动,让学生在劳动实践中坚定自身的价值判断和选择,坚定社会主义核心价值观,成为积极、向善、求实、寻美、创新的新时代青年。[①]

当然,有效的德育也反过来促进劳动教育,正确的思政工作有利于学生树立正确的劳动观。总之,将德育和劳动教育有机融合,有利于德育目标落地生花,摆脱"有劳无育"或"有育无德"的尴尬境地,产生令人满意的德育效果。[②]

二、以劳增智

学生接受教育的目的是学习知识、启发智慧、掌握方法、增长才干,为今后走向社会不仅可以自主谋生而且可以服务他人、贡献社会奠定智力与技能基础。教育者教育什么? 受教育者接受什么样的教育? 教育者如何对受教育者进行教育? 这些都取决于社会经济发展

---

① 曹桢,张诗怡.新时代高校劳动教育的基础性作用、主要问题与对策建议[J].中国劳动关系学院学报,2023(4):46-55.

② 曹桢,张诗怡.新时代高校劳动教育的基础性作用、主要问题与对策建议[J].中国劳动关系学院学报,2023(4):46-55.

的需要以及所达到的水平。教育之所以要与生产劳动相结合,就是因为教育不是可以凭空想象的,是要不断在生产劳动中充实教育内容、创新教育方式的。

智来源于劳。人类如今所拥有的一切知识、智慧和科技能力,归根结底都来自劳动,都是人们在生产劳动实践中因攻克一个个具体问题而不断形成并发展起来的。一方面,教育使人们成为有知识、有文化的人,从而使人们能够从事相应的生产、服务活动,适应社会经济发展的需要;另一方面,在生产生活活动中发现的问题,需要新的科学技术去解决,因而需要通过教育使人们不仅具备文化知识而且具有开展科技创新的能力。很显然,仅仅依靠课堂教学、理论教学是不够的,必须理论联系实际地开展实践教学,必须与生产劳动相结合。[①] 否则,学生都不知道现实社会有哪些问题需要去解决,更不知道该从何处着手。而且,不同的发展阶段,现实存在的问题是不一样的,所需要的科技知识更是可能相差甚远。实践出真知,劳动增才智,这正是劳动教育必要性的另一个重要的方面。

高等教育的重要使命是为党育人、为国育才,而高校劳动教育就是为了更好实现这一使命。新时代,以大数据和人工智能为特征的科学技术迅猛发展,应用领域不断扩大。在这样的背景下,结合现代科技开展劳动教育更为重要。通过劳动教育,可以让学生在劳动实践中检验科学原理和技术知识,掌握基本的劳动技能,形成观察事物、探索问题、实践操作、过程管理、谋划表达、创新创造等劳动能力。更为主要的是,可以让学生在劳动实践中通过理论与实践的对接与碰撞产生思想火花、激发创新思维,从而推动科技进步。[②] 例如,如何利用大数据技术与人工智能进一步提高管理服务水平和生产服务效率?因此,

---

① 曹桢,张诗怡.新时代高校劳动教育的基础性作用、主要问题与对策建议[J].中国劳动关系学院学报,2023(4):46-55.

② 曹桢,张诗怡.新时代高校劳动教育的基础性作用、主要问题与对策建议[J].中国劳动关系学院学报,2023(4):46-55.

高校将劳动教育与学科专业教育相结合,不仅能够加深学生对劳动和劳动教育的理解,而且对其学科专业学习具有重要意义,有利于促进学生形象思维和逻辑思维的发展,培养学生的观察力、分析力和判断力,促进其智力发展和创造性劳动。

关于高校开展劳动教育促进学生智育提升的重要意义,已有不少学者进行了探讨和总结。例如,高校提供的劳动教育是方法、是技术、是一种传递系统,"它把高等学校的智力资源汇集起来,传递给有组织的劳工运动以满足其需要"①。通过劳动教育能够让大学生快速获取现代化生产的科学知识、技能和技巧②,熟悉现代工农业生产、运输、服务业等基本知识,扩大大学生从事现代化生产的视野,为能够参加多种生产活动打下坚实基础。劳动教育涉及多学科的知识,可以激发学生的探究意识,也可以使学生综合运用其所学到的其他学科知识,从而使学生将学与用、知与行有机地结合起来,创新精神得以培育,实践能力等方面得以锻炼和提升,其实质也就是劳动教育水平的真正提升。③ 通过劳动教育加深大学生对生产劳动的理解与思考,运用自己所学的专业知识更好地分析、解决劳动中遇到的问题,学会在实践中检验自己思维的真理性,从简单的重复性劳动走向复杂的创造性劳动。劳动教育可以使学生具备核心素养,顺应时代发展潮流,适应当代经济社会发展需要。

事实上,劳动教育是学校学科专业建设的重要组成部分。劳动教育融入大学生专业课程教学,有利于其提高专业素质,完善多元化知识结构,掌握创新创业本领,有利于培养推动社会发展的时代新人。因此,高校必须独立开设与学科专业相结合的劳动教育必修课,实行

---

① Mantsios G. Through the looking glass of history: A new vision for labor education[J]. Working USA,2016(4):555-573.

② 曾天山,顾建军.劳动教育论[M].北京:教育科学出版社,2020:65.

③ 谢丽娜.新时代高校劳动教育体系构建研究:逻辑理路与实践路径[J].黑龙江高教究,2021(3):1-5.

学分制,规定最低课时量。特别是要依托新文科、新工科、新理科、新农科等建设,在各学科专业中有机渗透劳动教育,实现专业教育与劳动教育的跨界融合,积极打造劳动教育金课。① 同时,要利用劳动教育的丰富性、实践性和整合性,加强跨学科专业的渗透与融合,促进多学科专业交叉融合的人才的培养。当然,优良的学科布局、高质量的专业建设,也能激发学生与学科专业相关的劳动创造性。因此,高校要积极探索构建具有学科专业特色的劳动育人价值体系,发挥"专业＋劳动"特色优势,不断深化对劳动教育新时代内涵的研究,将劳动教育渗透到各学科教学中,并结合各学段和不同学科的特点,合理选择渗透内容和方式,使劳动教育贯穿人才培养全过程,成为整个教育的基础和归宿。尤其是要让学生感受到科技推动社会进步、体力劳动与脑力劳动相结合带来的创造性劳动的价值和意义。此外,高校还应构建数字化、视频化和虚拟化的劳动教育课程,提高劳动教育的智能化水准与趣味性。

　　作为发展趋势,高校还应该把劳动教育本身作为一个专门的学科领域加以建设、研究与发展,以不断提升劳动教育的水平,进而不断增强其促进各学科专业发展的能力。

三、以劳强体

　　劳动来源于生活,体育来源于劳动。我们如今所熟知的一切群众性体育运动都保留着人类劳动的痕迹。例如,人类如今的短跑、长跑、跳远、跳高、障碍跑、骑马、射击、高山滑雪等体育项目,都可以从早期的狩猎活动中找到影子;拔河、游泳、划船、举重等,也都源自生产生活劳动;棋牌类、球类等体育运动,则是由基础性体育运动衍生或变形而来。人类自古就有"忙时劳动,闲时体育运动"的习惯,劳动与体育运

---

① 赵利平."五育"融合下的高校劳动教育:逻辑转向与范式变革[J].贵州师范学院学报,2022(1):44-50.

动相互交错,使人始终保持良好的体能和精神状态。^①

　　人类进行体育运动,有其内在客观需求,这个需求就是人的全面发展。从劳动中演变出体育运动并不断加以丰富和完善,正是人类朝着全面发展努力的结果,也是人类社会不断走向文明的标志之一。体育运动与劳动有许多相通之处:一是都需要一定的体能与技能,都需要经过系统的学习和实践锻炼才能具备应有的体能和技能。二是都需要不怕苦、不认输的精神,特别是遇到困难和挫折时能够顽强拼搏的吃苦耐劳精神。劳动项目有轻有重,体育竞赛有输有赢,要拿得起放得下。三是都需要团结合作意识,特别是集体性劳动、团队式体育项目,既分工又合作,只有团结一致才能取得成功。出工不出力或者爱发脾气爱抱怨,是难以干成事的。四是都蕴含着趣味性,劳动使人快乐,体育运动使人愉悦。有人说,体育运动确实有趣味性,但劳动是枯燥的、哪里有快乐? 这其实是天大的误解。只要树立了正确的劳动观,就会觉得劳动当中充满着乐趣,隐藏着各种各样的"滋"和"味"。所以有人说,劳动也是体育运动,体育运动则是另一种劳动。^②

　　人类开展体育运动的根本目的就是保持良好的身体状况和心理状态,从而为全面发展提供先决条件。没有良好的身心条件,人的全面发展就是一句空话。因此,加强学生的体育十分重要。在苏霍姆林斯基的教育理念中,体育和学生的身体健康是学校教育的基础和前提。那么,除了正常的体育教学和课外体育运动,学校如何加强学生的体育? 这就需要与劳动教育相结合,树立"劳动也是体育运动"的"大体育"观,把劳动教育纳入"大体育"。^③ 要通过实践劳动来增强学生的体能,挖掘学生体育竞技的潜能,增加学生参与体育活动的兴趣,

---

① 曹桢,张诗怡. 新时代高校劳动教育的基础性作用、主要问题与对策建议[J]. 中国劳动关系学院学报,2023(4):46-55.

② 曹桢,张诗怡. 新时代高校劳动教育的基础性作用、主要问题与对策建议[J]. 中国劳动关系学院学报,2023(4):46-55.

③ 曹桢,张诗怡. 新时代高校劳动教育的基础性作用、主要问题与对策建议[J]. 中国劳动关系学院学报,2023(4):46-55.

促进学生养成积极向上的乐观心态。可以通过场景设计使劳动教育体育化、趣味化。例如,让学生走入自然劳作,体验享受劳动成果的快乐;让学生走入社会(山区、农村、基层社区)开展志愿帮扶工作,体验社会互帮互助的意义。总之,劳动教育可以让学生在切身体验中提高自身的身体素质,促进身心健康。

需要强调的是,劳动观与体育观密切相关。正确的劳动观有利于养成正确的体育观。体育运动的目的是促进人的身心更加健康发展,而不仅仅为了竞技,更不是为了牟取不当利益。如果没有正确的劳动观,那么在体育运动中就有可能出现偷懒、不团结协作、怕输、破坏比赛规则甚至作弊等不良行为,就有可能把体育运动变成牟取私利甚至非法牟利的工具,如棋牌赌博、非法赌球等。因此,高校的体育一定要与劳动教育结合起来,引导学生树立正确的劳动观,无论做什么都需要付出辛勤的、诚实的劳动,要敬重劳动者、尊重劳动成果。劳动不仅创造财富,劳动还外强身体、内强心灵。

当然,我们也要不断提高全社会对体育重要性的认识,传播体育与健康的基本知识,传授体育运动和体育锻炼的基本技能,推广健康的生活行为习惯,增强人民体质。要将体育精神融入学生个人成长,促进学生体格、体能、机能的提升和疾病抵抗能力的增强,提高学生的心理健康水平,增强学生的社会适应能力,并以此反过来促进学生更加热爱生活、热爱劳动、不断提升劳动技能。要引导学生磨炼顽强意志、锤炼良好品质,敢于直面挑战、永不懈怠,特别是要养成正确的输赢观和公平竞争观,养成文明礼貌、相互尊重、团结合作、责任担当的体育品格和勇敢、沉着、冷静、果断、坚毅、热情的个性气质,自尊自信、积极进取、超越自我,在快乐的体育运动中不断健全人格。

四、以劳育美

人类是爱美的,追求美是人的天性所在,也是人类与动物的重要区别之一。什么是美？美就是能引起人们美感的客观事物的一种共同的本质属性，也就是能被人们普遍欣赏并愿意去拥有的东西。人类社会自从产生以来，美无所不在，并且随着时代的变化，越来越从注重外在美升华为注重内在美。无论是生活美还是艺术美，都体现了人类自身对美的理解与追求。[①]

美育则是知美、审美、崇尚美、创造美的教育。美育的目的是提升人们认识美、理解美、欣赏美、创造美的能力，陶冶人的情操，涵养人的精神，充实人的情感，丰富人的心灵，使人具有美的理想、美的心灵、美的行为、美的素养，形成美的品格[②]，从而具备高尚的道德操守和人生价值观。美育是新时代培养德智体美劳全面发展的社会主义建设者和接班人的重要着力点，是实现立德树人目标的又一重要方面。2020年10月，中共中央办公厅、国务院办公厅印发了《关于全面加强和改进新时代学校美育工作的意见》，旨在强化美育综合育人功能，推进学校美育改革与发展。

那么，美从哪里来？马克思认为"劳动创造了美"。人在生产劳动过程中，通过"自由自觉"而非异化的劳动，将自己的本质力量对象化，从而在自己所创造的美和艺术的世界中看到自身。[③] 美是人的本质力量对象化的结果，劳动是人的本质力量对象化的过程。可见，美育和劳动教育有天然的联系，具有结合和融通的必要性和可能性。美育和劳动教育统一于教育的根本目的，共同致力于塑造完整的人格，致力于人的全面发展。本书认为，劳动对于美育的最大作用就是对美的理解和创造，因为劳动是一个在创造美的同时也让人感受美的过程，蕴涵着丰富的审美体验和创造美的精神。劳动者在劳动即创造美的过程中，基

---

① 曹桢，张诗怡. 新时代高校劳动教育的基础性作用、主要问题与对策建议[J]. 中国劳动关系学院学报，2023(4)：46-55.

② 曹桢，张诗怡. 新时代高校劳动教育的基础性作用、主要问题与对策建议[J]. 中国劳动关系学院学报，2023(4)：46-55.

③ 刘欣. 新时代劳动教育与美育融合发展的逻辑理路、融通困境及其实践路径[J]. 井冈山大学学报(社会科学版)，2022(6)：97-106.

于自身的审美理念和审美原则,按照美的规律对劳动对象进行生产和改造,确证了自身的存在,也彰显了自身的价值,同时也实现了自身美的塑造,使劳动创造美和劳动者自身的审美统一于劳动生产实践之中。[①]因此我们也常说,劳动着的人才是最美的人,因为他(她)正在创造美。

当然,美育也有利于促进劳动教育。如果在劳动教育中贯穿美育,使人们具备审美素养、尚美情感和创造美的能力,那么就能激励人们更加热情地投身于劳动,并且在劳动创造美的过程中更加牢固树立正确的劳动意识,培养更加浓厚的劳动情感,激发更加强大的劳动能力,从而实现劳动教育的升华。[②]

因此,高校要积极构建美育实施体系,打造劳动教育与美育相结合的平台,让学生在劳动教育中感受美、理解美、创造美,在美育中认识劳动的伟大和光荣。一方面,要完善课程体系,强化实践体系,创新劳动美育形式,推进校园劳动美育文化建设;另一方面,要搭建联动协同体系,发挥学校的主导作用,调动家庭的协同作用,开发和利用社会资源,培养学生正确的劳动美育观。此外,还要将中华优秀传统文化融入其中,坚持以文化人,以美育人,不断提升学生对美的理解能力和创造能力,发挥劳动教育和美育对人的潜移默化的作用,真正实现劳动教育与美育的有机结合。

综上所述,劳动教育与其他"四育"之间有着密不可分的必然联系。无论是"五育并举"还是"五育融合",劳动教育就是"五育"之基。我们必须将劳动教育分别融入德育、智育、体育和美育,以劳树德、以劳增智、以劳强体、以劳育美,形成"五育"有机融合的全新局面。并且要随着时代的发展,不断充实"五育"的内涵,培养更多德智体美劳全面发展的社会主义建设者和接班人。

[①] 曹桢,张诗怡. 新时代高校劳动教育的基础性作用、主要问题与对策建议[J]. 中国劳动关系学院学报,2023(4):46-55.

[②] 曹桢,张诗怡. 新时代高校劳动教育的基础性作用、主要问题与对策建议[J]. 中国劳动关系学院学报,2023(4):46-55.

第三节 劳动教育助力高质量就业

就业是最基本的民生。党的二十大报告明确指出,要"强化就业优先政策,健全就业促进机制,促进高质量充分就业"。很显然,习近平总书记和党中央提出的高质量充分就业包括了高校毕业生的就业,因为高校毕业生是社会主义建设者的重要力量来源,事关劳动者大军的素质与能力。那么,高校毕业生如何才能实现高质量充分就业? 本书认为,一个很重要的方面就是要进一步加强劳动教育,特别是与时俱进的、有技术含量的、脑力与体力并重的劳动教育。

一、劳动教育促进实践锻炼

劳动教育是教育中最厚实、最质朴、最具体、最关键的部分,在"五育"中具有不可替代的基础性作用,它不仅具有思想性和社会性,还具有实践性,实践性是其最为主要的特征。深化对劳动教育的理解,就需要促进劳动理论教育与劳动实践锻炼双向滋养和双向互动。

劳动教育促进实践锻炼融入育人的各个方面。首先,在劳动实践中,学生会运用到相关的专业知识和技能,可以在实践中检验自己认知的正确性,通过经验的积累,不断去伪存真,做到知行合一。其次,在劳动实践中,学生会遇到各种情形,碰到困难需要自己想办法去克服,因此可以磨炼意志,增强体魄,使自己不断增强适应环境、应对问题的能力。最后,在劳动实践中,学生的心智会在体力和脑力相结合的历练中不断成熟,审美水平会得到提升,同时所见所闻、所行所为会深刻影响其认知能力和创造力。总之,这种亲身的劳动实践会让学生在锻炼中成长,不仅能增强劳动技能,更能形成正确的劳动观和就业观,从而为今后走上社会、实现高质量就业做好必要的准备。

　　因此,学校的劳动教育不能是空洞的,必须以具体的劳动实践为依托。鲜活的劳动实践教育,有利于解决当前教育存在的"疏德""偏智""弱体""抑美""缺劳"的问题,以及各育之间彼此分离、相互割裂的问题①,有利于改变片面育人的局面。学生接受劳动教育、参与劳动实践的过程,也是自我认识和反思的过程,可以在接受劳动教育的过程中反思自己是否做到了"五育"融合,是否树立了正确的世界观、人生观和价值观,是否形成了吃苦耐劳的精神,是否具备了服务社会的能力,是否做好了为强国建设、民族复兴贡献力量的准备。

　　当然,劳动教育的实践性也必须与时俱进。新时代,随着数字劳动、共享劳动、人机协同劳动等新型劳动形态的出现,劳动教育的内涵也将发生深刻的变化,社会发展对劳动者的要求也将从体力型、操作型、任务型转变为知识型、学习型、创新型,因此,劳动教育的实践性必须紧跟科技进步的步伐和时代发展的需要,体现生产力发展的程度和人的全面发展的方向。在工业4.0"手脑并用"的时代,我们需要培养创业创新型的德智体美劳全面发展的时代新人,因此新时代劳动教育的实践性必须既注重体力劳动实践又注重脑力劳动实践,既注重人的单一劳动实践又注重人机协同劳动实践,既注重有形劳动实践又注重无形劳动实践,既注重一般性劳动实践又注重个性化劳动实践。我们要恪守知行互成、学创结合、尊重个性的原则,以与时俱进的劳动实践教育提升学生的综合素养,促进大学生能够知行合一地走向社会、改造社会。

　　为了把劳动实践落到实处,教育相关部门需要充分利用社会资源,积极建设劳动实践场所,协同联动开展形式多样的劳动实践活动。不仅校内要开设劳动实践课,还要充分利用课外时间组织学生在农村、企业、社区参加各种实践活动,特别要鼓励学生在寒暑假参加各种力所能及的劳动或实践活动,以实现劳动教育与学习生活的有机融

---

①　张守伟.心怀"国之大者"视域下"体教融合"问题的再认识[J].中国学校体育,2021(8):74-75.

合。高校要进一步完善劳动教育考核机制,突出其实践性和时代性,让学生真正在劳动教育实践中得到应有的收获。

二、劳动教育促进高校高质量就业

就业就是劳动。不论是本科生、硕士生还是博士生,读书的最终目的是毕业后找到合适的工作岗位,充分发挥自己的所学所知所长,为社会经济发展做贡献,因此,新时代的劳动教育除了突出思想政治功能,还应突出就业指导功能,以有利于毕业生高质量充分就业。党中央高度重视高校毕业生就业工作,党的二十大报告指出,要"强化就业优先政策,健全就业促进机制,促进高质量充分就业"。如今,每年高校毕业生已达到 1100 多万人,如何才能实现高质量充分就业?本书认为,人才培养质量是关键,符合社会经济发展需求是导向,树立积极健康的就业观是保障。事实上,高校毕业生能否实现高质量充分就业,是检验"五育"是否实现有效融合的关键变量。

劳动教育,特别是劳动实践教育,是学生接触社会、了解社会、最终融入社会的重要途径。我们当今社会是一个什么样的社会?为什么会形成如今这样的状况?今后发展的趋势如何?我国强国建设、民族复兴有哪些优势、还存在哪些短板?党和国家的战略部署和着力点在哪?社会未来发展需要什么样的人才、哪里需要人才?这些问题只有让学生在社会大课堂中接受教育才能找到答案,才能弥补学校理论教育的不足。也只有找到这些问题的答案,学生才能知道自己应该成为一名什么样的人才、以后应该去干什么。很显然,劳动实践教育是学生接受社会大课堂教育的一种有效方式,我们必须善用之。

劳动教育,特别是劳动实践教育,是学生客观认识自我、评估自我的过程,让学生明白自己以后适合干什么,避免好高骛远。现在很多学生对劳动没有概念,对自己毕业以后适合从事什么职业更没有概念,因为他们从小脱离实际、五谷不分。从学校到学校,学生始终处于

"象牙塔"中,缺少了社会这一衡量自己所处位置的重要坐标,因而难以客观认识自我、评估自我,容易迷失人生方向。有些学生高估自己的价值,择业时设定了远超客观实际的期望,如待遇要高、任务要轻、环境要好等。要纠正这种现象,就必须加强劳动教育,特别是劳动实践教育,让学生摆正自己的位置,调整自己的心态,树立正确的就业观。

劳动教育,特别是劳动实践教育,是高校学生走向社会前的有效体检,有利于其及时发现自身的不足,如自己的兴趣志向是否符合实际、知识储备与能力是否充足、能否应对具体的实际问题等,从而给自己弥补的机会。学生毕业后能做什么,取决于自己实力如何,必须知道自己有什么优势、有什么不足。我们都说没有金刚钻别揽瓷器活、有没有硬功夫就看敢不敢实战,而劳动实践教育就是检验有没有金刚钻、硬功夫的有效手段。在劳动锻炼和各种各样的社会实践活动中,可以判断学生的专业知识水平、为人处世能力、艰苦奋斗精神、依法办事意识和综合素养,从而可以针对不足之处加以弥补、使之完善。

因此,高校的劳动教育必须与职业规划、就业教育相结合,有意引导学生树立正确的就业观。不仅要教授综合技术知识,还要强调教育和社会之间的联系关系,应社会发展需要培养专业性的职业人才。《关于全面加强新时代大中小学劳动教育的意见》指出,要将劳动教育渗透到职业生涯规划教育中,引导大学生"树立正确择业观,具有到艰苦地区和行业工作的奋斗精神,懂得空谈误国、实干兴邦的深刻道理;注重培育公共服务意识,使学生具有面对重大疫情、灾害等危机主动作为的奉献精神",帮助学生既要立志高远又要脚踏实地。在科技数字化、经济全球化、生活智能化的时代背景下,劳动变得越来越科技化、脑力化和多元化,因此大学生职业规划指导和就业教育要"以不变应万变"。这个"变"就是适应今后职业种类、就业方式和劳动成果体现的变化,这个"不变"就是坚持培养正确的劳动观和就业观,坚持培养"五育"融合的人才。

　　高校要整合校内外资源,多主体协同搭建各类活动与劳动教育的融合平台,因地制宜与地方共建大学生实践实习基地,进一步打造社会实践平台,增加实习就业机会。要科学规划劳动实践课程,开设校外劳动"实践实习"模块,将劳动教育课程与学科专业发展相结合、与大学生实习就业相结合,推动专业课实践教学、社会实践活动、创新创业教育有机融合,促使大学生多接触真实的劳动情境,引导其在劳动实践中掌握劳动技能、积累劳动经验、提升劳动能力、完善职业规划、养成劳动精神、实现自我价值。[①] 要积极推进实施西部计划、大学生支教团项目,打造大学生回归乡土、体验社会、观察国情的实践基地,让同学能够切实在基层一线、困难一线、矛盾一线磨炼意志、塑造品格、提升能力,达到实践育人目的,助力学生成长成才。要带领学生走进企业、深入基层,与劳模、工匠面对面,让劳模精神、工匠精神内化于心、外化于行,领悟勤勉敬业的劳动精神,汲取榜样力量[②],立志成为新时代的模范劳动者。

　　总之,高校劳动教育要与第二课堂深度融合,立足劳动意识和道德品质养成,优化劳动教育课程体系,丰富劳动教育课程内容,创新劳动教育载体,从单纯的生活劳动到创客空间、信息编程再到促进学生"五育"融合的各类教育活动[③],从知识与技能的掌握到核心素养的养成,使学生在"活课程"中收获"真体验""真感受""真发展",从而培养和树立正确的就业观。

三、劳动教育促进"双创"教育

　　创新创业教育是高校人才培养的重要内容,也是促进高质量就业的有效手段,而劳动教育与"双创"教育相融合是提升"双创"教育效果

---

① 郭梅英.大学生劳动教育现状及对策研究——以内蒙古六所高校为例[D].呼和浩特:内蒙古师范大学,2021:3.

② 周娟.以劳树德　以劳育美[N].郑州日报,2022-09-15(12).

③ 周娟.以劳树德　以劳育美[N].郑州日报,2022-09-15(12).

的重要途径。2020年,教育部印发的《大中小学劳动教育指导纲要(试行)》进一步明确和细化了普通高等学校推进"双创"教育方向与劳动教育有机融合的方向及措施,"注重围绕创新创业,结合学科专业开展生产劳动和服务性劳动,积累职业经验,培育创造性劳动能力和诚实守信的合法劳动意识"。这说明,高校的生产劳动和服务性劳动教育,不仅要结合学科专业,还应该以"双创"教育为导向,培养创造性的劳动力。

党的二十大报告指出,我国将深入实施科教兴国战略、人才强国战略和创新驱动发展战略,这三大战略的结合点就是创新型人才。高校作为人才培养的主体,如何培养出创新型人才,责任重大。本书认为,除了进一步改革和完善教育体制机制,高校加强"双创"教育也是一个不可忽视的方面,当务之急就是要把"双创"教育融入"五育"。为了培养"五育"融合的社会主义建设者和接班人,高校必须把创新创业教育与劳动教育相结合,在劳动教育中挖掘"双创"元素,设置"双创"模块课程,引导学生树立"双创"意识,提高学生"双创"素养。特别是要结合科学研究创新精神、科技攻关创业精神和企业创业劳动精神来培育学生的"双创"精神,科学家们默默无闻的攻坚克难精神和企业家们扎扎实实的艰苦创业精神具有无比巨大的震撼力和感染力。

在人工智能与大数据时代,高校要与政府、企业和社会机构共同搭建创业孵化平台或者创业孵化园,拓展劳动教育的实践空间,促使学生熟练掌握创新型劳动技能。学生只有从内心真正理解劳动的意义与创新创业的价值,才能去主动学习劳动和创新创业知识,继而使自己成为"双创"型人才。同时,高校还需要加强双师型专业教师培养,积极开展有效的校企合作与科教结合,推动产学相融的研发与教学。高校应该邀请科学家、企业家和一线劳动者到学校举办讲座,对学生进行劳动教育、"双创"教育。高校要把"双创"教育内容有机融入劳动教育课程体系,着重开展创业劳动教育与创新实践教育,使劳动教育与"双创"育人同频共振,激发学生潜在的创业意识和创新精神,让学生在"双创"劳动教育中掌握新知识、引发新思想、树立新观念。①

---

① 王晓波,李苗苗.新时代"五育"视域下高校劳动育人与创新创业课程建设[J].创新创业理论研究与实践,2021(13):43-44,47.

第七章　高校劳动教育的必要性与特殊性

　　学校劳动教育是由大中小学不同层次劳动教育构成的以立德树人为根本目标的有机整体。虽然不同学段的劳动教育主体彼此相对独立,但教育的内容一脉相承、紧密联系。高校劳动教育是其他学段劳动教育的深化与提升,但目前各学段之间缺乏有效的互动和衔接,甚至在很大程度上出现了简单重复、脱节、倒挂的现象①,削弱了学校劳动教育的系统性和实效性。因此,高校如何通过有效的劳动教育来改变这种情况,就显得尤为重要。同时,高校作为学校系统培养社会主义建设者和接班人的"最后一棒",劳动教育必须有自己的特色,显示出其特殊的意义和不可替代的作用。

第一节　高校劳动教育存在的问题

　　我国高校劳动教育虽然越来越受重视,近几年也取得了一定的成效,但依然存在许多不容忽视的问题,其中师资队伍不全、"五育"融合度不高和主体协同不足等问题最为突出②,导致出现了劳动教育效果不尽如人意的一些现象,主要体现在以下两大方面。

---

① 廖辉,魏文锋.大中小学劳动教育怎样实现一体化[N].中国教育报,2020-11-26(7).

② 曹桢,张诗怡.新时代高校劳动教育的基础性作用、主要问题与对策建议[J].中国劳动关系学院学报,2023(4):46-55.

一、大学生对劳动教育缺乏足够的认同感

劳动的意义和价值被低估与误解，必然导致信仰危机。审视当代大学生的劳动价值观，发现存在诸如"不爱劳动、不想劳动、不会劳动、不珍惜劳动成果"等现象，劳动意识比较淡薄。例如，不会搞卫生，宿舍"脏乱差"，有的甚至连基本的生活自理能力都有欠缺；好逸恶劳，不愿吃苦，就业求职只想高薪又轻松；贪图享乐，随意攀比，随意浪费，喜欢超前消费和高消费；虚荣心强，梦想好运降临、一夜暴富；鄙视清洁工等劳动人民……究其原因，是大学生在以前学段没有受过系统化的劳动教育，长期习惯了以分数为目标的应试教育，忽略了劳动素养的培育，对劳动的内涵理解不深刻，不能充分认识劳动教育对于个人成长成才的重要意义，因而在思想上缺少了正确的劳动价值观这个精神之"钙"，对劳动与劳动教育缺乏认同感，具体表现为缺乏认知认同、情感认同和行为认同三个方面。

（一）缺乏对劳动教育的认知认同

认知认同是情感认同的基础，也是行为认同的首要前提。对劳动教育的认知认同，体现为对劳动与劳动教育基本内涵的深刻理解和把握，包括对劳动本质、劳动价值观、劳动技能、劳动品质、劳动方式、劳动关系等与劳动、劳动教育相关的知识的了解。认知认同是提高劳动教育成效的重要基础，更是树立正确劳动价值观的前提。

认知认同是人类认识世界、改造世界、促进人类社会发展的前提，也是人的全面发展的起点。因此，对学生的"五育"教育都需要从认知认同开始。但遗憾的是，不少学生对劳动教育严重缺乏认知认同感。有调查表明，不少学生认为不需要开展劳动教育，其中的一个重要理由是：劳动教育没有价值。[①] 因此，在全面推行劳动教育的时代背景

---

① 王飞,车丽娜,孙宽宁.我国高校劳动教育现状及反思[J].中国大学教学,2020(9):75-79,85.

下,仍然有许多大学生不知道为什么要劳动、劳动价值观的含义是什么、创造性劳动的目的是什么,也不清楚劳动教育的意义是什么、新时代需要具备什么样素质的劳动者以及如何培养自己的就业技能,对劳动关系、劳动保障、劳动伦理等内容也是一知半解。有的大学生虽然参加了很多社会实践、创新创业竞赛等活动,但并不知道这背后蕴含的劳动价值观是什么,也说不清楚社会实践与劳动教育之间的关系。很显然,大学生对劳动教育认知认同的缺乏,不是一朝一夕形成的,它既是长期缺乏教育的结果,也与缺乏行之有效的教育方式有关。

劳动是衡量人生价值的标尺,只有深入理解劳动的意义,才能构建正确的劳动价值观。大学生的"三观"如果在历史虚无主义、奢靡消费主义、个人享乐主义等不良思潮的影响下逐渐出现偏差,就会导致劳动认知的异化,个人与集体、劳动与享受的关系就会被扭曲,"啃老""月光""网贷"一族的出现就不足为奇了,甚至劳模精神、劳动精神和工匠精神都被嘲笑、歪曲和否定。这样的现象若不改变,大学生的劳动斗志与理想信念就会不断弱化。

(二)缺乏对劳动教育的情感认同

情感是人对客观事物是否满足其需要而产生的态度体验,是一种生动而真实的心灵表达。一旦产生情感,就会长期、深层次地影响行为实践。情感认同就是内心深处的主动认同,就是真实的情感流露。

通过劳动教育形成大学生的情感纽带非常重要,因为只有从认知认同升华为情感认同,才能够以丰富的劳动情感去感染学生、以创造性劳动唤醒和培育大学生积极的劳动情感,才能使大学生产生强烈自觉的认可和满意,从而主动、热情地参与劳动的学习和实践。缺乏情感认同会导致大学生消极看待劳动教育,更无法付诸行动。具备丰富劳动情感的学生,能够将所学知识有效转化为实践,乐于参与劳动教育的学习和活动,积极配合老师的指导,努力提升劳动的幸福体验。如果大学生能够产生强大的情感能量,就会形成较强的创新力和创造力,从而在创造性劳动中发挥出自身的潜能。总之,通过劳动教育塑造的积极情感体验,能够让学生内心深处长期凝结正面的情感能量。

　　但同样遗憾的是,现实中很多大学生并不乐意主动参加劳动教育相关活动,在情感上缺乏积极性和参与性。究其原因,主要有两个方面:一是简单重复的内容与形式造成学生被动参与劳动教育。许多学校的劳动教育仅限于日常生活劳动教育,缺乏生产劳动教育和服务性劳动教育,对创造性劳动教育更是无暇顾及。劳动能力的培养变成了片面的动手操作,实践过程过于倾向技能化、技术化,强调培训技术、让学生掌握技能,而忽略了技能背后的脑力劳动;劳动形式单一重复,从小学到大学,都通过打扫卫生等十分简单、粗糙、有违教育规律的荒谬实践形式开展劳动教育。① 劳动教育本该严肃而富有教育性,但是出现了大学生"看劳动""听劳动""玩劳动"的现象。一些教师将劳动实践设计为简单的手工活动、义务劳动。大学生寒暑假"三下乡"社会实践活动摇身变为"旅游观光团"活动,走马观花式地走个过场,把劳动实践变成了"有活动无触动"的形式主义。毫无疑问,缺乏教育深度的劳动实践难以打动学生、无法引起学生的情感共鸣,空洞的教育形式势必导致大学生无法深入理解劳动教育的价值,久而久之就会产生抵触情绪。二是单向性的灌输式教育造成学生学习兴趣的缺失。在应试教育的背景下,主从式的师生关系依然占据主导地位,传统的劳动教育课程中,学生被动接受知识,知识本位、空洞说教、忽视情感、窄化生活等现象普遍存在,缺乏在实践过程中对学生劳动意识、价值观念等的培养。这种实效性不强的灌输式教学,容易使大学生产生负面的情感倾向,于是课堂的抬头率低,"无聊"便成为大学生对劳动教育课的直观评价。这种情感带有被动、消极的元素,会产生低能的、负面的情感共鸣。

---

　　① 檀传宝.如何让"劳动"成为一种"教育"? ——对劳动与劳动教育的概念之思[J].华东师范大学学报(教育科学版),2022(6):97-104.

（三）缺乏对劳动教育的行为认同

行为认同是认知认同、情感认同的高级形态，也是具体表现。个体经过认知层面的熟知、情感作用的调节和选择，最终付诸实际行动。[①] 人类的一切教育，目的就是让受教育者从认知认同、情感认同最终达到行为认同，把理论知识、理想愿望落实在行动上，通过自己的亲身实践去感悟人生、提升能力、增长智慧、完善自我、实现价值。

大学生对劳动教育的行为认同主要表现在两个方面：一是遵守劳动教育纪律，认真学习劳动教育课程，积极参与学校、社会的各种劳动教育活动；二是主动参与校内外各种劳动实践，养成良好的劳动习惯，并将优良的劳动素养作为自己的行动指南。归根结底，就是具有正确的劳动价值观并付诸实践，在日常的学习生活中时时处处表现出劳动自觉、行为自律、学习自主。例如，在校期间，不仅自己的事情自己做（洗衣服、搞卫生、搬行李等），而且主动参加校内外相关公益劳动和志愿者活动，勤于助人；在学有余力的情况下，开展力所能及的勤工助学活动，减轻家长的经济负担；寒暑假在家期间，除了学习，主动承担家里的一些家务劳动和生产服务劳动，出一份力量；社会实践期间，积极思考，理论联系实际，帮助企业、乡村解决一些实际问题或困难。凡此种种，都是大学生行为认同的具体表现。当然，勤奋学习知识、刻苦钻研学术问题、积极锻炼身体、主动陶冶美术艺术修养，也是大学生应有的行为认同表现，都是需要大力加以倡导的实践行为。

但是，当前大学生群体普遍存在劳动目的和劳动活动异化的现象，意识与行为相脱节。主要原因是一些高校的劳动教育仅局限于课程，教师多采用摆事实、讲道理等传统教育方式传授劳动教育知识，缺乏实践教学环节，学生无法得到真实体验，这就造成大学生对于马克思主义劳动观难以深入理解。再加上家长的无原则宠爱和社会不良

[①]　史晓琼.互动仪式链理论视域下少先队员仪式认同感培育[J].青少年学刊,2017(5):51-55.

风气的影响,学生从小缺少劳动汗水、泪水的洗礼,造成了大学生远离劳动、泥土不沾、五谷不分的不正常现象。这样的劳动观必然带来不正确的就业观,把个人利益看得很重,盲目追求"有钱途",职业选择集中于高薪、稳定、轻松的岗位,缺乏对国家重大需求和基层就业的关注。此外,还存在大学生志愿服务动机不纯和服务能力欠缺等现象,他们仅仅把在校参加志愿服务、创新创业活动当作追逐奖项和荣誉称号的方式,当作今后就业择业的资本,是为了实现"小我"的"成功"职业目标,而不是立足于"为人民服务、为集体奉献、为祖国贡献"的崇高信念。如果长期缺乏正确的监管和指引,这样的不良劳动行为很可能形成恶性循环。

二、高校劳动教育存在一定的虚化、片面化和脱节化现象

(一)虚化:高校劳动教育缺乏落实机制

高校劳动教育应该在学校党委的统一领导下,结合高校办学定位和人才培养特色,围绕课程设置、课堂教学、师资队伍、考核评价等方面,依照相关政策一一落实具体要求与举措,形成各部门齐抓共管、协同推进的格局。但很多高校并没有给予劳动教育应有的重视,缺乏系统化的顶层整体设计,导致高校劳动教育出现空心化现象,具体体现在以下四个方面。

一是劳动教育课程设置虚化。不少高校过分看重智育,在课程设置上存在轻重不当的现象,并且忽视"五育"融合,造成"五育"分离。对于劳动教育而言,一些高校未能建立完善的劳动教育课程体系的"四梁八柱",缺乏对第一课堂、第二课堂、第三课堂的劳动教育课程的整体规划,未能将劳动教育融入学校整体教育体系。劳动教育课程设置不充分,无论是学分还是课时都不符合有关规定,只是"蜻蜓点水"式地开设了象征性的课程,有的甚至有"名"无"课"。有的高校虽然设

置了较充足的劳动教育课时,但缺乏实践教学课时,并且与其他课程缺乏衔接,显得孤单突兀。

二是劳动教育协同育人机制虚化。虽然不少高校制定了劳动教育实施方案,将劳动教育纳入学校人才培养方案,设置了相应的劳动教育课程,但缺乏"家庭—学校—社会"多元协同育人机制,忽略了家庭和社会的重要作用,没有共同的目标、共享的资源,更缺乏有力的协同、整合和保障机制。家校沟通陷入"失语"的困境,家长对在校劳动教育一无所知,更难以介入对大学生的培养过程。校外资源开发能力不足,社会劳动教育资源陷入"失踪"的困境,导致校外劳动实践场所的拓展和功能挖掘不够,大学生无法近距离接触社会。

三是劳动教育师资队伍虚化。高校劳动教育陷入师资紧缺的困境,具备劳动教育相关理论基础、专门从事劳动教育相关教学研究的教师数量十分有限,很多高校没有配齐劳动教育师资,大多数高校都是临时抽调部分专业教师或学工部辅导员上岗。由于没有经过系统的培训学习,授课教师对劳动教育的意义、内涵、实施方式、资源开发等内容缺乏深刻的理解。课程结束后,临时上岗的教师再次回归"主业",容易造成缺乏对劳动教育的认同感,也影响整体的教学质量,难以保证劳动育人成效。

四是评价体系虚化。尚未建立健全的劳动教育评价体系导致高校劳动教育评价存在内容不完整、方法不科学、重结果轻过程、功能不明显等问题。例如,评价局限于校内,忽略了社会、企业、家庭等多主体评价;侧重传统的书面考试和量化测评方法,以学生劳动技能为导向,无法对劳动观念、劳动精神的养成做全面的质性评价;评价结果缺乏反馈机制,无法体现育人导向,未能打通劳动教育不断优化的通道;对于劳动教育与专业教育、创新创业教育是否有效融合,很难给予客观的评价。

总体来看,高校在缺规划、缺机制、缺协同、缺师资的情况下,劳动教育很难真正落地见效。

（二）片面化：高校劳动教育缺乏有效贯通

虽然有些高校已经认识到开展劳动教育的价值所在，但由于缺乏整体规划设计，未能将其有机融入课程体系和教育教学活动，只是象征性地改动了一两门课程或教育教学活动中的几个环节，存在片面化的问题。

一是有教育无劳动，仅涉及单一的课程载体。不少高校的习惯性做法是，劳动教育只在德育课程中实施，缺乏在劳动基地、校外劳动活动场所、学校实习实训室等地方开展实践活动。除了缺乏实践资源，最突出的问题是，教育主体不知道劳动实践有哪些内容、如何开展和如何评价。

二是有劳动无教育，片面地将完成劳动与劳动实践等同于劳动教育的全部，没有在劳动实践教学过程中诠释马克思主义劳动观的深邃内涵。浮于表面的劳动，难以引导学生树立正确的劳动价值观，反而会让一些大学生觉得劳动太脏、太累、太艰辛，对自己不断否定，产生了不愿意劳动的想法，这是与劳动教育的本质背道而驰的。

三是实践教学内容缺乏针对性。有些高校的劳动实践依然停留在简单重复的体力劳动上，与人才培养特色相对应的具有专业性的生产劳动和服务性劳动往往被忽略。按照《大中小学劳动教育指导纲要（试行）》规定，高校劳动教育的具体内容包括"结合'三支一扶'、大学生志愿服务西部计划、'青年红色筑梦之旅''三下乡'等社会实践活动开展服务性劳动"，然而，能够参与此类实践活动的学生仅为少数。

四是只注重个体的劳动教育。许多高校的劳动教育只注重提高学生个体的劳动素养，忽视了集体劳动精神的培育，没有挖掘集体劳动的价值。只有在劳动教育中强调团结协作的重要性，才能形成集体荣誉感和责任感。片面化的教育，无法彰显劳动教育的全部精神意蕴与成效。

上述问题不解决，劳动教育就难以在人才培养过程中得到有效的贯通。

（三）脱节化：高校劳动教育缺乏创造性劳动教育

劳动教育必须紧跟时代步伐、与时俱进。劳动教育区别于其他教育的最重要的内容就是突出劳动力、生产力和创造力，高校劳动教育区别于中小学的标志就是提高学生的创造性劳动能力。当前，虽然劳动教育已经成为高校教育体系的一部分，但对创造性劳动教育重视不够。

在大数据、量子技术、云计算、人工智能等信息技术迅猛发展的今天，数字化劳动的新形态正在形成，新兴产业不断涌现，社会生产、生活方式正在被重塑。然而，很多高校的人才培养定位与培养质量与社会需求脱节，无论是培养方案、课程设置还是教学内容、教学方式等都没有与时俱进，导致出现大学生就业难、专业与岗位对口度低等问题。究其原因，很重要的一个方面就是高校劳动教育对新的劳动形式和能力要求关注不足，缺乏对学生数字胜任力、计算思维、交互思维等数字化劳动能力的培养。此外，许多高校不注重在学科交叉融合课程中嵌入劳动要素，"专业＋劳动教育"实施效果不佳，专业教育、创新教育、社会实践教育也未能有效联动，未能有效塑造和培育学生的创新思维。同时，不少高校创新创业类的竞赛仅注重比赛结果，忽视与学生的深层次交流，对学生情感体验、劳动精神和创新创业意识的塑造关注不够。

以上这些问题的存在，恰恰说明高校的劳动教育还远未落到实处。为此，高校必须高度关注劳动教育中存在的问题并加以改进，这是促进大学生全面发展和落实立德树人根本任务的迫切需要。

第二节　高校劳动教育的必要性

高校劳动教育兼具个体价值和社会价值,既是促进大学生个体全面发展的需要,也是服务国家和社会发展的需要。个体价值的实现是社会价值实现的基础,社会价值的实现是个体价值实现的归宿。具体而言,高校劳动教育的必要性体现在以下几个方面。

一、塑造正确的世界观、人生观、价值观的需要

世界观、人生观、价值观是人对世界、人生和社会的看法,决定了一个人如何认识这个世界、选择人生目标,如何判断真假、好坏、善恶、美丑。"三观"是人生的总阀门,决定着大学生的理想信念、道德情操和行为选择。

与中学阶段不同,大学生的学习、生活方式发生了极大改变,大学生远离父母独自在外求学,一定程度上为自我成长提供了有利条件,但思想仍不够成熟,容易受错误思潮的误导。劳动教育的目标是培养具有社会责任感、创新精神和实践能力的高级专门人才,因而在大学阶段接受劳动思想教育、劳动技能培育和劳动实践的锻炼是全面提高大学生劳动素养的过程[①],劳动教育的这些特点体现了劳动教育对大学生"三观"的引导,劳动教育能够促进大学生德智体美劳全面发展,成为社会主义合格的建设者和可靠接班人。

高校劳动教育的重点是加强马克思主义劳动观教育,把马克思主义立场观点方法的教育与培养科学精神结合起来,促进学生增强正确看待问题、分析问题与解决问题的能力。如果大学生不劳动、不实践,

---

① 曲霞,刘向兵.新时代高校劳动教育的内涵辨析与体系建构[J].中国高教研究,2019(2):73-77.

不与社会和群众接触,正确的"三观"就无法确立。如今,部分大学生天天"躺平""摆烂",只想遨游在互联网世界虚度年华,就是因为没有树立正确的劳动价值观。

大学生处于人生中最有朝气、最有梦想的关键时期,应该在课程学习、课外实习实践、校园文化活动中练就过硬本领,在辛勤耕耘、挥洒汗水中磨炼坚强意志力,在劳动实践中养成诚实守信、自律自强的品格。只有在劳动实践中坚持不懈地奋斗、持之以恒地钻研,才能够培育正确的"三观",实现个人的梦想。

二、健全人格、培养大学生良好心理品质的需要

大学生的健康人格体现在正确的自我认知、良好的心态调节能力、融洽的人际关系、独立的自尊、自我发挥潜能等方面,它能保证大学生较好地适应新的环境,有意识地安排好自己的学习和生活,正确地看待个人优缺点并不断完善自我,勇于接受现实挑战,富有开拓精神并具备创新能力。

拥有健全人格的大学生能够正确处理自身与所处环境的关系,合理解决人际问题,拥有正确的世界观、人生观、价值观,最终实现个人全面而自由的发展。而患有人格障碍的学生思维和行为已经固化,影响自身的社会功能,严重时可能与社会发生冲突,对自身的生命健康造成威胁,甚至对社会造成恶劣影响。影响人格的因素包括先天性的遗传因素和后天的环境,对于大学生而言,教育环境影响着人格的塑造和发展,而目前大学生人格障碍的患病率居高不下、不容乐观,高校更需注重通过劳动教育提高大学生的心理健康水平,塑造健康的人格。

当前高度信息化的社会,国内外意识形态环境持续复杂化,新观念、新矛盾、新问题不断涌现,社会关系更加多元化,享乐主义、拜金主义、奢靡消费主义等错误思潮对大学生健康的心理与健全的人格造成

了剧烈冲击。渴望不劳而获和天降横财的人,容易误入歧途。有的大学生盲目追求物质生活的享受、欲望的满足,无法辨别哪些要素才是对自己成才最重要的、有价值的,将人生的真正意义虚化为拥有奢侈品、物质财富等,造成了理想信念的错位。他们功利化地追逐仅对自己"有用的"知识,不认真钻研专业知识和技能以及如何将它们转化为生产力和创造力,忽略了德育和人文素养的沉淀,丧失了对人生和事业的崇高理想和追求,造成心理状态的失衡和人格的畸形发展。面对个人欲望与现实的差距,容易产生较大的心理落差,伴随而来的是沮丧、自卑、不满等消极负面情绪,甚至出现道德的沦丧。

对于上述这些现象,只有通过劳动教育,才能帮助学生认识到劳动是创造财富的唯一途径,唯有辛勤的汗水和努力的劳动才能实现理想,从而塑造健全的人格。首先,劳动教育有利于增强大学生的自我成就感,学生在劳动实践中体验到劳动带来的成就感、成功感、愉悦感,使其心中充满自信和力量,产生积极的成功性体验,培养悦纳自我的积极情绪;其次,有利于促进人际互动关系的建立,学生在具体的劳动实践活动中,通过与他人共同参与、互动交流,可以学习人际交往的技能,建立良好的人际关系网络,帮助他们成功克服挫折与挑战;最后,有利于促进手脑并用,脑力劳动能够提升专注力,体力劳动促进身体健康、增强体质,通过培养良好的情绪和意志品质,从而达到提高心理健康水平的目的。

三、凝聚力量、培养中国式现代化创新型人才的需要

实现中国式现代化是党的二十大提出的奋斗目标。要实现这一目标,必须坚持科技是第一生产力、人才是第一资源、创新是第一动力,深入实施科教兴国战略、人才强国战略、创新驱动发展战略。[①] 这

---

① 习近平.高举中国特色社会主义伟大旗帜 为全面建设社会主义现代化国家而团结奋斗——在中国共产党第二十次全国代表大会上的报告[M].北京:人民出版社,2022:33.

为深入推进高素质创新人才梯队建设指明了方向,吹响了教育的"冲锋号"。中国式现代化,是高素质人才引领驱动的现代化,是人才高质量发展的现代化,也是汇集创新型人才的现代化,因而也是教育先行的现代化,势必影响教育的重大变革,对高校的育人生态产生重要影响。

强国建设、民族复兴,归根到底要靠孜孜不倦的辛勤劳动、守信自律的诚实劳动、科学求新的创新劳动,需要一代接一代的不懈奋斗。现代化的"中国特色"对高校劳动教育提出了新要求、新挑战。在实现第二个百年奋斗目标的新征程中,高校大学生肩负着实现国家富强、民族振兴、人民幸福的时代重任,是高素质创新型人才的中坚力量。中国的核心竞争力,取决于各行各业劳动者的素质,提升核心竞争力依靠的是知识型、实践型、创新型的劳动者队伍。创新型的高素质劳动者不仅需要具备高水平的科学文化素质和思想道德素质,更需要具备正确的创造性劳动观念和创新性的劳动能力。因此,加强高校创造性劳动教育,培养更多创新型的劳动者是时代的呼唤、历史的重托。[①]

高校劳动教育本质上是一种生产性(脑力)劳动教育[②],创造性劳动教育则是其重要组成部分,是培养创新型人才的重要途径。大学生在躬身参加劳动实践的过程中,充分开展脑力劳动,运用专业知识和技能创造性地解决问题,通过创新精神的浸润和实践的养成,能够把创造性劳动的精神入脑入心。此外,通过高校劳动教育引导大学生弘扬劳模精神、工匠精神,把握以创新为导向、以技术为基础、以质量为关键的工匠精神新内涵,把青春的活力转换成创新的动力,扎根中国大地了解国情民情,在创新创业实践中磨炼意志修养,开拓全球化视野,有利于学生成长为德才兼备的创新型人才。新时代的大学生只有

---

① 曹桢.新时代发挥劳动教育的育人作用探析[J].思想理论教育导刊,2024(5):135-143.
② 张海生.高校劳动教育的意涵、价值与实践——一种本体论、价值论和方法论的解析[J].大学教育科学,2021(1):53-59.

在创造性劳动的实践中勤学苦练、埋头苦干，才能在新时代的激流中勇立潮头，在竞争激烈的创新引领中赢得优势，在人生的道路上有所作为，报效祖国，服务人民。

四、筑牢根基、实现高校立德树人根本任务的需要

立德树人是培养合格的社会主义建设者和接班人的需要，劳动教育则是立德树人的重要手段。劳动托起了青春梦和中国梦，大学生肩负着民族复兴的重任，实现个人理想愿望需要持之以恒的劳动、踔厉奋发的劳动和孜孜不倦的劳动，需要以"劳动最光荣，劳动最崇高，劳动最伟大，劳动最美丽"的精神为指引。

实现立德树人这一根本任务，首先要求大学生坚定共产主义理想信念，筑牢理想信念的思想基础。通过马克思主义劳动观的教育，帮助大学生明确劳动解放的最终目的是人的解放，只有在共产主义社会才能实现劳动解放，人才能实现自由全面发展，引导大学生坚定为共产主义远大理想和中国特色社会主义共同理想而奋斗的决心和信念。其次要求大学生自觉培育、弘扬和践行社会主义核心价值观。高校劳动教育不仅能够培育学生勤劳奋斗的能力，还能厚植敬业责任感和热爱劳动、热爱劳动人民的情感，从而牢固树立"爱国、敬业、诚信、友善"的价值观。大学生带着强烈情感和深厚情怀在劳动中获取快乐和幸福的源泉，有助于形成培育和弘扬社会主义核心价值观的情感自觉和行为自觉。最后要求大学生传承中华优秀传统美德。劳动精神发源于劳动人民，中华优秀传统文化中勤劳付出、努力奉献的精神一直延续至今，具有丰富的精神内涵。深入阐释和发掘中华优秀传统文化蕴含的庖丁解牛、精益求精、独具匠心、一丝不苟等精神，有助于增强大学生的文化自觉和文化自信，让中华文化基因更好地植根于思想观念，成为大学生精神生活的导航。

第三节　高校劳动教育的特殊性

劳动教育对象的特殊性决定了劳动教育内容和教育方式的特殊性。高校劳动教育基于自身属性,既有劳动教育的共性,又有其特殊性,明显区别于中小学,它是融入学科专业的教育。为了更有针对性地开展劳动教育,我们需要了解和掌握高校劳动教育的特殊性,熟知其特有的"气质"。

一、劳动教育对象的特殊性

高校劳动教育的对象是大学生,他们处于由未成年人向成年人过渡的阶段。大学生的心理状态和思想意识与中小学生是完全不一样的,因为他们中的绝大多数人毕业就要步入社会,与成为劳动者仅有"最后一公里"的距离。因此,只有准确把握大学生的思想和心理特征,才能将高校劳动教育落到实处。

新时代高校劳动教育的对象是"00后",这代人是伴随互联网长大的"网络原住民",生活方式、学习方式、思维观念发生了极大的改变。他们思想活跃,学习能力强,有着强烈的自尊心和好奇心,更容易接受新鲜事物,有更强的创新性思维和创造力。但是他们没有接受过现实生活的艰辛考验和磨炼,很难理解吃苦耐劳的含义,对劳动的认识与上一代、上两代人有很大的差异,普遍存在不爱劳动、不想劳动、不会劳动、不珍惜劳动成果等问题。在飞速发展的互联网信息技术时代,信息窄化、信息程序化等特征给高校劳动教育带来了许多潜在的不利影响。封闭的"信息茧房"带来的网络群体极化现象表现得更为剧烈,容易凝成不正当的劳动价值观舆论基调。大学生群体间传播着"躺平""炫富"等负面信息,使一部分群体形成了"不想劳动但想过富裕生活"的不劳而获的思想。

根据齐克林提出的大学生发展七向量理论,大学生在发展能力、从自立向相互依赖发展、管理情感、建立同一性、发展成熟的人际关系、确立目标和发展诚信七个方面面临着人生重要的发展任务。[①] 高校的教育环境影响着大学生在这七个方面的发展,因为大学生进入全新的环境,不仅是来到一个新的学校,而且面临着一个新的社会化过程,需要不断塑造自己的个性和社会性。经过基础教育阶段的学习,大学生心智逐渐成熟,具有个性化理性判断的意识和自主选择人生道路的期望,成熟中夹杂着"稚气",甚至出现偏差,迫切需要正确的思想教育和价值观引导。

开放、包容的大学环境对大学生学习的自觉性提出了更高的要求,劳动教育也是如此,大学生有更大的自由选择的空间。大学生接触社会的范围更广,有更多的机会参加与劳动教育相关的实习、实践。大学生长期在校住宿,与家庭、家长长期处于分离状态,家长难以持续发挥劳动教育方面的作用。"00 后"大学生从小处于信息化包围之中,容易沉浸于互联网追星、追剧、看动漫、刷抖音、打游戏、交友等,相关群体"圈层化"的现象比较突出。这些都是需要我们认识到的高校劳动教育对象的特殊性。

二、劳动教育内容的特殊性

从客观的人才培养规律来看,高校劳动教育的内容与中小幼有一定的联系,但也存在明显的差异。中小幼的劳动教育是基础教育,提升的是学生职业的共通能力,注重从学生的日常生活入手,引导学生在劳动态度、劳动习惯、劳动品质等方面夯实基础。学前教育和小学教育注重劳动意识的启蒙、卫生和劳动习惯的养成;初中教育注重劳

---

① Chickering A,Reisser L. Education and Identity[M]. 2nd ed. San Francisco:Jossey-Bass,1993:1-13.

动知识与技能的提升;普通高中教育注重未来职业体验,为大学学习做好铺垫;职业教育注重加强职业劳动知识与技能的传授。[①] 高校劳动教育则体现着先进生产力的发展方向,提升的是学生的职业化专业化能力,是面向社会劳动力市场的教育。它以马克思主义劳动价值观、专业知识和技能学习为重点,为学生就业做准备,注重创新意识、创造能力和创业素养的培育。

立足于大学生群体对劳动教育知识需求层次的特殊性,高校劳动教育内容应避免简单机械的重复,要具备思想性、职业性和阶梯性。

第一,高校劳动教育内容要具有思想性。除了劳动知识和必备劳动技能的学习,更要侧重对大学生劳动价值观的引领,不仅要"会劳动",还要"懂劳动"。新时代大学生要读懂和悟透马克思主义劳动观,要认真学习贯彻习近平总书记关于劳动的系列重要论述,要在思想政治教育课中将劳动教育的内容融会贯通,树立"劳动创造美好生活"的信仰,热爱劳动,崇尚劳动,尊重劳动。

第二,高校劳动教育内容要具有职业性。大学生即将步入社会,有针对性的专业教学和劳动教育可以帮助他们提前了解社会对人才的需求。例如,学习劳动伦理、劳动合同、社会保障、劳动关系等内容有助于学生增强适应社会需求的能力;专业内容丰富的劳动实践有助于学生把书本理论知识与实践相结合,提升解决实际问题的能力;结合乡村振兴、共同富裕、生态文明建设等社会热点问题展开对劳动价值观的探讨,有助于学生将个人职业理想与社会需要相结合。

第三,高校劳动教育内容要具有阶梯性。要从大学生内部构成来把握高校劳动教育需求的多样性,不搞简单的"一刀切"。要明确大学四年的劳动教育目标,让大学生在不同阶段有针对性地学习掌握劳动教育的相关知识技能,为实现职业目标做好准备。不同专业、不同年

---

① 刘宏森.青少年劳动教育教什么?[J].劳动教育评论,2020(4):1-11.

级、不同层次的学生对劳动教育理论和实践的需求各有侧重点,应当恰当地加以区分。低年级学生可注重劳动通识教育和服务型劳动实践教育,高年级学生应加强"劳动＋专业"的科研锻炼、专业实习和创新创业实践教学,让学生亲身经历"简单劳动—复杂劳动—创造性劳动"的过程,感知劳动创造价值的成就感,提升专业技能,为就业做好心态、知识和能力的准备。

三、劳动教育方式的特殊性

高校是大学生职业规划的重要阶段,必须全面准确把握劳动教育方式的特殊性,健全和完善劳动育人模式。

(一)理论教育方式的特殊性

高校劳动教育的主渠道依托劳动教育课程,因此要以"为党育人、为国育才"的政治高度、落实立德树人根本任务的使命维度和大学生全面成长成才的育人角度为依据,科学设置劳动教育课程,灵活多样地开展理论教学。

高校要将劳动教育课程纳入教学体系的总体规划,要结合学科、专业特点,将劳动教育内容融入各类课程教学,包括思想政治理论课、专业课、创新创业教育、通识课程、实践实训课程等,从不同学科、课程的教学内容中提取劳动教育元素与资源,与课程内容相互渗透。例如,将课程要素中所蕴含的劳模精神、劳动精神、工匠精神等转化为教学内容,将劳动教育融入日常生活,将教学与劳动观念、劳动态度、劳动习惯培养相结合,关注和解决学生的实际需求,把劳动价值观内化于心,外化于行。

高校劳动教育的学习形式更加灵活多样,除了"慕课＋翻转课堂"等互动教学模式,还融入了示范性学习、体验式学习、项目式学习等劳动教育新形式,通过开展大学生寻访劳模、劳模进课堂、工匠现场主题报告会等多样化的活动,让劳动理论教育更接地气、更有成效。特别是体验式、沉浸式的教育方式有助于学生提高对现实世界和生活的感受，将理论付诸实践。

（二）实践教育方式的特殊性

高校的社会实践相比中小学更为丰富，大体分为军事训练、实践教学、专业实习、志愿服务、创业实践等，具有临场性、多样性等特征，有利于大学生开展个性化的自主学习与全面发展，帮助大学生深入理解和提前适应其所在的社会环境。高校劳动实践教育方式有着鲜明的特点，主要体现为以下几个方面。

一是服务性的劳动实践教育。高校的社会实践包括"三支一扶"、大学生志愿服务西部计划、"三下乡"等，颇具特色。此外，高校还可利用自身的优质教育资源，通过建立校内外志愿服务基地和制定志愿服务实施方案，引导学生结合时代特点，到政府机关、街道社区、运动场馆、中小学校、车站等场所，开展丰富多彩的主题教育，用知识、技能、体力在公益服务劳动中做贡献、强信念。

二是职业性的劳动实践教育。大学生利用专业优势，深度融入各行各业开展实训实习，有助于提前了解社会的实际需求，明确自己未来的发展方向。通过近距离接触各行各业劳动者，与其共同合作完成工作任务，有助于强化大学生劳模精神、劳动精神、工匠精神的培育，增强团队合作精神，提升社会适应能力。

三是创新创业性的劳动实践教育。创造性劳动教育是高校区分于中小幼劳动教育的关键。高校可以利用创新创业项目孵化基地，推动学生创设项目和开展创业体验活动。高校可以以学科性竞赛为载体，培育大学生创业意识、创新精神和创业能力。例如，高校顺应新时代发展需要，以"挑战杯""互联网＋"创新创业大赛、专业技能竞赛等为抓手，围绕红色文化、共同富裕、非遗传承等内容开展创新创业教育，可以有效激发学生的创造性，助推学生把握创新创业机会，增强就业创业能力。

第八章　高校劳动教育的重点内容

劳动教育内容极其丰富,涉及劳动与教育的各个方面。高校如何确定劳动教育内容,是新时代开展劳动教育需要加以深入探讨的重大课题之一。按照上一章的讨论,高校劳动教育具有特殊性,因此其内容也有别于中小学,是中小学劳动教育内容的延伸与升华。劳动教育作为思想政治教育的重要组成部分,要将其内容纳入思想政治教育内容的整体框架并使之具有自身的特色。"思想政治教育内容是根据一定的社会要求,针对教育对象的思想实际,经教育者选择设计后有目的、有计划地传导给教育对象的带有价值引导性的思想政治信息。"[①]处在新时代,高校应深入学习贯彻习近平总书记关于劳动教育的重要论述,以《大中小学劳动教育指导纲要(试行)》为基本遵循,立足教育对象的实际情况,统筹安排劳动教育中的理论教育与实践教育内容,以落实立德树人根本任务,促进学生全面发展。

第一节　高校劳动理论教育的重点内容

劳动理论教育是劳动教育的基础,目的是传导给教育对象有关劳动与劳动教育的必要知识和基本认识,以树立正确的劳动价值观。相比于中小学的劳动教育,高校的劳动理论教育更强调理论的系统性和

[①]　陈万柏,张耀灿.思想政治教育学原理(第三版)[M].北京:高等教育出版社,2015:173.

内容的完整性,更需要深入的理论思考。经过归纳,本书认为高校劳动理论教育的重点内容应该包括马克思主义劳动理论、劳模精神、工匠精神、劳动法律法规四大方面。

一、马克思主义劳动理论

劳动理论是马克思主义理论体系的重要基础之一,因为劳动是人类生存与发展的前提。马克思主义劳动理论是我们探寻劳动教育思想的"起跑线",也是高校劳动理论教育的重点内容。马克思主义劳动理论主要包括劳动本质论、劳动价值理论及异化理论、劳动解放理论三个部分。

(一)劳动本质论

马克思主义劳动本质论是我们正确认识劳动之于人类作用的起点。马克思在批判费尔巴哈关于人的本质的论述的基础上,建立了属于自己的"人的本质"的理论。马克思认为,必须把人置放在现实世界、从生产劳动和人的社会关系的角度去看待和还原"人的本质"。马克思认为,劳动确证了人的本质,"劳动创造了人本身"[1]。马克思在《1844 年经济学哲学手稿》中提出,"自由的有意识的活动恰恰就是人的类特性"[2],即"自由有意识的活动"是人类区别于其他物种的主要特征。对此,恩格斯也提出,"人是唯一能够由于劳动而摆脱纯粹的动物状态的动物——他的正常状态是和他的意识相适应的而且是要由他自己创造出来的"[3]。换句话说,动物的活动是无意识的本能活动,它们无法将自己与自己的生命活动相分离,也无法将自己的生命活动转

---

① 马克思恩格斯选集(第四卷)[M]. 中共中央马克思恩格斯列宁斯大林著作编译局,译. 北京:人民出版社,1995:374.

② 马克思.1844 年经济学哲学手稿[M]. 中共中央马克思恩格斯列宁斯大林著作编译局,译. 北京:人民出版社,2000:57.

③ 马克思恩格斯全集(第二十卷)[M]. 中共中央马克思恩格斯列宁斯大林著作编译局,译. 北京:人民出版社,1971:535-536.

变成具有自身意识和意志的对象,更无法在无意识的本能活动中形成有意识的社会价值导向。而人类的劳动是有意识、有目的、有社会导向的行为,并且这种意识和目的也是在劳动实践中发展起来的,是具有历史意义的。这就是人与动物的本质区别。

劳动不仅创造了自然的人,也创造了社会的人,产生了复杂的人与人之间的关系即社会关系。马克思明确指出:"人不仅像(原文为象)在意识中那样理智地复现自己,而且能动地、现实地复现自己,从而在他所创造的世界中直观自身。"① 从这句话可以看出,人类不仅能够发挥主观能动性、通过劳动实践来创造和生产物质生活资料,而且还在改造客观世界的同时改造自身。这种在生产劳动中所拥有的创造性,也是有别于动物的一大特性。当然,我们仅仅理解劳动是人的本质是不够的,因为人的劳动是在一定的社会关系中进行的。马克思在《关于费尔巴哈的提纲》中提出,人的本质……是一切社会关系的总和。② 也就是说,劳动不仅仅是单个人的活动,而是每个人都会在这个过程中相互交错、相互联结,形成一定的生产关系。马克思批判将人看作"抽象的人",指出要从现实活动出发去理解人的本质,从社会关系中去看待人的本质,即现实的人是"可以通过经验观察到的、在一定条件下进行的发展过程中的人"③。根据马克思的观点,人不可能孤立地存在,总是处于一定的社会关系之中并受制于这种社会关系。当然,社会关系不是一成不变的,它伴随着生产力和生产关系的发展而不断地发展变化。

因此,从劳动本质论的角度对大学生进行教育,可以让学生认识到自己是社会关系中的一个分子,每个人都难以脱离社会而独立存

---

① 马克思恩格斯全集(第四十二卷)[M]. 中共中央马克思恩格斯列宁斯大林著作编译局,译. 北京:人民出版社,1979:97.

② 马克思恩格斯文集(第一卷)[M]. 中共中央马克思恩格斯列宁斯大林著作编译局,译. 北京:人民出版社,2009:501.

③ 马克思恩格斯文集(第一卷)[M]. 中共中央马克思恩格斯列宁斯大林著作编译局,译. 北京:人民出版社,2009:525.

在,而有效融入社会的最有效方式就是劳动,由此引导大学生客观认识劳动在推动人类社会发展中无可替代的作用,认识到教育与生产劳动相结合是造就全面发展的人的唯一方法。

(二)劳动价值理论及异化理论

劳动创造财富是经实践证明了的真理,劳动教育很重要的一个目的就是让学生明白这一道理。经济学家斯密认为,所有财富都是由人的劳动创造的。马克思批判性地继承了这一观点,在探讨劳动与价值关系的过程中形成了自己的劳动价值理论,提出了"劳动是价值的源泉"这一核心观点。马克思的"劳动价值论"突出了"人"在劳动中的主体地位,强调了人的价值。商品为什么拥有价值? 那是因为劳动者通过劳动创造出了对人类有用的产品,这个有用就是满足了人类的需求,包括物质需求和精神需求。马克思认为,"价值是凝结在商品中无差别的人类劳动",我们所看到的、能够为我所用的任何物品,无论其满足物质需求还是精神需求,都是通过人类自身的劳动创造出来的。换句话说,商品的价值是人的活劳动的结果,是劳动者的劳动与物质资料的有机融合产生了价值。在这个过程中,劳动者占据主体地位,具有很强的主动性、能动性和目的性。缺少主体的参与,单纯的物质资料是不可能自己变成人类所需的产品继而产生价值的,所以人的活劳动是创造价值的唯一源泉,人是价值形成的关键因素。人类就是不断通过在物质对象上的有效劳动创造价值继而体现主体性的。从古至今,一个社会想要获得长足的进步和发展,人类必须依靠持续的劳动来创造价值。对于任何人而言,幸福都是奋斗出来的,只有通过辛勤劳动才能实现自我价值、才能体现人类的主体性。

在阶级社会制度产生之前,劳动始终以一种正面的形象被人们所接受——自由自觉的劳动不仅能够促进人的发展,而且能够使社会良性运转。但后来,劳动的正面特性被私有制下的异化劳动所泯灭,劳动成为剥削阶级剥削的手段。由此,劳动不再是一种自发的、快乐的活动,成了被迫的、压抑的谋生方式,与劳动有关的一切要素及其关系都发生了异化。马克思对资本主义剥削制度进行了深刻的批判。马克思指出,在异化劳动模式下,"工人生产的对象越多,他能够占有的对象就越少,而且越受自己的产品即资本的统治"[①],同时劳动者更像是一个"工具人",机械重复着无意义的工作,身心受到无限度的折磨,以致"只要肉体的强制或其他强制一停止,人们就会像逃避瘟疫那样逃避劳动"[②]。资本家为了追逐更多的利益,想尽一切办法剥削工人的剩余价值,而劳动者却无法得到匹配的报酬,导致劳动产品、劳动形态、劳动关系甚至整个社会关系的不断异化,矛盾不断加深,最终导致工人阶级与资产阶级的全面对抗。所以,劳动者要想获得解放和自由,必须通过劳动的解放才能实现。

因此,通过劳动价值理论及异化理论的教育,有助于大学生理解劳动是创造价值、获得幸福的源泉,社会进步需要一代又一代青年人的艰苦劳动去推动,这有助于引导学生消除人与人关系的异化状态、共同努力实现"劳动解放和人的自由而全面发展"。

(三)劳动解放理论

劳动解放理论是马克思主义理论的核心之一,它以"现实的人"为切入点,在人和社会发展的解放进程中实现人的自由和解放。斯密首创了劳动价值论,肯定了劳动在价值增值上的积极作用,但忽视了"非生产性劳动"客观具有的价值。黑格尔在斯密思想的基础上,承认了劳动的积极意义,也肯定了劳动是人自我实现的手段,但他所认为的劳动实质上是精神劳动,正如马克思评价其"唯一知道并承认的劳动

---

① 马克思恩格斯选集(第一卷)[M].中共中央马克思恩格斯列宁斯大林著作编译局,译.北京:人民出版社,2012:51.

② 马克思恩格斯选集(第一卷)[M].中共中央马克思恩格斯列宁斯大林著作编译局,译.北京:人民出版社,2012:54.

是抽象的精神的劳动"①。马克思认为,劳动是体现人的本质的自由自觉的活动,通过劳动可以释放人的本质力量、提升劳动能力、实现自身发展,同时还能发挥人改造自然的主观能动性,从而实现真正的自由与解放。归根结底,劳动是人类实现任何奋斗目标、最终解放自己、实现全面自由发展的唯一手段。

当然,除了看到劳动的积极意义,马克思也发现了劳动在奴役和异化人的关系方面的消极作用。"在奴隶劳动、徭役劳动、雇佣劳动这样一些劳动的历史形式下,劳动始终是令人厌恶的事情。"②阶级社会产生以后,劳动者与生产资料相分离的情况越来越明显、越来越严重。特别是资本主义的雇佣劳动制度,使劳动比以往任何劳动形式都异化得更为彻底,"他在自己的劳动中不是肯定自己,而是否定自己,不是感到幸福,而是感到不幸"③。异化是阻挡人类解放和自由的障碍物,消除异化状态最根本的途径就是消灭其赖以生存的制度——资本主义私有制,让自由联合劳动取代私有制下的雇佣劳动。④ 只有这样,社会生产力才能得到极大的发展,人类才有可能从这种奴役状态中得到解放。所以,在马克思看来,劳动解放和人的解放的重要标志就是劳动者能够在劳动过程中感受到创造的快乐和满足,即既拥有充足的自由时间又拥有自己的劳动成果。马克思的劳动解放理论在推动人类解放事业、构建美好生活上无疑具有重要的指导意义,为新时代追求美好生活提供了答案。

因此,在高校开展劳动解放理论教育,有助于大学生正确看待劳动者的地位和劳动的重要作用,进一步明确为什么要接受教育以及学

　　① 马克思恩格斯文集(第一卷)[M].中共中央马克思恩格斯列宁斯大林著作编译局,译.北京:人民出版社,2009:205.
　　② 马克思恩格斯文集(第八卷)[M].中共中央马克思恩格斯列宁斯大林著作编译局,译.北京:人民出版社,2009:174.
　　③ 马克思恩格斯文集(第一卷)[M].中共中央马克思恩格斯列宁斯大林著作编译局,译.北京:人民出版社,2009:159.
　　④ 王倩.马克思劳动解放理论及其当代价值研究[D].兰州:兰州理工大学,2022:36.

有所成以后如何通过自己的劳动去实现美好的生活,从而提升他们的主体创造性,共同推动人类社会进步。在新时代,这一教育也有助于大学生树立实现全人类解放的伟大梦想,共同推动构建人类命运共同体。

二、劳模精神

爱岗敬业、艰苦奋斗的劳模精神是一种无比崇高的奉献精神。

2015 年,习近平总书记在庆祝"五一"国际劳动节暨表彰全国劳动模范和先进工作者大会上提出了"弘扬劳模精神,弘扬劳动精神"的号召。① 劳动模范是在生产实践活动中涌现出来的榜样人物,代表中国广大劳动者无私奉献的典型形象。中国共产党成立以来,我国涌现出了许许多多令人感动的劳动模范,劳模精神已经成为中国共产党人精神谱系中最重要的组成部分,并且不断被赋予丰富的时代内涵,成为各个特定历史时期的符号,影响着一代又一代中国人为民族复兴事业做出重大贡献。

抗日战争时期,中国共产党面临粮食和生活必需品极度短缺的困难,为了应对这种局面,毛泽东发出了"自己动手,丰衣足食"的号召,一场坚持抗战的军民大生产运动就此拉开。② 本着"生产服务战争"的思想,军民开垦荒地、修建水利、播种粮食、养殖畜牧,涌现出了一大批"为革命献身、革命加拼命、苦干加巧干、经验加创新"③的革命型劳动模范,为革命的胜利提供了物质保障。《南泥湾》歌颂的就是 1941 年春,八路军第三五九旅开进南泥湾实行军垦屯田的事迹。三五九旅成为全军大生产运动的一面旗帜,使昔日荒凉的南泥湾变成了"陕北的好江南"。

---

① 习近平.在庆祝"五一"国际劳动节暨表彰全国劳动模范和先进工作者大会上的讲话[N].人民日报,2015-04-29(2).
② 贺善侃.劳动精神与中国共产党百年奋斗史[J].广西社会科学,2022(6):16-23.
③ 王永玺,张晓明.简述中国劳模的历史发展[J].北京市工会干部学院学报,2010(3):7-9.

中华人民共和国成立初期，祖国大地百废待兴，基础设施残缺不全，生产资料严重短缺，生活资料极其贫乏。要改变这种状况，也只有自己动手，唯有依靠劳动。毛泽东同志更加重视发挥劳动模范的引领作用，他强调，"各位劳动英雄和模范生产工作者，你们是人民的领袖"①。站起来的中国人民积极响应毛泽东的号召，再次吹响了艰苦创业、辛勤劳动的冲锋号，为祖国建设带来了生机和活力。这一时期，既有以"宁肯少活 20 年，拼命也要拿下大油田"的王进喜为代表的大庆石油工人，也有"干惊天动地事，做隐姓埋名人"的钱学森、钱三强等一大批科学家，还有"一心为民、勤政廉洁、甘当人民公仆"的模范党员干部焦裕禄，虽然他们的工作岗位不同，但身先士卒的模范精神是一致的。可以说，艰苦奋斗是这一时期劳模精神的核心。广大劳动模范秉持"为革命献身、革命加拼命、苦干加巧干、经验加创新"②的劳模精神，以主人翁的姿态投身伟大祖国的社会主义建设。

改革开放后，我国进入了社会主义现代化建设新时期，劳模群体成为建设社会主义现代化事业的中坚力量，党中央高度肯定劳动模范在社会主义建设中的重大作用。邓小平同志特别重视在知识分子群体中树立劳动模范典型，早在 1975 年就提出了"科学技术是生产力"的思想。这年的 9 月 26 日，邓小平在听取中国科学院工作汇报时明确指出："科学技术叫生产力，科技人员就是劳动者！"③从此，劳模不再是简单的工人劳动者，也是脑力劳动者的代名词。"知识型、创新型、技能型、管理型"④成为该时期的劳模特征。陈景润、邓稼先、袁隆平、黄旭华等一批科研工作者就是知识分子中的杰出代表人物。

进入新时代，劳模精神依然是激励广大人民群众为中华民族伟大复兴而不懈奋斗的重要精神动力，习近平总书记给予了高度的赞扬与

① 毛泽东选集(第三卷)[M].北京：人民出版社，1991：935.
② 王永玺，张晓明.简述中国劳模的历史发展[J].北京市工会干部学院学报，2010(3)：7-9.
③ 邓小平文选(第二卷)[M].北京：人民出版社，1994：34.
④ 王永玺，张晓明.简述中国劳模的历史发展[J].北京市工会干部学院学报，2010(3)：7-9.

肯定。2020 年，习近平总书记指出"劳模精神、劳动精神、工匠精神是以爱国主义为核心的民族精神和以改革创新为核心的时代精神的生动体现"，并从理论和实践的结合上把劳模精神概括为"爱岗敬业、争创一流、艰苦奋斗、勇于创新、淡泊名利、甘于奉献"，称赞劳动模范是"民族的精英、人民的楷模，是共和国的功臣"。① 这一时期，有脱贫攻坚奋斗者张顺东、李国秀夫妇，有首位闯进奥运会男子百米决赛的苏炳添，也有守护高原人民健康的老院士吴天一，更有一群取得辉煌成就的中国航天人。历史证明，劳模精神在今天仍然焕发着动人的光芒，为实现"两个一百年"奋斗目标、建成社会主义现代化强国提供强大的力量支撑。

劳模精神主要包括以下四个方面的内容。

一是劳模的敬业精神。"爱岗敬业、争创一流"是劳模精神的本质特征，也是广大劳动者在工作时应秉承的劳动态度。爱岗是敬业的前提，敬业是爱岗的升华，是对职业背后的责任和荣誉的深刻理解。敬业的人将自己扎根在工作中，像一颗"螺丝钉"那样牢牢"拧"住岗位，同时也"钻"得深，心怀闯劲和干劲，自觉提升专业本领，勇于走在前列，争创一流的成绩。敬业精神是对社会和国家的高度责任感，将自身职业看作事业来追求，甘于付出和奉献，始终保持昂扬的精神状态，在平凡的岗位上创造不凡的成绩。在全社会弘扬敬业精神，就是要扭转劳动有贵贱的错误认知，推动全社会形成职业平等观。对于即将进入工作岗位的高校大学生，开展敬业精神教育，通过宣传劳模们的敬业事迹，能够促进大学生自觉形成职业道德感和使命感，以严谨的态度看待自己的学习，以一种蓬勃的动力焕发劳动热情，不断释放自身潜能。

二是劳模的奋斗精神。艰苦奋斗是中国共产党人的政治本色，也

---

① 习近平：在全国劳动模范和先进工作者表彰大会上的讲话[EB/OL].（2020-11-24）[2023-11-17]. http://www.qstheory.cn/yaowen/2020-11/25/c_1126782309.htm.

是中华民族的美德体现。艰苦奋斗的内涵包括物质和精神两个层面。从物质层面上看,提倡人们践行勤俭节约的生活准则,不以物质享受为荣,杜绝盲目攀比和过度虚荣。在精神层面上,要求人们不惧艰难困苦,保持坚韧不拔之心、锐意进取之志、奋发有为之态。劳模们通过艰苦奋斗成就自己事业的同时,也是为祖国建设做出了贡献、树立了榜样。习近平总书记强调:"过去我们党靠艰苦奋斗、勤俭节约不断成就伟业,现在我们仍然要用这样的思想来指导工作。"①在新时代,我们仍需大力发扬艰苦奋斗精神,保持奋发有为的精神风貌。以劳模的奋斗精神教育引导大学生辛勤劳动、诚实劳动,就是要让艰苦奋斗、勤俭节约的品质代代相传,就是要培养大学生勤俭朴素的生活作风,牢固树立"幸福是奋斗出来的"理念,坚决杜绝虚假劳动等不良现象,坚决抵制享乐主义、拜金主义奢靡之风。

三是劳模的创新精神。创新是时代发展赋予劳模精神的新内涵。毫无疑问,劳模们所展现出的勇于创新、敢为人先的创新精神是社会发展的原动力。创新是第一动力,创新性是劳动本质特征最根本的体现,"创新是一个民族进步的灵魂,是一个国家兴旺发达的不竭动力,也是中华民族最深沉的民族禀赋"②。进入新时代,科技向人工智能、区块链、云计算、大数据等方面发展,现代信息技术的突破与应用非常迅猛,这无疑要求现代劳动者必须跟上科技进步的时代步伐、开展创造性劳动,以适应现代产业发展的需要。因此,我们要充分宣传劳模的创新精神,激发广大劳动者尤其是青年人的创新创业兴趣,不断推动社会发展。要教育引导大学生改变思维、勇于尝试,以求新求变的勇气面对困难和挑战。要通过创新精神的教育,培养大学生批判性学习、创造性思考的习惯,敢于在实践中大胆创新、大胆突破。

---

① 保持加强生态文明建设的战略定力　守护好祖国北疆这道亮丽风景线[N].人民日报,2019-03-06(5).

② 习近平在欧美同学会成立 100 周年庆祝大会上的讲话[EB/OL].(2013-10-21)[2023-11-17].https://www.gov.cn/ldhd/2013/10/21/content_2511441.htm.

四是劳模的奉献精神。"淡泊名利、甘于奉献"是劳模精神的主旋律，也是劳模精神的最终价值体现。奉献精神蕴含在社会公德、职业道德、家庭美德、个人品德之中，是处理个人与他人、个人与集体、个人与社会关系时所展现的高贵品格。对于劳模而言，奉献精神就是在本职岗位上默默付出，扎实完成自己的本职工作，并且勇于承担社会责任、随时准备奉献自己的力量。马克思指出："历史承认那些为共同目标劳动因而自己变得高尚的人是伟大人物；经验赞美那些为大多数人带来幸福的人是最幸福的人。"①马克思的这番话正是对劳模奉献精神的最好写照。劳模之所以愿意无私奉献，是因为他们深刻认识到自己的主人翁地位，深刻感受到实现中华民族伟大复兴中国梦的伟大使命。高校开展劳模奉献精神教育，有助于大学生正确看待个人与国家之间的利益关系，有助于大学生树立崇高的理想信念，端正就业态度，投身祖国和人民需要的地方贡献自己的力量。

三、工匠精神

纪昀曾说"心心在一艺，其艺必工；心心在一职，其职必举"②，意思是只要专心谋一事、做一事，就能做到尽善尽美，其中蕴含的是一种工匠精神。无疑，工匠精神是一种超越匠人劳动技术层面的东西，是一种职业精神。进入新时代，我国正处在由全面小康社会迈向共同富裕社会的关键时期，实现中国式现代化需要大力弘扬工匠精神。习近平总书记将工匠精神高度概括为"执着专注、精益求精、一丝不苟、追求卓越"③。习近平总书记关于工匠精神的重要论述，为高校开展工匠精神教育提供了根本遵循，明确了方向。

---

　　①　马克思恩格斯全集(第四十卷)[M].中共中央马克思恩格斯列宁斯大林著作编译局，译.北京：人民出版社，1982：7.

　　②　阅微草堂笔记[EB/OL].[2023-11-17].https://www.jinjuzhai.com/juzi/35.html.

　　③　习近平：在全国劳动模范和先进工作者表彰大会上的讲话[EB/OL].(2020-11-24)[2023-11-17].http://www.qstheory.cn/yaowen/2020-11/25/c_1126782309.htm.

　　我国自古就有"士农工商"四民之论，其中的"工"就是指从事农业和手工业的劳动者，即"工匠"。即使就"农"来讲，历代农民精益求精的耕作态度，从良种选择、精耕细种、浇灌施肥到精心护理，也充分体现了劳动者的工匠精神。

　　我国传统手工业的发展催生了一大批能工巧匠，留下了许多传世佳话。譬如技艺超群的鲁班、游刃有余的庖丁、造桥名匠李春、布艺始祖黄道婆、微雕能人王叔远等，都是相关行业领域的佼佼者，他们精益求精的工匠精神代代相传，激励后人不断进步。他们以刻苦钻研、细致入微、认真专注、不断打磨的求精态度留下了许许多多传世佳作和不朽珍品。关于工匠精神，我们可以从《庄子》匠人寓言中得到启发。庄子对工匠技艺从道与技的联系上进行了探讨，他认为，"技兼于事，事兼于义，义兼于德，德兼于道"，要在提升技术的过程中掌握规律，体悟出"道"，同时运用"道"来精进技艺，做到"道技合一"。庄子从"道"的视角出发，认为理想型的工匠应该心无旁骛地专注于技术本身，要有超然于物外的独立审美，全力发挥自己的创造力，成为一个精神自足的艺术家。① 也就是说，只有以虚静之态、审美之心、创造之力，才能达成高超之技艺、完成精美之作品。庄子对工匠"道与技"关系的认识，已经触及工匠精神的内核，至今仍然具有重要的借鉴意义。

　　中华人民共和国成立后，我国各行各业涌现出了一大批具有工匠精神的劳动者，为社会主义建设做出了杰出的贡献。进入新时代，为了实现把我国建成社会主义现代化强国的目标，更是有一批又一批劳动者展现出了"执着专注、精益求精、一丝不苟、追求卓越"的工匠精神。2015年"五一"国际劳动节开始，央视陆续播出纪录片《大国工匠》，目的是弘扬工匠精神。2019年，习近平总书记在第45届世界技能大赛上指出："要在全社会弘扬精益求精的工匠精神，激励广大青年

---

① 季中扬.《庄子》中的技艺美学与工匠精神[J].江苏社会科学，2021(3)：168-175，244.

走技能成才、技能报国之路。"①我国要从制造大国迈入制造强国,实现中国质造、打造中国品牌,急需大量的既掌握现代科技又具有工匠精神的专业劳动者。因此,我们要在高校大力开展工匠精神教育,以培育更多既拥有传统工匠精神又掌握现代科学技术(特别是数字化技术)并具有时代特征的优秀人才。同时,从更长远来看,我们要通过工匠精神教育,使之从职业精神升华为事业精神。

新时代的工匠精神教育,主要包括以下四方面的内容。

一是执着专注的精神。"择一事终一生",执着专注是工匠精神的首要特征,指的是一旦选择了所从事的事业,就要将其看作奋斗一生的事业,从而将所有的精力都投入这项事业。执着专注是一种优秀的品格,就是认准目标,以自身有限的时间和精力去无限地追求极致和完美的目标,心无旁骛、脚踏实地、持之以恒,遇到困难也不回头,始终保持坚忍不拔的精神品质。"佝偻承蜩"的故事告诉我们"用志不分,乃凝于神",只要心无杂念地投入学习和工作,就能达到想要的结果。面对浮躁的社会风气,执着专注是大学生应该养成的品质,也是高校工匠精神教育的内在需要。开展执着专注精神的教育,有助于大学生形成严谨踏实的学习态度,保持坚定平和的内心,避免出现急功近利的心态,从而在面对困难挑战时勇于迎难而上。

二是精益求精的精神。"干一行专一行",精益求精是工匠精神的核心特征,是指对所从事的事业不仅干一行爱一行,而且干一行专一行、干一行精一行,永不满足,永不停步。精益求精就是尽善尽美,表现为技艺的不断提高和对作品的严格要求,就是通过更高超的技艺实现产品品质的更上一层楼。具有精益求精精神的工匠们,心中永远都有新的目标。然而,也有不少人常常在工作中抱着"差不多"的心理和敷衍了事的工作态度,结果导致任务完成"差很多"甚至带来无可挽回

---

① 弘扬精益求精的工匠精神　激励广大青年走技能成才技能报国之路[N].人民日报,2019-09-24(1).

的巨大损害。在高科技的时代,这种"差不多"的心理危害更大。因此,我们要继续强化精益求精的精神,教育大家牢记责任担当、严格执行标准、认真做好每一步工作。高校弘扬精益求精的工匠精神,有助于培养学生成为求真、求精的大国工匠,引导大学生步入工作岗位后做出不凡的业绩。

三是一丝不苟的精神。"偏毫厘不敢安",一丝不苟是工匠精神的根本特征,指的是对所从事的工作有敬畏之心、严格之态,精雕细琢、不差丝毫。可以说,一丝不苟精神是执着专注精神和精益求精精神的融合,是工匠对自己、对产品、对责任的一种至高追求。《核舟记》中记载了匠人王叔远的故事,他在一个一寸见方的木头上雕刻宫殿、人物甚至鸟兽,形态各异、栩栩如生、百看不厌,展现了古代匠人一丝不苟的品质。新时代,这种精神在我国同样处处可见。例如,在建设世界最长的跨海大桥——港珠澳大桥——的过程中,海底隧道对接的难度之大可想而知,其误差必须保持在毫米之内,并且只能靠人工技术操作,我们的工匠们没有辜负党和国家的期望,以一丝不苟的精神高质量完成了对接任务,充分展现了大国工匠的风采。试想,如果技术工人们的对接工作马马虎虎,结果会是怎样? 因此,我们一定要教育学生在学习和工作中以一丝不苟的精神对待每一项任务,将每个"小事"以"大事"看待,将每个"细节"以"关键点"处之,坚决克服和消除马马虎虎的心理和习惯。

四是追求卓越的精神。"千万锤成一器",追求卓越是工匠精神的灵魂特征,是指对所从事的事业有至高的奋斗目标,追求完美,敢于突破,勇于创新。追求卓越者永不满足于现状,总是不断自我突破、自我超越,因此总是与创新联系在一起。追求卓越就是在原有的基础上"多想一点、多做一点、更进步一点",就是永远发现问题、解决问题、引领发展,是执着专注、精益求精和一丝不苟三种精神综合的结果。"创新是引领发展的第一动力",创新驱动发展道路就是不断追求卓越的过程。可见,追求卓越的精神是时代人才的必备素养。培养追求卓越的工匠精神,就是要突破原来经验的局限性,激发创新思维,保持先破后立的果敢勇气和敢破敢立的创新意识。作为新时代的大学生,追求卓越是适应日新月异社会发展的必然要求,因此对其开展追求卓越精神的教育符合新时代的潮流。高校毕业生唯有具备开展创造性劳动的能力,才能在时代的浪潮中把握新机遇,以锐意进取之心勇立社会发展潮头。

四、劳动法律法规

每个公民依法享有劳动的权利,也必须履行应尽的义务。建设法治社会,需要全体人民共同努力,需要每个劳动者知法守法。党的十八届四中全会提出了依法治国的基本方略,为全面建设法治社会指明了方向。劳动者只有依法进行诚实劳动,才能依法享有劳动成果。就整个社会而言,只有确保依法劳动,才能保证劳动成果的公平分配,才能确保社会和谐稳定。大学生是社会主义建设者中的主力军,帮助他们实现依法劳动、实现高质量充分就业,事关国计民生。党的二十大报告明确提出,要"强化就业优先政策,健全就业促进机制,促进高质量充分就业……完善劳动者权益保障制度,加强灵活就业和新就业形态劳动者权益保障"。要实现"高质量充分就业",既需要劳动者具备较强的劳动素质,又要求其具备依法诚实劳动和维护自身合法权益的劳动法律意识。

劳动法律意识是当代大学生应该具备的法律素养。近年来,高校毕业生人数逐渐增加,就业压力逐渐显现,加之国内外复杂环境的影响,就业形势愈发严峻。在这个过程中,一方面,大学生劳动权益受到侵害的现象时有发生。例如,投送就业申请书时遭遇学校类别歧视、性别歧视、学历歧视、地域歧视、身体歧视等不公待遇。又如,不少学生对自己的隐私安全缺乏法律保护意识,为了就业而随意将自己的毕业证书、身份证及其他个人信息轻易交给招聘单位。另一方面,有一部分大学生为了谋得较为理想的职业,伪造证书、虚构简历、篡改成绩、自我夸大,严重影响了大学生的声誉。还有一些大学毕业生在寻找就业岗位时缺乏契约精神和诚实精神,脚踏几只船,频繁违约,给自身与学校带来了不良的影响。大学生与就业单位之间的劳动争议纠纷时有发生。出现上述这些情况,原因在于有相当一部分学生缺乏法律意识,特别是劳动法律意识,对就业的法规政策也缺乏了解。一方面,当自身权益受到侵害时不懂得用法律武器保护自己;另一方面,针对自己的简历不实、违约弃约等行为也没有意识到有什么不妥。可见,加强高校劳动法律法规教育,切实提高大学生劳动法律意识,是高校劳动教育的必要之举。

当前,高校劳动法律法规教育主要依托"思想道德修养与法律基础"这门课程,其中涉及一些法律知识,但关于劳动法律法规的内容相对较少。虽然目前有很多高校专门开设了"大学生就业指导"课程,但重点偏向于就业信息指导、笔试面试指导等,缺少对大学生在求职过程中所要具备的劳动法律法规的教育。高校劳动法律法规教育,主要是《中华人民共和国劳动法》(以下简称《劳动法》)、《中华人民共和国劳动合同法》(以下简称《劳动合同法》)、《中华人民共和国劳动争议调解仲裁法》(以下简称《劳动争议调解仲裁法》)等的教育,特别是应该对学生就《劳动法》和《劳动合同法》的相关条款进行重点解释。

高校劳动法律法规教育主要包含以下三方面的内容。

一是培育大学生的法律意识。和谐的劳动就业关系需要就业双方即劳动者与用人单位共同来构建,对于大学生来说,维护自己的权益、消除就业障碍需要以法律为武器、以法规依据。因此,一方面,高校要开展劳动者权利与义务教育,让学生明确知道自己的劳动权利与义务。《中华人民共和国宪法》规定,"任何公民享有宪法和法律规定的权利,同时必须履行宪法和法律规定的义务"。《劳动法》规定劳动者享有平等就业和选择职业的权利、取得劳动报酬的权利、休息休假的权利等。当然权利与义务密不可分,两者互为前提。劳动者的义务包括：完成既定的劳动任务；在劳动中不断提升自己，不断提高所从事职业的技能；在工作岗位上遵守劳动纪律和职业道德；尊重和执行劳动安全卫生规程。另一方面，高校要开展诚信教育，让学生懂得诚信在为人处世过程中的重要性。诚信是一个人应该具备的基本素养，会影响自己的一辈子，但部分大学生没有意识到这一点，在择业过程中随意性很大，出现了违约弃约行为。要教育大学生在求职时必须实事求是，如实提供材料或信息，既不能妄自菲薄，也不能虚假自夸；要教育大学生在入职时要遵守《劳动法》和用人单位的规章制度，履行合约，杜绝不诚信以致双方权益被侵害的现象。

二是劳动合同法律法规的教育。大学生在求职就业过程中，必须通过签订劳动合同来明确用人单位与劳动者之间的权利与义务，以合同来约束双方的行为、保护双方的权益，保证稳定和谐的劳动与雇佣关系。一旦双方出现纠纷，可根据签订的合同解决。因此，高校通过劳动合同法律法规教育让大学生熟知《劳动合同法》的相关内容是非常有必要的。具体教育内容应该包括《劳动合同法》的适用范围、对用人单位的相关规定、劳动合同的订立原则（如劳动关系的确认、劳动双方的知情权、订立书面合同的规定）、劳动合同的必备条款、劳动合同的解除和终止注意事项等。

三是劳动争议处理教育。劳动双方出现争议是很正常的，关键是如何妥善加以解决，最根本的就是要以法律为准绳。《劳动争议调解仲裁法》就是一部为了公正解决劳动争议、保护劳动者合法权益的法律法规。开展《劳动争议调解仲裁法》教育的目的，一方面是让大学生时刻督促自身遵纪守法，另一方面是让大学生在受到权益侵害时能够有法可依，如能够了解劳动争议仲裁的流程、学会收集劳动关系存在的证明、了解劳动争议仲裁的基本原则等。

总而言之，高校开展劳动法律法规教育，不仅是维护大学生合法权益的需要，也是引导大学生自觉遵守法律法规、养成诚实劳动习惯的需要。

第二节　高校劳动实践教育的内容

劳动实践教育是劳动理论教育的必然延伸,是知行合一、理论联系实际的必然要求,是让学生真正感悟劳动意义的必然环节。高校劳动实践教育是中小学劳动实践教育的延续与提升,既要巩固中小学劳动实践的成果,又要结合大学生的特点和专业教育的需要创新劳动实践内容和方式。从内容上看,高校劳动实践教育主要包括日常生活劳动实践教育、生产劳动实践教育和服务性劳动实践教育三个方面。

一、日常生活劳动实践教育

日常生活劳动实践是与学生生活联系极为紧密的基础性劳动实践,它主要立足于个人生活事务的处理,是劳动实践教育的基础内容。它以学生的日常事务为逻辑起点,重点在于培养学生的基本生活能力和良好卫生习惯,强化劳动自立自强的意识。[①] 这样的教育从小学甚至幼儿园就已经开始了。

根据《大中小学劳动教育指导纲要(试行)》对大学阶段日常生活劳动教育的要求,大学生应"自觉做好宿舍卫生保洁,独立处理个人生活事务,积极参加勤工助学活动"。换言之,当大学生进入一个需要独立生活的场所时,就需要通过照顾自己的衣食住行完成日常生活劳动实践,以参与劳动的方式认识世界,从中学习个体参与社会的基础技能,获取积极的价值体验,完成自我塑造。通过日常生活劳动实践,大学生从中习得的知识、技能与价值观,将直接外化为个人在现实世界

---

① 王小莉,蔡艳丽.高校学生社区在日常生活劳动教育中的功能探索与实践[J].高校辅导员学刊,2021(6):41-44,50.

的行为表现,内化为个人的价值判断准则。① 按理,大学生完成这些任务是不难的,但现实情况并非如此,大学生的日常生活劳动教育并没有受到足够的重视。受"学而优则仕"的消极劳动观点的影响,部分家长和孩子认为劳动会影响学习,特别是日常生活劳动会占用不少时间,因而想当然地认为这些劳动实践不需要作为授课内容。这种看法显然失之偏颇。很多大学生入学前很少甚至从未做过家务劳动,不能正确理解日常生活劳动的价值与意义,不知不觉中产生了不需要劳动的错觉,最终影响整个劳动观甚至世界观、人生观和价值观的养成。因此,高校开展日常生活劳动实践教育,依然具有十分重要的意义,可以说是对大学生的一次"补课"。

高校日常劳动实践教育的内容主要包含以下四个部分。

(一)穿衣有形

人们常说"衣食住行",其中"衣"排在第一位,可想而知穿衣有形的重要性。与衣物相关的劳动实践是日常劳动的重要组成部分,其教育内容围绕衣服的"洗、熨、收、补"四个模块展开。首先,要掌握洗衣必备常识。例如,在洗涤剂的选择上,应避免选择含铝、磷等化学成分的洗涤剂,尽量使用环保的洗衣液;要根据衣服的颜色、材质、种类进行分类洗涤;不同的衣服污渍要采用不同的处理方式;等等。其次,要掌握熨烫实用技巧,包括熨烫机的使用步骤,上装、裤装、衬衫的熨烫顺序以及特殊材质衣物的熨烫方法。再次,要掌握收纳技巧。面料决定收纳方式,如西装、皮料需要悬挂收纳,针织面料叠放收纳。最后,要掌握针线使用技巧,学会包边缝、平针缝、回针缝等基础针线手艺。

(二)饮食有节

饮食有节是指以食物为载体的综合性教育,包括中国饮食文化、饮食营养与健康、常见烹饪技巧等,目的是促使人们理解饮食文化、尊

---

① 王小莉,蔡艳丽.高校学生社区在日常生活劳动教育中的功能探索与实践[J].高校辅导员学刊,2021(6):41-44,50.

重自然、健康饮食。一个国家和民族的饮食习惯是长期的历史积淀，也是重要的文化属性。要让学生在享用美食的实践中了解中国饮食文化的历史，梳理中华饮食文化的特点，强化对民族饮食文化的认同感和传承意识。要让学生在一日三餐中了解如何做到健康饮食、均衡饮食、营养饮食，做到爱惜粮食、敬畏食品，学会识别食品标识信息。[①]最重要的是，要让学生在享受美食的同时掌握基本的烹饪知识和技巧。烹饪是人类祖祖辈辈生存生活的必备技能，也是餐饮文化的重要内容。培养大学生常见的烹饪技巧，才能真正亲近食物、自"食"其力。因此，有条件的高校应该让学生参与基本的餐饮制作和食品生产加工，学会识别食材和烹饪技巧。同时还要加强烹饪安全教育，如科学的食物搭配、有毒食物的正确处理方式、厨房用具的正确使用原则等。

（三）生活有序

保持一个规律、健康、有序的生活状态，不仅有益于身心健康，而且对工作和学习也颇有益处。这方面的教育内容包括四个部分：一是作息守律。教育学生坚持早起、适当午休、绝不熬夜、三餐合理。特别是在当前大学生群体睡眠质量普遍下降的情况下，要重点让大学生了解熬夜的危害以及合理睡眠的重要性。二是仪容整洁。要塑造良好的自我形象，保持仪容整洁是最基本的要求，要做到装扮适宜、得体和谐。要教育学生掌握个人卫生的基本知识，学会勤洗漱、勤换衣物、保持个人整洁。三是发型得体。发型的功能已经不单是表现性别，而是更全面地体现一个人的审美取向、道德修养和对生活的态度。所以，"从头开始"是修养的体现。要引导学生科学理发、护发、洗头，能够根据年龄、职业、性格等选择合适的发型。四是化妆技巧。美容化妆是一门综合艺术，涉及美学、生理学、心理学等学科，是一个人气质的体现，要教育学生掌握基础保养知识和基本彩妆技巧。

---

① 王虎.高校食育推进的价值意蕴、体系架构与实践路径[J].中国农业教育，2022(5)：71-78.

(四)维修维护

在日常生活中,经常会遇到家具、物件、管道或者家电损坏的情况,因此,大学生需要掌握一定的维修维护知识,在保证安全的前提下,能够自己解决一些简单的维修任务。这方面的学习内容以实操为主,要教育大学生掌握常用的维修工具如螺丝刀、扳手、内卡簧钳等的使用技巧,能够对损坏的水龙头、灯具等进行更新替换或简单的维修维护。例如,水龙头维修方法的学习,要根据损坏的表现来判断问题所在,滴水可能是水龙头内部垫片受损,阀芯周围渗水可能是水龙头接口松动等。依托生活中实际遇到的问题,对大学生进行劳动技能的锻炼,有利于提高其个人事务处理能力,培养严谨务实的劳动态度。

二、生产劳动实践教育

前面已经谈到,教育与生产劳动相结合是马克思关于人的全面发展教育思想的核心,是党的教育方针的理论依据与重要内容,是实现教育目标的关键途径。生产劳动教育以学生为主体,引导学生在生产过程中经历物质财富创造的过程,掌握专业知识和技术,培养其创造性劳动的意识和能力。根据教育部印发的《大中小学劳动教育指导纲要(试行)》的精神,生产劳动实践教育的内容包括实习实训教育和创新创业教育两种。

(一)实习实训教育

实习实训是高校实践教学的重要组成部分,也是大学生参加劳动实践的重要方式。实习实训作为课堂教学的延伸,依托不同的教学环境,进行有计划性的实践性教学活动,目的是让学生把专业知识技能从"知道"转化为"运用"。让学生在参与实习实训中,了解目标工作内容,学习工作及企业标准,得以验证自身的职业选择是否与自身选择相契合,找到自身能力与职业要求的差距。

实习实训教育主要包括以下三方面的内容。

一是实习实训的必要性。实习实训是大学生适应未来职业的重要教育途径,因此,教育大学生认识到实习实训的必要性,有助于学生提高对实习实训的重视程度,激发参与热情,在探索尝试中形成尊重劳动、热爱劳动的价值观。当前,有部分学生对实习实训教育的理解存在偏差,在实习实训的过程中表现出较强的功利性,只是为了获得学分,忽略了对劳动态度、劳动品德的培养。同时,学校在实习实训的管理上较为松散,尤其是对自主选择实习单位的学生,常常出现学校监督力度不够、实习单位不重视而导致的学生不积极主动参与实习的情况,造成学生专业技能得不到提升、实习目标难以实现。

本书认为,高校开展实习实训要把握两大原则:教学目标一致性原则和教学手段相适应原则,即既要凸显实习实训的"专业度"也要凸显"实践性",为此必须将劳动教育与实习实训相结合。随着现代企业对人才需求的改变,大学生在进入岗位前已经具备一定的劳动技能成为企业选人的一条重要标准。实习实训是大学生从学校走向社会的"缓冲地带",作为学习劳动知识和技能的主课堂,能够增进学生对职业的理解,增强动手实践能力和发现问题的能力,是实现学生掌握劳动技能和提升劳动能力的重要平台。

二是实习实训指导。虽然很多高校都在倡导劳动教育与实习实训相融合的教育模式,但是实习实训基本只停留在表面上,并没有将整个行业的劳动技能要求、实习实训运行流程以及相关注意事项作为重要的教育内容。实习实训指导是大学生正式进入职场前的"预热期",有助于学生巩固和深化所学理论知识,掌握从事本专业技术、管理、业务等工作所需要的基本技能,可以为学生参加校内外生产实践奠定基础。

三是校内外实训。校内实训是生产劳动实践的重要平台,重点在于帮助学生建立对劳动工具的认知,帮助学生熟悉专业领域的劳动环境,了解操作一线的基本劳动工具,强化学生对业务操作常识的了解,掌握劳动操作规范。同时,还要通过对常用办公软件操作的学习,训

练学生文字处理、管理沟通、分析总结等技能。校外实训是高校通过
与企业、社区、工厂等合作,让学生走出校门参加一线劳动,提升劳动
技能。① 这部分教学内容以岗前培训为主,围绕职场礼仪、岗位模拟、
职场心理等环节,帮助学生提早适应职场工作内容和环境,循序渐进
地引导学生做好就业的心理准备。例如,在对人力资源专业的学生进
行实习实训指导时,可以搭建一个招聘工作的模拟场景,引导学生综
合运用所学知识分析、解决复杂的劳动问题,进而强化学生对专业知
识的理解与吸收。

(二)创新创业教育

创新创业教育是新时代劳动教育的重要内容。习近平总书记指
出:"青年是国家和民族的希望,创新是社会进步的灵魂,创业是推动
经济社会发展、改善民生的重要途径。青年学生富有想象力和创造
力,是创新创业的有生力量。希望广大青年学生把自己的人生追求同
国家发展进步、人民伟大实践紧密结合起来,刻苦学习,脚踏实地,锐
意进取,在创新创业中展示才华、服务社会。"②大学生是实施创新驱动
发展战略的后备力量,他们的创新创业能力决定全民族创新创业的水
平。中国特色社会主义进入新时代,高校承担着为党和国家培养高素
质创新创业型劳动者的使命,承担着培养能创造性解决社会发展实际
问题的创新型人才的育人任务。③

创新创业教育主要包括以下三个方面的内容。

一是创新创业教育的时代要义。《大中小学劳动教育指导纲要
(试行)》强调,劳动教育要"注重围绕创新创业"。可以看出,劳动教育
与创新创业教育融合是高校育人工作的新要求。创新创业教育的根

---

① 施盛威,张毅驰.新时代大学生劳动教育实践指导[M].苏州:苏州大学出版社,2021:76.
② 习近平致 2013 年全球创业周中国站活动组委会的贺信.[EB/OL].(2013-11-08)[2023-11-17].https://china.huanqiu.com/article/9CaKrnJD4NY.
③ 费志勇.应用型高校双创教育与劳动教育协同育人探究[J].学校党建与思想教育,2022(4):51-53.

本目的是增强学生开展创新创业的勇气与智慧,能够在时代发展的进程中洞察创新创业的机会,培养出既具备良好的创新创业素质又有时代责任担当的复合型人才。[①] 创新创业教育的时代价值主要体现在:有助于在与劳动的结合中对大学生进行深度培养,培养创新创业型人才;有助于系统提升学生的实践能力,解决劳动教育重理论轻实践所导致的学校培养的人才与社会需求不符的问题;有助于开展结合企业家精神的教育,催生具有社会责任感的社会精英。

二是创新创业相关政策。党的十八大以来,党和国家高度重视创新创业,相继出台了一系列相关政策。大学生只有全面了解党和国家关于创新创业的相关政策,才能更有针对性地进行创新创业活动,形成"人人懂创业,人人想创业"的氛围。2010 年教育部颁布的《关于大力推进高等学校创新创业教育和大学生自主创业工作的意见》,2015 年国务院办公厅印发的《关于深化高等学校创新创业教育改革的实施意见》,2021 年国务院办公厅印发的《关于进一步支持大学生创新创业的指导意见》,都为鼓励大学生开展创新创业活动设置了有力的举措。我们要以这些政策为依据,鼓励大学生在校内外开展具体的创新创业活动,边试边行,在实践中把政策落到实处。

三是创新创业意识。创新创业意识是人们对创新创业以及他们的价值性、重要性的一种认识程度以及由此形成的对待创新创业的态度,并以这种态度来规范和调整自己的活动方向的一种稳定的精神态势。[②] 创新创业意识鼓励人们突破既有经验的藩篱,不断发现、探索、解决新问题的积极心理是激发学生形成自我教育的内生动力。我们要在各种各类的实践教学中,引导大学生从自身的兴趣点入手,激发其探索欲望,引导其形成正确的创新创业意识。要让学生敢于面对新问题,在不断的试错中挑战自我,在实践中积极构建和理解新知识,继

---

① 许为宾.高校劳动教育与创新创业教育融合发展研究[J].教育文化论坛,2022(2):62-67.

② 郭凤志.创新意识:激发创造力的重要精神资源和力量[J].科学社会主义,2002(5):51-52,43.

而不断增强创新创业的综合能力。

三、服务性劳动实践教育

服务性劳动实践教育是对传统劳动教育的补充,它融合了理论与实践,从书本延伸到现实世界。将服务性劳动实践教育纳入劳动教育,有助于改变以往劳动教育"不落地"的局面,特别是通过开展社会实践教育和志愿服务教育,可以共同推动开展公益劳动,发挥大学生服务社会的功能,对构建和谐社会具有积极意义。可以说,服务性劳动实践教育是高校劳动教育的主要形式之一。

(一)社会实践教育

大学生社会实践是指大学生利用课余时间,扎根祖国大地、深入人民群众,在参加劳动和接触社会中了解社会发展状况,感知国情变化,获得更为清晰的认识,从而对照检验自身的认知。新时代大学生社会实践的内涵极其丰富,是中华民族"躬行践履"传统美德的时代传承,是中国共产党思想政治工作理论和实践的总结,是马克思主义实践观在新时代的具体体现。[①] 习近平总书记指出:"同学们的忧国忧民,只有到基层中去、到实践中去、到人民中去,才能真正知道所学的知识如何去发挥、如何去为社会作贡献。"[②]大学生劳动教育之所以还存在浮于表面的问题,部分原因就在于脱离社会实践,学生缺乏社会责任感,不能很好地认识到个人和国家的发展都需要通过劳动才能实现。

劳动属于实践范畴,是社会实践的一部分,而社会实践是对劳动教育的使命与价值的承载。[③] 虽然劳动无处不在,但是大学生普遍缺

---

① 王海亮,王欣欣.新时代大学生社会实践的生成逻辑与价值意蕴[J].学校党建与思想教育,2022(17):74-77.
② 习书记傍晚与我们社会实践团座谈[N].中国青年报,2020-05-18(1).
③ 程莉.学校社会实践中劳动教育的使命与价值承载[J].教学与管理,2021(13):1-4.

乏劳动体验,对劳动的认识往往停留在表层,或者存在一定的误解。社会实践把端正学生的劳动认识作为活动目标,让学生在社会实践过程中进入劳动现场、参与劳动实践、体会劳动感受,在实践中培养学生的劳动意识、劳动习惯和劳动技能,在实践中帮助学生真正了解劳动的内涵、意义和目的,在实践中促成学生对劳动内在价值的真实体验。当然,大学生如果不具备劳动能力,就不能发挥自身的主观能动性,就不能参与社会实践活动。现实中,部分学生低估了社会实践的社会性、具体性和艰巨性,认为社会实践只是一种轻松的活动而已,没有真正的劳动输出的概念,无法承受实践过程中遇到的困难与风险,面临问题束手无策、不知何从。很显然,出现这样的情况,难以体现社会实践的劳动教育的价值。因此,要教育学生准确理解社会实践与劳动教育的内在关系,帮助学生通过社会实践拓展其接受劳动教育的机会,使他们形成正确的劳动价值观,从而自觉投身各种各样有意义的社会实践,练就担当"强国建设、民族复兴"重任的本领和才干。

那么,大学生有哪些参与社会实践的渠道呢?目前来看,大学生可以参与的社会实践活动主要有以下几种:一是"三下乡"活动,即让文化、科技、卫生方面的知识在农村普及。通过"三下乡"社会实践,引导大学生走进"三农",围绕经济、科技、社会发展的热点问题,开展深入调查研究,有利于其深入社会、感知社会,宣传党的最新理论政策,传播现代科技文明,同时也为推进乡村振兴战略做出贡献。例如,让大学生到农村去开展形式多样的环保宣传教育活动,宣讲环保法律法规和相关政策,普及农村环保知识,积极引导广大农村居民自觉遵守环保法律法规,养成文明环保的生产、生活方式。① 二是"四进社区"活动,即科教、文体、法律、卫生进社区。引导大学生在社区开展科普宣传、组织文体活动、开展法律咨询、提供医疗服务等,用其自身所学的

---

① 曹桢,顾展豪.乡村振兴背景下农村生态宜居建设探讨——基于浙江的调查研究[J].中国青年社会科学,2019(4):100-107.

专业知识帮助社区居民解决实际问题,为人民群众办实事,有利于其更好地理论联系实际,培养社会责任感和担当精神,同时也在活动中提升自己的综合能力。例如,充分利用"世界地球日""世界环境日"和"世界水日"等主题纪念日,让学生到社区、农村、企事业单位开展主题鲜明、内容丰富、形式新颖的环境科普实践活动。[①] 三是其他社会实践活动,如调查研究、社会咨询、理论宣传、技术服务等,让学生在社会实践中深刻认识到保护水资源的重要性和治理污水的艰巨性,深刻感受到美丽乡村建设对生态文明建设和推进城乡共同富裕的重要性,深刻体会到大数据、人工智能的巨大功能和产业优化升级的紧迫性、必要性,从而更加坚定"四个自信",也更明白自己要成为什么样的人。[②] 总之,让大学生积极参与各种社会实践活动,既有利于其锻炼和施展才干,也有利于其在服务社会、报效国家的过程中增添自信。

为了搞好社会实践教育,高校教师要与学生家长和社会导师紧密联系,带头参与各种社会实践活动,要主动走出去,到社会大课堂接受锻炼,特别是到最基层的企事业单位、田间地头去调研挂职、参与实战,使自己成为有实践经历和经验的人。[③]

(二)志愿服务教育

志愿服务是一种特殊的劳动实践,《大中小学劳动教育指导纲要(试行)》强调,要"在公益劳动、志愿服务中强化社会责任感",把志愿服务作为劳动教育的一项主要内容。志愿服务对促进社会良性运转有重要的补充作用,在经济发展、文化建设、公共危机事件治理等众多领域发挥了建设性作用。大学生志愿服务作为志愿服务的重要部分,既具有自愿性、公益性的一般属性,同时又因大学生作为志愿服务主体的特殊性而具有更鲜明的组织性、时代性和教育性。从个体层面上

① 曹桢,顾展豪.乡村振兴背景下农村生态宜居建设探讨——基于浙江的调查研究[J].中国青年社会科学,2019(4):100-107.
② 曹桢.推进高校思政课实践教学社会协同的探讨[J].广东青年研究,2023(4):13-24.
③ 曹桢.推进高校思政课实践教学社会协同的探讨[J].广东青年研究,2023(4):13-24.

看,通过志愿服务,大学生在帮助他人的同时也实现了自我教育和提升,有利于促进其正确劳动价值观的形成;从社会层面上看,志愿活动以社会活动为背景,具有一定的稳定、整合和建构社会的功能。因此,志愿服务是践行社会主义核心价值观的重要途径。但目前,仍有部分大学生存在对志愿服务认知不清晰、志愿服务精神不足、对志愿服务与劳动价值的关系不理解等问题,因此加强志愿服务教育很有必要。

志愿服务教育的内容有以下三个方面。

一是志愿服务中的劳动教育价值。志愿服务是进行劳动教育的重要载体,蕴含着丰富的劳动教育价值,是培育大学生志愿者劳动价值观的重要途径。大学生参加志愿服务的过程就是劳动的过程,因此具有与劳动教育一样的价值教育属性。大学生在真实社会中帮助他人、服务社会、报效祖国,在志愿服务中理解和肯定劳动的价值,与劳动教育促进大学生珍视劳动成果、尊重劳动人民,树立马克思主义劳动价值观的价值取向不谋而合。① 另外,志愿服务这种实践活动也为劳动教育提供了重要的场所。志愿服务作为广受大学生喜爱的实践形式,有效地"将志愿活动与服务精神从无意识、无组织的自发状态上升为有意识、有目的的自觉行为,进一步促进社会行为规范与普遍价值观念的引导与强化"②。

二是志愿者权利与义务。大学生志愿者明确志愿者的权利与义务,能够帮助自身更好地完成志愿服务。《志愿服务条例》规定,志愿者可以参与志愿服务组织开展的志愿服务活动,也可以自行依法开展志愿服务活动。志愿者不仅有选择权,还有知晓志愿服务有关的真实、准确、完整的信息以及在志愿服务过程中可能发生的风险的知情权,在志愿服务活动超出志愿者能力时的拒绝权,在参与过程中遇到困难时需要维护的合法权益等。同时,志愿者也需要履行自身的义

---

① 吴贵春.新时代劳动教育探析[J].淮南师范学院学报,2022(4):128-131.
② 谢玮,李锦红,曹军强.以志愿服务为载体的大学生社会责任培养机制研究——基于上海4所高校的实证调查[J].思想教育研究,2016(7):121-125.

务，如服从管理、接受相关培训、按照约定提供志愿服务等。

三是志愿服务精神。新时代大学生志愿服务教育的主题是弘扬"奉献、友爱、互助、进步"的志愿精神。"奉献"是志愿服务的精髓。从这一意义上说，志愿服务区别于一般劳动之处就在于"无偿性"，意味着志愿者自发地将自己的时间和精力贡献给他人或者社会。"友爱、互助"是志愿者助人自助的表现。志愿服务是志愿者与志愿组织、其他志愿者以及服务对象共同完成的行动，在这个过程中社会成员形成紧密的联系，促进社会成员形成互帮互助、共同协作的品质。"进步"是志愿者自我发展意识的呈现。志愿服务的过程是认识、发展、实现自我的过程，通过不断深化对现实世界的认知，强化判断能力和自我价值认知能力，获得能力进步和精神愉悦。志愿服务精神是社会主义核心价值观的诠释和凝结，培育大学生志愿服务精神能够引导大学生继承优秀的志愿服务道德和弘扬新时代文明，自觉将志愿精神内化于心、外化于行，在实际行动中提升大学生的道德境界。

第九章　高校劳动教育实现机制

《关于全面加强新时代大中小学劳动教育的意见》明确提出,劳动教育要创新体制机制。高校应该主动作为,以立德树人为根本出发点,探索建立高质量的劳动教育实现机制,促进学生全面发展。机制原指在某个机构的内部各个要素之间的结构关系和运行方式,在社会学中可以表述为"在正视事物各个部分的存在的前提下,协调各个部分之间关系以更好地发挥作用的具体运行方式"[①]。由此,建立高质量的高校劳动教育实现机制,就是要通过顶层设计和制度安排,让劳动教育的相关要素(教育者与受教育者,学校、家庭与社会,理论教育与实践教育等)相互衔接、相互支撑,形成一个有机的整体,以有效推进劳动教育落到实处、取得成效。这样的机制能够充分发挥和调动校内外一切有关的因素形成合力,即教师、学生家长与社会导师能够合成一支强有力的劳动教育指导队伍;学校、家庭、社会能够建成一个系统、全面的劳动教育网络化平台;思政课与专业课、理论课与实践课、第一课堂课程与第二课堂、第三课堂课程能够构成一个覆盖完整、深受各方认同的劳动教育教学内容体系。[②]

如何建立高质量的高校劳动教育实现机制?本书认为应该主要从组织机制、运行机制和保障机制三大方面着手。

---

① 概念辨析系统、体系、体制[EB/OL].(2021-06-10)[2023-11-17].https://www.jianshu.com/p/47f91bec58ca.

② 曹桢,喻一珺,王钰菡."大思政课"视域下高校思政课实践教学社会协同机制探讨[J].北京交通大学学报(社会科学版),2022(2):59-67.

第一节　高校劳动教育的组织机制

　　劳动教育作为高校立德树人必须长期坚持的一项重要内容,首先要从组织机制上确立其应有的地位。组织机制建设是高校有效开展劳动教育的首要条件,最重要的就是要明确劳动教育的目标、体系、责任、制度等问题。因此,高校劳动教育组织机制建设,简单地说就是高校为了有效组织开展劳动教育,根据立德树人根本任务和学校育人体系的整体设计,确定劳动教育的目标任务,建立劳动教育的组织领导体系,制定相应的规章制度和实施细则,确定各个职能部门、学院和教师的职责与任务,形成劳动教育组织领导体系和整体组织框架,为劳动教育提供组织保证。

一、以目标定位引领劳动教育组织机制

　　高校的劳动教育坚持以立德树人为根本出发点,以培养具有正确的劳动价值观、积极的劳动精神、完备的劳动能力、良好的劳动习惯、可贵的劳动品质的德智体美劳全面发展的社会主义建设者和接班人为目标。因此,高校劳动教育的组织机制建设,首先要结合自身的人才培养定位、学科专业优势和育人特色,确定具体的劳动教育目标与要求,包括劳动教育定位、课程与学时安排、理论教学与实践教学要求、专业劳动技能要求、考核标准、在学生综合测评中的权重等,构建完整的劳动教育方案。

　　一段时间以来,高校劳动教育的目标定位存在模糊化和不够明确的现象,甚至出现了边缘化、异化的现象,更有部分高校把劳动教育完全弱化了,仅仅将其定位为参与校园劳动、社团活动等。当前,虽然人工智能技术日新月异,数字化、网络化的发展使人类的劳动形式、劳动

领域、劳动岗位等都发生了许多新的变化,但劳动精神和基本的劳动技能依然是人类赖以生存的重要基础。因此,我们必须彻底扭转上述不良现象。当然,我们需要结合大数据、人工智能发展对人类生产生活的影响趋势对劳动教育进行重新定位,即在保持以劳动教育树立正确的劳动价值观不变的基础上,不断在劳动教育内容和手段上与时俱进,特别是要进一步强化劳动教育与专业教育的结合,以此作为构建劳动教育组织机制的出发点。

相较于小学阶段注重劳动体验、中学阶段注重劳动认知,高校的劳动教育重在对劳动内涵的深刻理解和实践以及与学科专业的深度融合。因此,高校必须设立劳动教育必修课程,并且超越"单一课程"思维推进"整体育人",根据各自教育教学特色,将劳动教育与思想政治教育、学科专业教育、创新创业教育、职业规划就业、实习和社会实践、校园文化活动等有机结合起来。要将劳动教育上升为促进学生全面发展的综合育人手段,将其融入教育教学全过程。要在完成劳动教育必修课任务的基础上,注重挖掘各学科专业课程蕴藏的劳动元素,打造衔接互动的劳动教育"课程"群,实现"润物无声""实践思政"的劳动育人成效。

基于以上对高校劳动教育目标定位的认识,劳动教育事实上是一项综合性的工作,不是光靠哪个职能部门就能完成任务、实现目标的,必须由学校来统筹,必须有相应的组织机制来保障其有效落实。因此,学校应该成立劳动教育工作领导小组,由校党委书记或校长担任组长,由校党委副书记或副校长担任副组长并分管具体工作,教务部门、学生工作部门、后勤服务部门、各教学单位等负责人是领导小组的成员。

在此基础上,还应在学校教学委员会中设立劳动教育教学的分委员会,由学校分管领导担任主任,统筹指导相关具体工作。分委员会负责劳动教育教学方案制定、课程设置、学分规定、实践教学方式与要求制定、考核评价方式与标准制定、师资要求等与教学有关的工作。

最重要的是,要建立劳动教育基本教学单位——教研室或教学中心,由教务处、学生处、团委、后期服务部门等共同组建,由相应的教职员工构成理论教学团队和实践教学团队。教研室或教学中心设立主任和副主任,具体负责教学与研究工作。

二、以制度建设夯实劳动教育组织机制

为把劳动教育落到实处,必须开展制度建设。高校必须在深刻理解、解读党和国家有关文件精神的基础上,研究制定保障劳动教育实施的制度体系,内容包括上述的教学方案、课程设置、学分规定、实践教学方式与要求、考核评价方式与标准、师资要求等方面的规章制度。

2015 年,教育部、共青团中央等相关部门根据习近平总书记系列重要讲话精神,相继出台了有关劳动教育的相关政策和主张,提出了劳动教育的培养目标和工作目标,修正《中华人民共和国教育法》,将劳动教育纳入教育方针,全面构建劳动教育政策保障体系,鼓励高校持续开展劳动教育,开展劳动教育考核、评估与督导。2019 年出台的《意见》确立了新时代大中小学劳动教育的基本原则、目标内容、实施路径和保障机制,具有鲜明的时代意义和指导作用。随后,《大中小学劳动教育指导纲要(试行)》《中国高等教育学会劳动教育专业委员会工作规则》等文件相继出台,这些文件从国家层面将劳动教育的地位上升到前所未有的高度,为高校劳动教育制度建设提供了根本遵循。

高校要以关于"劳动素养和劳动观念、劳动精神、劳动能力和劳动态度与品质培养"的要求为统领,将劳动教育作为落实立德树人根本任务的重要内容,以极高的政治站位,对劳动教育工作进行全方位、全工程、全系统的规划设计,制定好适合自身的劳动教育有关规章制度。制度建设必须坚持问题导向,坚持政策创新。各高校必须立足学校特色,对准劳动教育短板弱项,科学谋划,系统研究制定劳动教育工作指南、工作规划、实施方案、安全保障等制度。当然,制度的建立和完善

是一个循序渐进的过程,高校劳动教育规章制度的建设是一个全新的领域,因此要先开展调查研究,评估当前现状,抓住重点和关键,再有计划、有步骤地制定出台相应的规章制度,同时要注意与学校已有的教育教学规章制度的衔接和配套。

高校劳动教育制度建设的核心是体现劳动的价值观念和劳动教育的深刻内涵。虽然规章制度的规定和条款是硬性的,但其本质上是文化的、精神的、人文的,表现为文化感知、情感陶冶、人文关怀和行为规范,是学校劳动精神文化的转换器和推进器。为此,高校劳动教育制度建设要贴近学校实际情况,视办学历史、办学定位、场地设备、人员配备、学科专业等情况而具有特色和针对性,不可千篇一律、生硬套用。

三、以价值认同畅通劳动教育组织机制

要构建完善的劳动教育组织机制并使劳动教育工作取得成效,一个很重要的基础就是各相关方面对劳动及劳动教育的认识达成一致,即劳动认同。什么是劳动认同?有学者认为,劳动认同就是"对劳动活动和劳动社会关系所具有的价值认同和行为趋同,并因此获得生命的意义和存在感,其核心是对劳动的价值认同"[①]。

对劳动价值认同的缺失,是当前高校普遍存在的问题,最根本的就是有些人依然缺乏正确的劳动价值观。例如,一些人认为,劳动教育是家长的事或是学生自己的事,开设劳动教育必修课会挤占专业课的课时与学分,浪费教学资源;一些人认为,劳动教育可以有,但不必太当真,只要在某些场合讲一讲、领着学生参加一些劳动活动就可以了;还有一些人认为,劳动教育很简单,只要由学生处或团委或后勤服务部门组织开展就可以了。这些认识偏差问题不解决,力量就难以聚

① 毛勒堂,卓俊峰.劳动认同:危机与重建[J].思想理论教育,2015(5):16-21.

集在一起,就难以形成健全的劳动教育组织机制。为此,高校主要领导首先要有正确的认识并在领导班子中达成共识,进而在全校师生中形成共识。

当然,最突出的问题还是社会的认识问题。网络上"脱不下孔乙己的长衫"之说曾一度火热,"因为我上过大学,我不能心安理得地去做美甲师;因为我上过大学,我不能去送外卖;因为我的爸爸妈妈会看不起我"的言论颇能反映当前一部分大学生求职就业的心态。想脱下"孔乙己的长衫"却没人给机会的背后,折射出当前社会对劳动认知的某些偏差。郑银凤曾做过一份《当代大学生劳动认同研究》报告,认为需要从开展理论教育、直面社会热点、加强社会实践、营造环境氛围等方面入手增强学生的劳动认同度。[①] 没有学生的价值认同,学校是很难有效组织开展劳动教育工作的。

要解决学生劳动认同偏差问题,很重要的一点是建立教育者与受教育者之间的良性互动,不断激发劳动教育的活力和创新力。要通过各种方式让学生在心底构建起对劳动价值的认同感,形成科学正确的劳动认知,最后形成劳动自觉。然而,如何形成有效的劳动价值认同,也有一个机制建设问题,而且难度更大,需要大家共同去探索。

四、以校园劳动文化建设巩固劳动教育组织机制

倡导劳动教育的回归,实质上就是倡导劳动文化的回归。文化源于劳动。劳动文化是一种强调劳动价值和地位、重申劳动者尊严和权利的文化,同样也是一种弘扬劳动者政治经济主体、精神文化主体和社会历史主体地位的历史观和价值观,更是一种属于劳动者(劳有)、依靠劳动者(劳治)、为了劳动者(劳享)的文化,它是劳动的"文化"化

---

① 郑银凤.《当代大学生劳动认同研究》研究报告［EB/OL］.（2022-06-14）［2024-03-28］. https://ipercscs.cwnu.edu.cn/info/1020/1993.htm.

或向文化的提升。① 可见,劳动文化是劳动教育的重要组成部分,也是最基础的部分,在整个社会文化结构中占有不可替代的位置。因此,我们要高度重视高校劳动文化建设的重要性,只有这样才能使劳动教育真正落到实处。

前述的劳动认同缺失,归根结底是劳动文化的缺失以及劳动文化实践的缺失。高校作为文化传承、创新的起源地,本身就承载着发扬文化、践行文化的功能,本身就应该以各种各样的有效方式宣传文化、锻造文化、重塑文化,不断赋予劳动文化新的活力和内涵。为了弥补劳动文化的缺失,一方面,高校需要不断构建与完善劳动文化建设的平台和载体,深入挖掘劳动文化资源,通过多元化的劳动文化建设与实践活动推动学生接受和认同劳动文化②,从而达到劳动文化认同与劳动价值认同的有机统一,提升劳动教育的实际效果。另一方面,高校要在校园文化建设中不断渗透、强化劳动文化的因素,并在日常的思想政治教育、专业课教育、创新创业教育、学生社团活动中有意识地渗透劳动文化要素,将其与校园创意、审美、情感和伦理等文化因素有机融合。

第二节　高校劳动教育的运行机制

除了组织机制,高校还必须建立劳动教育的运行机制。运行机制是组织机制的细化与具体化,就是要把任务落实到部门、落实到人,就是要形成学校党委统一领导、各部门协同配合、教学单位具体负责、教学人员承担任务的劳动教育工作机制,就是要在相关规章制度的框架下落实劳动教育的各项任务。本书认为,高校劳动教育运行机制建设

---

① 王江松.劳动文化的复兴和劳动教育的回归[N].中国教育报,2018-11-22(8).
② 张鹏君.建构富有内在生命力的现代化劳动教育机制[J].福建教育学院学报,2022(7):23-27.

主要包括构建劳动教育课程体系、开展劳动教育教学研究活动、建立科学的劳动教育评价体系、打造社会协同的劳动教育生态系统等。

一、构建劳动教育课程体系

构建劳动教育课程体系是高校开展劳动教育的先决条件，是教师开展教学的依据所在。当前，不少高校没有把劳动教育课程设定为必修课，大多停留在第二课堂、选修课程、课外活动等，这是不符合新时代劳动教育要求的。要按照相关政策要求设置劳动教育必修课程，纳入人才培养整体方案，并且强调理论教学与实践教学的统一、劳动教育与专业教育的融合。[①]

然而，如何设置劳动教育课程并形成体系是一个崭新的课题。例如，劳动教育理论课程怎么设置、实践课程怎么设置，分别需要多少学分，在哪个时段开设，与专业课程怎么衔接等，都需要进行认真的谋划。本书认为，新时代高校劳动教育课程体系应该内蕴马克思主义劳动观、社会主义核心价值观、优秀传统劳动文化、时代科学技术、与学科专业有关的劳动技能、生活劳动技能、现代生活美感、社会劳动实践等内容。

第一，要把马克思主义劳动观和社会主义核心价值观内化于课程之中，这是整个劳动教育的理论基础。特别要突出中国化、时代化的马克思主义劳动观的教学，学深悟透习近平总书记关于劳动的相关论述，让这些重要论述的核心要义进课程、进教材，入心入脑。当然，课程内容的组织与安排要与学生的实际学习环境与生活背景相结合，能够触动当代大学生的心灵，从而使社会主义核心价值观深植于学生头脑之中。第二，要把中华优秀传统劳动文化植根于劳动教育课程之中。"作为一个整体的人类文化，可以被称为人不断自我解放的历程。

---

① 曹桢.新时代发挥劳动教育的育人作用探析[J].思想理论教育导刊,2024(5):135-143.

语言、艺术、宗教、科学,是这一历程中的不同阶段。在所有这些阶段中,人都发现并且证明了一种新的力量的存在,即建设一个人自己的世界、一个'理想'世界的力量。"①很多耳熟能详的历史故事中都蕴含着丰富的劳动智慧和劳动文化。离开了传统文化,劳动教育就如同无本之木、无源之水,难以得到发展。第三,要把时代科学技术及时纳入劳动教育课程,并且与学科专业教育紧密结合。时代在发展,社会在进步,科学技术的发展推动着劳动升级换代,使人类劳动的对象、内容、方式等都发生了重大的变化,也为现代劳动文化注入了新的活力。第四,劳动生活技能和现代生活美感是劳动教育课程必不可少的组成部分。虽然中小学生的劳动教育课程也会涉及这个方面的内容,但是与当代大学生息息相关的生活技能学习和生活美感培养还是非常具有针对性和特色的,也是十分必要的,如生活妆容的学习、着装的搭配等。第五,劳动实践课程是劳动教育场景化、具体化、生动化的需要,是不可或缺的手段。第六,要及时补充吸收新时代劳动教育的最新成果,包括最新理论成果、最新劳动精神提炼和劳动模范案例等。

高校劳动教育课程具有基础性和通识教育特点,但又有别于一般基础性课程和通识课程,因为其内容覆盖面很广,与其他"四育"均具有紧密关系且非常强调实践性。因此,高校要把劳动教育课程设置好、开设好,需要党政领导齐抓共管和各部门的通力协作。

二、开展劳动教育教学研究活动

劳动教育基本教学单位——教研室或教学中心,要在劳动教育工作领导小组的领导下,在劳动教育教学分委员会的指导下,有序开展教学研究活动。

首先,教研室或教学中心要按照劳动教育目标定位、教学方案、课

---

① 卡西尔.人论[M].甘阳,译.上海:上海译文出版社,1985:288.

程体系和相关规章制度，认真组织开展课程分工、集体备课、教材编写、示范教学（教学观摩）、教师培训等教学活动。课程分工要因人而异，要注重理论教学与实践教学的有机融合，切不可将理论教学团队与实践教学团队割裂开来。集体备课要常态化，每学期至少开展一次，备课的重点是有关劳动与劳动教育的理论学习、教学内容的组织与安排、教学规范与要求的制定与完善等，目的是及时发现教学中存在的问题、总结经验，及时补充更新教学内容，以确保教学质量。集体备课还应结合开展教学理念、教学规律等的研究与讨论。教材建设是提高教学水平和教学质量的重要手段，教研室应该把编写高质量的劳动教育教材作为重要的工作任务。目前，高校劳动教育教材比较短缺并且良莠不齐，急需我们组织力量在学习与借鉴的基础上，大胆创新，吸收最新的理论成果和实践经验，编写出适应当代大学生特点的高质量教材。示范教学（教学观摩）是相互学习、共同提高教学水平的一种有效手段，特别是劳动教育的实践教学环节，作用更为突出。教师培训则是确保教师教学理念、教学内容、教学方式手段等不落后、不掉队的必要途径，既可以请校外劳动教育的名师专家进校进行集中培训指导，也可以派教师到校外进修培训。

其次，教研室或教学中心要组织大家开展劳动教育学术研究活动。教学与科研是相辅相成的，一方面，教学中发现的问题需要通过学术研究去探讨解决；另一方面，问题导向的学术研究有助于反哺教学、充实教学内容、提升教学质量。例如，新时代的劳动观与劳动精神，新时代劳动教育的内涵、内容与方式，劳动教育如何与时代科技相结合、与学科专业相融合等问题，既是教学问题也是学术问题。因此，教研室在开展教学活动的同时还要积极开展学术活动，包括组织申报课题、撰写学术论著、组织与参与学术会议等，既要走出去也要请进来。这里需要强调两点，一是学术研究一定要坚持问题导向，一定要围绕劳动教育中的现实问题开展学术探讨，不能无的放矢、胡编乱造；二是一定要到劳动一线开展调查研究，系统了解所处时代各行各业劳动的真实情况,不可纸上谈兵、闭门造车。因此,劳动教育的任课教师需要更加熟练地掌握相关劳动技能,需要更加广泛地到基层挂职锻炼,需要更多地带领学生参加各种各类社会实践活动。

三、建立科学的劳动教育评价体系

《大中小学劳动教育指导纲要(试行)》明确规定要"将劳动素养纳入学生综合素质评价体系"。劳动素养是劳动教育的成果体现,而科学测评是客观反映学校劳动教育成效的必要手段,也是激励教师不断提高教育教学水平、鼓励学生更积极主动参与劳动教育的依据所在。高校要基于专业人才培养目标,科学设置劳动教育、教学评价指标体系和评价标准,建立与专业教育相融合的劳动教育评价体系。[①]

一直以来,劳动教育普遍存在"被推动"的情况。建立科学的劳动教育评价体系,加强劳动教育过程评价,目的就是改变"被推动"的情况,引导劳动教育常态化、规范化。将评价结果作为衡量学校办学水平和教师业绩的重要依据,能不断增强学校开展劳动教育的自觉性,不断提升劳动教育教师的教学研究水平,最终不断提高劳动教育质量。

建立劳动教育评价体系需坚持两个原则:一是要实现劳动素养与专业素质的共融共通。高校劳动教育本身就需要与学科专业教育紧密结合,需要在专业人才的培养体系中实现劳动素养的培养;二是针对高校人才培养目标的多样化,劳动教育评价体系也需要呈现多样化的特点,针对不同专业特色进行细化,将专业教育与劳动教育相关的要素进行有机结合,在专业教育中体现相应的劳动价值观、劳动素养、劳动知识和劳动技能等,真正实现与人才培养目标相一致的、专业特色鲜明的劳动教育。

---

① 曹桢.新时代发挥劳动教育的育人作用探析[J].思想理论教育导刊,2024(5):135-143.

为此,要把原来的德智体考核评价转化为德智体美劳考核评价,确保美育、劳育在考核评价中的地位。在考核评价指标体系中,除了突出学生以学为主的原则,还要确保德育、体育、美育和劳育的应有权重。[①] 要根据劳动教育的特点细化其考核评价的要点和量化方式,既注重学生参与劳动教育的过程,又关注其劳动教育的实际成效。对劳动教育中态度不端正的同学要给予严肃的批评帮促,对劳育考核不合格的同学延期毕业甚至不予毕业。

同时,高校要立足自身实际情况,充分考量劳动实践的价值,突出对其育人过程、思政功能、学生自身状况、质量保障体系等的评价,通过理论与实践、定性与定量、过程与结果、综合与分类相结合的方式,增强劳动教育评价的认可度。要逐渐引入信息新技术新手段,开展多元主体社交系统交互评价,推进学校、社会、家庭、学生的联动评价,注重发挥主阵地的评价功能,注重学生主体的能动性体验,不断增强评价的公信力、权威性。要建立"跟踪、反馈、导向"的全流程机制,注重劳动教育过程的监测和跟踪评价,通过人才培养效果反馈,形成正确的导向,促进专业人才培养创新与良性发展。

四、打造社会协同的劳动教育生态系统

相比于其他教育,劳动教育更需要多方联合、协同推进。当前,我国高校劳动教育还存在学校、家庭、社会责任边界模糊的问题,"在学校中被弱化,在家庭中被软化,在社会中被淡化"[②]的现象仍较为突出,没有形成有效的育人合力。"劳动教育不是学校教育、不是课堂教育"的理念还未得到普遍认同。

首先,家庭在劳动教育中未能很好履职。习近平总书记强调:"家

① 曹桢.新时代发挥劳动教育的育人作用探析[J].思想理论教育导刊,2024(5):135-143.
② 教育部 共青团中央 全国少工委关于加强中小学劳动教育的意见.[EB/OL].(2015-07-24)[2023-04-05].http://www.moe.gov.cn/srcsite/A06/s3325/201507/t20150731_197068.html.

庭是人生的第一所学校。"①落实劳动教育,家庭有着独特而不可替代的重要作用。② 但有学者经过调查发现,劳动教育往往在家庭中被忽视,父母学历、职业和家庭经济条件等家庭背景越好的学生,其家务劳动参与越少,来自东部或城区学校的学生家务劳动参与更少。③ 不少学生在进入高校独自生活后,不具备相匹配的自理能力,因此出现适应困难,进而影响学习。其次,学校在劳动教育中主导性不强。高校的劳动教育起步较晚,基础研究也较为缺失,尚未形成完整、系统的劳动教育模式,甚至有的高校尚未认识到劳动教育的独特作用,存在认识上的偏差,存在形式化的倾向。学校与家庭、社会的联系也不够紧密,主导性和引领力不足,难以形成教育合力。最后,缺乏社会力量对劳动教育的支持。陶行知强调"生活即教育""社会即学校""教学做合一",主张打通学校与社会间的高墙,将社会力量投入教育。但社会相关主体并未充分认识到其应该承担的劳动教育义务与职责,同时也缺乏专门的职能部门来组织协调社会力量支持高校的劳动教育,仅靠高校自己去争取社会力量的支持、去联合企事业单位组建实践教育基地,难免会受到地域空间和专业背景的限制,导致劳动教育实践内容窄化,各类社会资源不能得到有效的利用。企事业单位向高校提供的实习岗位也多偏向行政,很难与学生的学科专业特长相结合。

为此,学校层面要做好顶层设计,加强对劳动教育的规范引导,深化劳动教育教学改革,丰富劳动教育实践活动。家庭层面,家长要转变"唯分数"的观念,配合学校的劳动教育方案,通过言传身教,传递正确劳动观、提高学生自理能力。社会层面,各级政府要加强组织领导和统筹协调,推动校企联合,出台互惠政策,激励企业配合学校劳动教

---

① 中共中央党史和文献研究院.习近平关于注重家庭家教家风建设论述摘编[M].北京:中央文献出版社,2021:69.

② 黄建军.劳动教育还须回归日常生活[N].中国教育报,2019-04-25(9).

③ 肖纲领,谢永祥,林荣日.走向差异化的劳动教育:家庭背景、学校区位与青少年的家务劳动参与[J].教育发展研究,2022(Z2):80-86.

育,提供实习平台,帮助学生积累职业经验。高校要充分挖掘、运用社会力量和社会资源,积极协调各方意愿,强化基础性、信息型劳动教育场地设施建设,丰富内容与形式,实现劳动实践与教育相结合,这是有效落实劳动教育目标、推动构建完善的劳动教育体系的有效途径。各地、各部门要认真贯彻执行中共中央、国务院的意见要求,不断健全政策体系,因地制宜,及时清除阻碍劳动实践活动开展的各种障碍;要鼓励采取多方合作共建、社会化运营的方式,让企事业单位参与实践基地建设;要充分依托各种公益性、慈善性民间组织开展相关劳动教育活动,如法国民间组织"地球的伤痛"协会与卢瓦尔地区的各类学校合作,让学生通过集体行动了解资源枯竭和气候变化的危害,从而学会回收利用旧物,养成节约的习惯,形成正确价值观。[①] 这种做法值得我们借鉴。高校要积极构建家校联系机制,密切家校联系,转变家长对孩子参与劳动的观念,形成劳动教育合力,帮助学校掌握家庭劳动教育动态,宣传先进经验。[②] 各地教育部门要科学制定劳动教育工作政策措施,在资金、政策、资源等方面做好支持,将学校劳动教育效果纳入人才培养评估指标体系,作为办学评价的重要因素。

第三节　高校劳动教育的保障机制

劳动教育不仅具有很强的思想引导性,还具有很强的实践操作性,需要以强有力的师资、经费、教育资源等作为保障,这是劳动教育运行机制得以实现的必要条件。

---

① 曾天山,顾建军.劳动教育论[M].北京:教育科学出版社,2020:422.
② 曹桢.新时代发挥劳动教育的育人作用探析[J].思想理论教育导刊,2024(5):135-143.

一、劳动教育师资队伍建设

人才是第一资源,师资队伍保障是最大的保障。在 2018 年北京大学师生座谈会上,习近平总书记指出:"建设政治素养过硬、业务能力精湛、育人水平高超的高素质教师队伍是大学建设的基础性工作。"①苏霍姆林斯基认为,教师是实施劳动教育的重要主体,在劳动的思想教育方面能发挥最直接的言语教育作用。② 因此,一支数量充足、专业化程度高的劳动教育教师队伍,是确保劳动教育质量、培养学生正确劳动观的前提和基础。③

然而,目前高校普遍存在劳动教育师资队伍不全、力量不足的问题。首先,劳动教育专职教师不足难以保证劳动教育课程的教学质量。《意见》首次提出要设置劳动教育课程,其中本科阶段的教学时长不少于 32 学时。谁来承担教学任务? 在专职教师严重缺乏的情况下,只能由辅导员、思政教师等顶替上岗。由于事先缺乏必要的培训和相关准备,教学水平总体不高。目前,高校劳动教育师资力量配置标准尚未明确,但有学者估计全国高校至少需要 3.03 万名专任教师,缺口很大。④ 此外,包括社会导师在内的实践教学教师也相当匮乏,难以有效承担劳动教育实践教学任务,也难以直接为学生提供多样化的劳动实践指导。其次,劳动教育师资力量不强难以保证劳动教育的专业水平。如何设置劳动教育方案、如何安排理论课与实践课、如何选用编写教材、如何做好教学引导和评价等,都具有很强的专业性。在目前几乎无专职教师又缺乏对非专任教师进行专业培训的情况下,劳动教育师资力量整体不强,难以保证劳动教育的专业水平和"劳动育人"的预期效果。与此同时,由于人手不足、力量不强,现有教师无暇

---

① 习近平.在北京大学师生座谈会上的讲话[M].北京:人民出版社,2018:8.

② 袁帅.教育改革视域下的劳动教育思想及实践研究[M].北京:知识产权出版社,2020:24.

③ 曹桢.新时代发挥劳动教育的育人作用探析[J].思想理论教育导刊,2024(5):135-143.

④ 党印,曲霞.劳动教育专任教师:职责、供求与培养路径[J].劳动教育评论,2021(2):54-67.

关注科技发展带来的劳动形态的新变化,很难关注到"劳动新形态"和"劳动教育新形态"①,致使教学内容得不到及时的更新。这种滞后性还体现在具有很强专业性的劳动教育基地建设和劳动教育实践教学等方面。最后,劳动教育师资结构单一很难推动劳动教育与学科专业的有机融合。高校的任务是培养德智体美劳全面发展的专业化人才,在学科专业中有机渗透劳动教育,既是专业育人的要求,也是劳动教育的要求②,需要既懂劳动教育又懂专业教育的师资来推动这项工作。但主要由辅导员、思政教师组成的师资队伍,其自身的学科背景大多较为单一,很难符合这一要求,甚至有的教师还意识不到"劳动不等于体力劳动、劳动教育包括但不能局限于体力劳动的锻炼"③这一理念,因而课程设置流于表面,与学科专业教育严重脱节。受此影响,学生无法将自己的专业与劳动联系在一起。

为了改变这种局面,加强高校劳动教育师资队伍建设迫在眉睫。首先,要多渠道建设劳动教育专兼职教师队伍。一名合格的劳动教育专职教师必须具备扎实的专业基础、过硬的教学本领和突出的创新能力。目前已有高校设置了劳动教育专业点,该专业的毕业生将是未来高校劳动教育专职教师的储备人才。在目前专职教师严重不足的情况下,高校可以把现有兼职教师、面向高校应届毕业生招聘的教师和面向社会招聘的教师在经过专业培训之后充实到劳动教育专职教师之中。④ 同时要充分利用社会资源建立一支兼职教师队伍,譬如聘请学生家长、行业专家或劳动模范来担任劳动教育指导教师。其次,要健全与完善教师队伍的培养与考核激励机制。高校应结合学校专业优势和新时代劳动教育的要求,制定师资培养方案,加大专项资金投

---

① 檀传宝.劳动教育的概念理解——如何认识劳动教育概念的基本内涵与基本特征[J].中国教育学刊,2019(2):82-84.

② 刘向兵;党印.高校劳动教育实施推进的多元与统一——基于80所高校劳动教育实施方案的文本分析[J].中国高教研究,2022(5):54-59.

③ 檀传宝.加强劳动教育一定要贯彻与时俱进的原则[J].人民教育,2020(8):13-14.

④ 曲霞,党印.2020年度中国劳动教育发展报告[M].北京:社会科学文献出版社,2021:71.

入,不断提高师资的教育教学水平。要鼓励教师积极申报、参与劳动教育相关课题,提升劳动教育研究能力。要定期开展面向教师的劳动教育培训,提高教师对劳动教育理念和本质的认识,增强课程设计能力和新技术运用能力,注重探索劳动教育新形态,将正确的劳动价值观渗透到学科教学中。要通过案例研究、读书会等活动,共同研讨交流在教学过程中面临的问题和解决方案,推动教师专业能力的提高。最后,要畅通劳动教育教师的职称评审和个人成长通道。要制定劳动教育教学的考核内容和评价标准,将劳动教育课程指导情况纳入教师考核工作量。要表彰在劳动教育中取得优异成果的教师,通过各种激励措施推动教师参与指导劳动教育实践,激发教师开展劳动教育的主动性和积极性。要根据劳动教育的特点单设劳动教育教师的职称晋升通道和评审标准,尤其要注重其实践性和育人成效,不能只唯论文和课题。

二、劳动教育经费筹措

经费保障是最具体、最实际的保障。如果没有足够的经费支持,劳动教育的很多工作就会被束之高阁,最终只能是蜻蜓点水形式化、偷工减料走过场,无法实现劳动育人的目的。因此,《意见》要求以多种形式筹措资金,加快建设校内外劳动教育场所,加强学校劳动教育设施标准化建设,建立学校劳动教育器材、耗材补充机制。

具体而言,劳动教育经费投入主要有这么几个方面:一是师资队伍建设经费,无论是专职师资人才引进还是师资访学进修或是聘请兼职师资,都需要经费支持;二是教学与研究经费,教师必要的办公条件、教学研讨与学术活动(组织会议或外出参加会议)、教材建设、校级课题立项、出版论著等,需要经费支持;三是劳动实践教学所需的劳动工具与设备购置经费、各种耗材经费、劳动场所建设经费以及学生开展社会实践、参观访问等差旅经费;四是其他经费,如学生开展劳动社会实践的安全保障经费。

为此,高校要进一步提高认识,舍得在劳动教育上花钱。要把劳动教育经费纳入年度财务预算,不断加大劳动教育经费支持力度,整合、规划配置各类教育资源,为劳动教育的顺利开展提供充足的资金支持。为此,高校要多方筹措劳动教育资金和资源。《意见》规定,学校可按照规定统筹安排公用经费等资金开展劳动教育,可采取政府购买服务方式吸引社会力量提供劳动教育服务,保障劳动教育能够开展起来。此外,高校要尽最大努力获取更多的社会资源、借助更多的社会力量,使劳动教育可持续、常态化发展,如社会合作、争取校友资源、建立劳动教育基金等都不失为值得尝试的好办法,一是争取通过这样的方式筹措资金,二是希望通过这样的合作拓展校外劳动教育实践基地,三是可以为学生开展社会实践提供帮助。这也是前文的打造社会协同劳动教育生态系统的内容之一。

三、劳动教育资源拓展

劳动教育资源是开展劳动教育的材料与载体,既包括精神层面的资源,也包括物质层面的资源。

劳动教育精神层面的资源主要是优秀传统文化资源,它们源自人们的真实生活经验和劳动生产经历。例如,中国古代的劳动故事、神话传说、各类非物质文化遗产,都蕴含了非常丰富的劳动观念、劳动精神和劳动传承等资源,使劳动教育课堂教学资源具有历史性和多样性。国外也有很多积极正面的劳动故事、劳动文化和劳动精神等资源可供我们学习研究。当前,劳动教育教材大多各自编写,高校一定要认真组织好精神层面的教育资源,既要体现系统性、丰富性和多样性,又要体现积极性、创新性与时代性,还要体现历史性、区域性和民族性。要善于从优秀传统文化中汲取养分,并把它们充分内化到劳动教育的内涵之中。

劳动教育物质层面的资源主要是劳动实践场所和各种必要装备。

劳动实践场所是开展劳动实践教育的主阵地,必须多渠道加以拓展。首先,高校要充分挖掘和开发校内的劳动实践场所,如宿舍、教室、食堂、场馆、公共绿地等。与校外场所相比,学校场所具有较高的安全性、可操作性和情感认同性,特别是在大规模劳动教育实践教学中具有比较强的可操作性。其次,要强化校外劳动实践基地的建设,因为校内劳动教育实践场地有其固有的局限性,尤其是可供实践教学的内容和方式比较单一、不够丰富。为此,高校要创新劳动教育思维,整合劳动教育资源,深挖劳动教育渠道,探索建立多样化的劳动实践基地。当前,不少社会力量已经在探索建设劳动教育实践基地、劳动教育研学基地等,我们可以通过校企合作的方式共建劳动教育实践基地、搭建实践教学平台、探索研学模式,从而提升劳动实践技能,强化实践育人成效。同时,这也使劳动教育师资本身在这样的场所得到更多、更丰富的实践锻炼。

劳动教育装备也是劳动教育必不可少的重要资源,在劳动教育经费投入中占有很大的比重。如何配置劳动教育装备,高校也需要将自行购置、整合与校外资源利用相结合,同时还要注意与学科专业特点相结合。此外,装备配置要注意安全性与环保性,要注重节约和维护。

第十章　新时代劳动教育主题思想

新时代,新征程。到21世纪中叶,我国将建成社会主义现代化强国,基本实现共同富裕的宏伟目标。实现这一目标,需要我们接续奋斗,需要靠我们聪明的智慧和勤劳的双手。人类任何理想愿望,都是通过劳动来实现的。习近平总书记指出:"劳动是人类的本质活动,劳动光荣、创造伟大是对人类文明进步规律的重要诠释。"①要"教育引导青少年树立以辛勤劳动为荣、以好逸恶劳为耻的劳动观,培养一代又一代热爱劳动、勤于劳动、善于劳动的高素质劳动者"②。党的十八大以来,习近平总书记发表了一系列关于劳动与劳动教育的重要讲话,不仅坚持了马克思主义劳动观与劳动教育观,还与中国实际相结合,与中华优秀传统文化相结合,体现了实现中华民族伟大复兴中国梦的时代特征,具有深刻的内涵。我们要把习近平总书记的系列重要论述作为新时代开展劳动教育的重要理论依据和指导思想,认真学习,深刻领悟,严格落实。

第一节　劳动创造美好生活的思想

中国共产党的初心使命是为人民谋幸福、为民族谋复兴、为世界

---

① 习近平.在庆祝"五一"国际劳动节暨表彰全国劳动模范和先进工作者大会上的讲话[N].人民日报,2015-04-29(2).

② 习近平.在全国劳动模范和先进工作者表彰大会上的讲话[M].北京:人民出版社,2020:6.

谋大同,也就是要让人民过上美好的生活。2017 年,党的十九大报告指出,中国特色社会主义进入新时代,我国社会主要矛盾已经转化为人民日益增长的美好生活需要和不平衡不充分的发展之间的矛盾。很显然,要解决这个矛盾,就必须解决好不平衡不充分发展这个问题,而发展只有靠劳动才能实现,这正是唯有劳动才能创造美好生活的思想。

一、中国共产党以人民对美好生活的向往为目标

美好生活是人类社会发展的共同目标,也是人民对劳动的诉求所在。

中国共产党坚持以人民为中心,以人民对美好生活的向往为目标。中华民族 5000 多年的文明史,正是中华儿女通过勤奋劳动追求美好生活的历史,但由于长期的封建统治,中国人民追求美好生活的道路十分曲折。直到在中国共产党领导人民建立了中华人民共和国以后,人民通过劳动实现美好生活的愿望才成为可能,改革开放 40 多年的实践充分说明了这一点。中国共产党领导的中国特色社会主义事业,实现了全面小康,消除了绝对贫困,使中国人民越来越接近实现美好生活这个目标,而所有这一切都是全体中华儿女在中国共产党领导下艰苦奋斗、辛勤劳动的结果。进入新时代,中国共产党领导全国各族人民在高质量发展中全面推进共同富裕,向着全面建成社会主义现代化强国、实现第二个百年奋斗目标昂首阔步前进。

我们要结合中华民族发展史、中国近代史等,教育学生牢记中国共产党的初心使命,牢记中国人民追求幸福美好生活的艰辛历程,珍惜当前一切的来之不易。要让学生深刻认识到,无论是新发展理念、高质量发展,还是共同富裕、中国式现代化,中国共产党的一切努力,都是为了实现中华民族的伟大复兴,都是为了人民过上美好的生活。作为新时代的大学生,肩负着光荣的历史使命,必须毫不动摇跟党走,

共同创造美好的生活。

二、美好生活从辛勤劳动、诚实劳动、创造性劳动中来

幸福、美好的生活从哪里来？从劳动中来，从辛勤劳动、诚实劳动、创造性劳动中来。20 世纪 80 年代有一首歌叫《幸福不是毛毛雨》，告诉我们幸福不会自己从天上掉下来。中国共产党的奋斗史和中国特色社会主义的发展史充分证明了"劳动是一切成功的必经之路"。习近平总书记指出，"人世间的一切幸福都需要靠辛勤的劳动来创造"[①]，"劳动是财富的源泉，也是幸福的源泉。人世间的美好梦想，只有通过诚实劳动才能实现；发展中的各种难题，只有通过诚实劳动才能破解；生命里的一切辉煌，只有通过诚实劳动才能铸就。劳动创造了中华民族，造就了中华民族的辉煌历史，也必将创造出中华民族的光明未来"[②]，"实现我们的奋斗目标，开创我们的美好未来，必须紧紧依靠人民、始终为了人民，必须依靠辛勤劳动、诚实劳动、创造性劳动"[③]。这些观点阐明了辛勤劳动、诚实劳动、创造性劳动与美好生活之间的关系，为中国人民追求美好生活指明了方向。

除了辛勤劳动和诚实劳动，还需要重点强调一下创造性劳动对于美好生活的重要性。如果说辛勤劳动、诚实劳动是创造财富、收获成果的基础，那么创造性劳动则可以使劳动成果产生乘数效应、倍增效应。在科学技术快速发展的情况下，只顾"埋头拉车"是不行的，还必须不断改造和优化"车"的功能、改善"拉车"的技巧。科技是第一生产力，我们必须通过不断发展和完善科学技术来推动创造性劳动，增强

---

① 中共中央文献研究室.习近平关于社会主义社会建设论述摘编[M].北京:中央文献出版社,2017:4.

② 中共中央文献研究室.习近平关于实现中华民族伟大复兴的中国梦论述摘编[M].北京:中央文献出版社,2013:81.

③ 中共中央文献研究室.习近平关于实现中华民族伟大复兴的中国梦论述摘编[M].北京:中央文献出版社,2013:81.

劳动能力、提高劳动生产率。我国古代的许多伟大发明创造就是劳动人民在劳动实践中产生的,极大地推动了劳动效率的提升。但遗憾的是,长期的封建统治和闭关锁国使我国未能很好地抓住机会,这导致了我国相当长一段时间内科学技术远远落后于世界先进水平,导致了鸦片战争以后100多年的屈辱和贫困,直到中华人民共和国成立才逐步改变这种局面。

如今,我国虽然还有不少领域科技水平比较落后、受制于他人,但已经在众多领域尝到了依靠科学技术进行创造性劳动的甜头。我们必须抓住第四次科技革命的机会,加强科技攻关,把命运掌握在自己的手里,大力推进创造性劳动,不断提升劳动的科学性和含金量,进一步缩小与世界先进水平的差距。

我们要教育学生认识到,美好生活靠自己劳动创造,不是依赖他人、寄生于别人,更不能建立在别人的痛苦之上。要把"美好生活靠劳动创造"的观点讲清讲透,突出劳动的本质和人民的主体性、创造性,突出辛勤劳动、诚实劳动、创造性劳动的必要性与必然性。劳动是永恒的主题,是中国共产党永葆先进性的政治底色,唯有劳动不可被替代。

我们还要教育学生树立正确的美好生活观,金钱与物质不代表美好生活,不等于拥有一切,身心健康、文化素养、家庭和睦、助人为乐等也是美好生活的重要组成部分。要让学生明白这样的道理:美好生活没有绝对的标准,不能进行随意的攀比;对美好生活的期望要符合时代特征,不可以脱离实际、超越条件,要实事求是。再者,美好生活不等于奢靡和浪费,不能因为有经济实力就毫无节制、任意挥霍,因为地球资源是有限的、属于全人类的。如果精神空虚,那么纵使有再丰厚的物质条件,生活也毫无意义。

三、美好生活需要持续劳动来实现

我国虽然已经实现了全面小康,但还将长期处于社会主义初级阶段,实现中国梦依然任重道远,不可以有任何一点停顿、松懈的想法。我们既需要持续劳动来巩固和发展已取得的成果,又需要持续劳动和艰苦努力去实现新的目标。

正因为"幸福不是毛毛雨",所以美好生活不是靠一天两天的劳动就能实现,而是要靠持之以恒的劳动和勇毅前行的奋斗。实现中国梦并非易事,需要我们长期为之奋斗。我们要充满信心,因为"我们所处的时代是催人奋进的伟大时代,我们进行的事业是前无古人的伟大事业,我们正在从事的中国特色社会主义事业是全体人民的共同事业"①。这些观点从中华民族伟大复兴的高度和构建人类命运共同体的广度,再次强调了唯有持续脚踏实地地劳动才能最终创造美好的生活,同时也告诉我们只要付出辛勤的劳动就一定能够创造美好的生活。

我们要教育学生牢记曾经的贫穷和苦难,唯有持续劳动、接续奋斗才能创造更加美好的生活。如今,我们确实已经过上比较安稳的生活,在校生的生活学习条件比父辈、祖父辈们不知要强多少倍。但如果我们只满足于现状,不继续努力劳动,那么曾经得到的一切也会失去,正如古人有曰"坐吃山空"。为什么有"富不过三代"之说?很大的一个原因就是有些家庭富了以后忘本,不再坚持辛勤劳动、诚实劳动,尤其是子孙可能染上了"好吃懒做"的恶习。我们要让学生深刻认识到,中国共产党开创的社会主义伟业是靠日复一日的艰苦劳动建筑起来的,绝不能在我们手里前功尽弃、毁于一旦。

四、美好生活需要全体人民一起劳动来创造

实现中华民族伟大复兴中国梦,需要全体人民踔厉奋发、共同努力。中国特色社会主义事业是全体人民的共同事业,个人的美好生活

---

① 习近平.在庆祝"五一"国际劳动节暨表彰全国劳动模范和先进工作者大会上的讲话[N].人民日报,2015-04-29(2).

与国家、民族的命运紧密联系在一起，需要全体人民共同努力。每个人都有追求美好生活的权利，每个人也都有劳动的义务。也就是说，我们追求美好生活需要大家齐心协力、共同努力。只要具备劳动能力，谁都不能不劳而获、等着天上掉馅饼、等着分享他人的劳动成果。共同富裕需要全体人民共同劳动，实现中华民族伟大复兴需要"众人拾柴火焰高"。

我们必须清醒认识到，共同富裕不等于同时富裕、同步富裕、同等富裕，更不是杀富济贫、搞平均主义，而是坚持勤劳致富、多劳多得，坚持效率优先、兼顾公平。绝不允许打着共同富裕的旗号行不劳而获之实、侵占他人的劳动成果。因此，我们每一个人都需要把个人的理想愿望统一到民族复兴的宏伟目标中去，把小家的生活期盼融入大家的共同利益，在中国共产党的坚强领导下，同心同德，开拓进取，辛勤劳动，诚实劳动，科学劳动，形成合力，最大限度地实现全体人民对美好生活的愿望。同时，我们还要有更远大宽广的胸怀，着眼于构建人类命运共同体，以我们的劳动为世界人民追求美好生活做出无私的贡献。

我们要教育学生认识到，在奔向共同富裕的道路上没有旁观者，人人都是运动员，人人都是劳动者。要教育学生树立正确的富裕观和财富观，尊重富裕有先有后的客观事实，鼓励和允许一部分人通过自己的劳动先富起来。对于勤劳致富的人不能有仇富心态，而是要以他们为榜样，因为他们的辛勤劳动是对社会的贡献。要教育学生不去羡慕"富二代""富三代"，不能因为自己家庭暂时不够富裕而怨天尤人、愤愤不平，更不能责怪父母、消极颓废。一定要认识到家族富裕、父辈祖辈富裕不等于自己富裕，靠自己劳动获得的富裕才是真正的富裕。同时，富裕不仅指物质富裕，还包括精神富裕，我们不能成为物质富有而精神贫穷者。在以中国式现代化推进共同富裕的征程中，作为新时代的大学生，一定要抓住大有可为的机遇，建功立业，做出积极的贡献。

第二节　崇尚劳动、弘扬劳动的思想

中华民族历来尊重劳动、崇尚劳动,中国共产党更是大力倡导和弘扬劳动精神。劳动精神不仅是中华民族伟大精神的重要组成,也是中国共产党保持优秀品格的重要因素。当然,在不同的历史时期,劳动精神有不同的内涵和时代特征。中国特色社会主义进入新时代,劳动精神的内涵也得以进一步丰富,使劳动精神闪现出夺目的时代光芒。

一、劳动最光荣,劳动者最伟大

中华民族是勤于劳动、善于创造的民族,自古以来就有崇尚劳动、尊重劳动者、代代传承劳动精神的优良传统,是最勤劳的民族之一。习近平总书记对此给予了高度的肯定,指出:"正是因为劳动创造,我们拥有了历史的辉煌;也正是因为劳动创造,我们拥有了今天的成就。"[①]这不仅是对"劳动是人类的本质活动"这一马克思主义观点的再次肯定,更是对劳动和劳动者的高度赞誉。

在中华民族伟大复兴的新征程中,我们更加需要强化"劳动最光荣,劳动者最伟大"的理念,因为我们的现代化和共同富裕是在百年未有之大变局的复杂环境下进行的,面临的困难和挑战前所未有,只有"华山一条路",那就是在中国共产党的领导下持续发扬劳动精神、持续开展艰苦奋斗。要让"诚实劳动、勤勉工作"成为一种社会风气和生活习惯。习近平总书记指出:"无论时代条件如何变化,我们始终都要崇尚劳动、尊重劳动者,始终重视发挥工人阶级和广大劳动群众的主

---

① 习近平.在庆祝"五一"国际劳动节暨表彰全国劳动模范和先进工作者大会上的讲话[N].人民日报,2015-04-29(2).

力军作用。"①"在我们社会主义国家，一切劳动，无论是体力劳动还是脑力劳动，都值得尊重和鼓励；一切创造，无论是个人创造还是集体创造，也都值得尊重和鼓励。全社会都要贯彻尊重劳动、尊重知识、尊重人才、尊重创造的重大方针，全社会都要以辛勤劳动为荣、以好逸恶劳为耻，任何时候任何人都不能看不起普通劳动者，都不能贪图不劳而获的生活。"②

崇尚劳动、尊重劳动者，已经成为中华优秀传统文化的重要组成部分。在社会主义核心价值观中，作为公民个人层面价值准则之一的"敬业"，体现的就是"劳动最光荣、劳动最崇高、劳动最伟大、劳动最美丽"这一属性，也是对每一位劳动者的基本要求。如果全社会成员都能做到爱岗敬业，那么诚实劳动、勤勉工作就一定会蔚然成风，辛勤劳动者、诚实劳动者、科学劳动者一定会成为最受社会尊敬和欢迎的人。习近平总书记强调指出："'一勤天下无难事。'必须牢固树立劳动最光荣、劳动最崇高、劳动最伟大、劳动最美丽的观念，让全体人民进一步焕发劳动热情、释放创造潜能，通过劳动创造更加美好的生活。"③

我们要教育学生牢固树立劳动最光荣、劳动最崇高、劳动最伟大、劳动最美丽的观念，立志成为中国式现代化的建设者、共同富裕的劳动者，毕业以后干一行爱一行，不仅成为热爱劳动、辛勤劳动的人，而且成为争创一流、甘于奉献的人，成为精益求精、追求卓越的人，成为各个领域、各个行业、各个层级的劳动模范和先进人物。作为掌握最先进专业知识的新时代大学生，尤其要在专业岗位上充分展现学科专业特长，勇于开拓、勇于创新，努力成为智力型的劳动模范或先进人物。

---

① 习近平.在庆祝"五一"国际劳动节暨表彰全国劳动模范和先进工作者大会上的讲话[N].人民日报,2015-04-29(2).

② 习近平.在庆祝"五一"国际劳动节暨表彰全国劳动模范和先进工作者大会上的讲话[N].人民日报,2015-04-29(2).

③ 中共中央文献研究室.习近平关于实现中华民族伟大复兴的中国梦论述摘编[M].北京:中央文献出版社,2013:81.

二、劳动模范具有无穷的榜样力量

劳动模范是广大劳动群众的杰出代表,是最美的劳动者。在建设社会主义事业过程中,我国涌现出了一大批劳动模范人物,如工业劳动模范孟泰、农业劳动模范申纪兰、铁人王进喜、淘粪工人时传祥、纺织工人赵梦桃、公交车售票员李素丽、水电维修工徐虎、数学家陈景润、杂交水稻之父袁隆平、原子弹之父邓稼先、核潜艇之父黄旭华、投身山区教育事业的张桂梅等,数不胜数。虽然他们的具体职业不同、所处年代不同,生活水平也不一样,但他们身上的劳模精神却是一样的,未曾改变。他们都是所处时代的一面旗帜、一面镜子,其感人事迹影响了千千万万的人,展现出了无穷的榜样力量。

党和国家给予了劳动模范们崇高的荣誉,号召全国人民向他们学习。"劳动模范是劳动群众的杰出代表,是最美的劳动者。劳动模范身上体现的'爱岗敬业、争创一流,艰苦奋斗、勇于创新,淡泊名利、甘于奉献'的劳模精神,是伟大时代精神的生动体现。我们要在全社会大力宣传劳动模范的先进事迹,号召全社会向他们学习、向他们致敬。要为劳动模范更好施展才华、展现精神品格提供全方位支持,使他们的劳动技能、创新方法、管理经验能广泛传播,充分发挥示范带动作用。"[①]

我们学习劳动模范,目的是充分发挥他们的榜样力量。"必须大力弘扬劳模精神、发挥劳模作用。榜样的力量是无穷的。劳动模范是民族的精英、人民的楷模……全国各族人民都要向劳模学习,以劳模为榜样,发挥只争朝夕的奋斗精神,共同投身实现中华民族伟大复兴的宏伟事业。"[②]习近平总书记还对劳模精神、劳动精神和工匠精神进

---

① 习近平.在知识分子、劳动模范、青年代表座谈会上的讲话[M].北京:人民出版社,2016:8.
② 中共中央文献研究室.习近平关于实现中华民族伟大复兴的中国梦论述摘编[M].北京:中央文献出版社,2013:81.

行了科学的概括,即"爱岗敬业、争创一流、艰苦奋斗、勇于创新、淡泊名利、甘于奉献的劳模精神,崇尚劳动、热爱劳动、辛勤劳动、诚实劳动的劳动精神,执着专注、精益求精、一丝不苟、追求卓越的工匠精神"①。毫无疑问,这样的精神动力是无穷的,是劳动模范榜样力量的集中体现。

劳动模范用自己的辛勤劳动、诚实劳动和创造性劳动,换来了人民群众的美好生活和国家的繁荣昌盛。他们的光辉形象已经深入人心,激励着广大劳动者敬岗爱业、奋勇争先,在平凡的岗位上做出不平凡的业绩。在我们的身边,不乏爱岗敬业、辛勤劳动、淡泊名利的劳动模范,虽然他们的名声没有那么响亮,但实实在在地影响着周边的人,实实在在地起到了言传身教的引领作用。在中国共产党的领导下,我国人民在全面建设社会主义现代化国家、推进实现中华民族伟大复兴的过程中,以各行各业的劳动模范为榜样,始终保持着昂扬的劳动热情和干事创业精神,创造了辉煌的事业,取得了伟大的成就。

我们要教育学生以劳动模范为榜样,勤奋学习、刻苦钻研、练就本领,为成为合格的社会主义建设者和接班人打下基础、做好准备。要让他们充分认识到,劳动模范没有过时,劳动精神没有过时,劳动模范在任何时候都是时代的精英、在任何时候都受到社会的尊重,今后在各行各业还将不断涌现出劳动模范和先进人物。我们要把劳动模范、劳模精神作为重要的劳动教育内容,突出对劳动模范的宣讲,突出对劳模精神、劳动精神和工匠精神的阐释。我们要结合时代特征深度挖掘劳动模范的感人故事,尤其要结合身边的典型人物,通过生动的案例教学和现场教学,让劳动模范成为学生心中的偶像,使劳模精神、劳动精神和工匠精神成为学生克服各种困难的动力之源。

---

① 习近平.在全国劳动模范和先进工作者表彰大会上的讲话[M].北京:人民出版社,2020:4.

三、积极营造学习、尊重和关爱劳动模范的良好氛围

劳动模范是党和国家的宝贵财富，我们不仅要学习他们，也要尊重他们、关爱他们，既让他们得到应有的待遇，更让他们发挥更大的作用。不仅要求"全社会要崇尚劳动、见贤思齐，加大对劳动模范和先进工作者的宣传力度，讲好劳模故事、讲好劳动故事、讲好工匠故事，弘扬劳动最光荣、劳动最崇高、劳动最伟大、劳动最美丽的社会风尚"，而且要求"各级党委和政府要尊重劳模、关爱劳模，贯彻好尊重劳动、尊重知识、尊重人才、尊重创造方针，完善劳模政策，提升劳模地位，落实劳模待遇，推动更多劳动模范和先进工作者竞相涌现"。① 这充分体现了党和国家对劳动模范的关怀之心和关爱之情。

因此，我们要高举劳动模范的旗帜，在全社会高扬劳模精神、劳动精神和工匠精神，使这些精神成为我国劳动人民伟大精神的鲜亮底色、闪闪发光。我们一方面要以劳动模范为榜样，不断提升自我的劳动意识，更加努力自觉地投身工作，另一方面要让劳动模范的无私奉献得到尊重、关爱和保护，要关心他们的学习工作环境和生活保障，尤其是要为他们干事创业提供良好的环境条件，让他们的劳动热情与干事创业得以充分发挥。要大力弘扬劳模精神，放大劳动模范的榜样力量与示范效应，使爱岗敬业、争创一流、艰苦奋斗、勇于创新、淡泊名利、甘于奉献成为一种目标导向；要广泛倡导劳动精神，不断完善体制机制，使崇尚劳动、热爱劳动、辛勤劳动、诚实劳动成为一种社会风尚；要积极推广工匠精神，鼓励大胆创新，使执着专注、精益求精、一丝不苟、追求卓越成为一种责任担当。

我们要教育学生学习劳动模范、尊重劳动模范，即学习劳动模范高尚的精神品格和干事创业的经验，尊重劳动模范无私的辛勤劳动和

---

① 习近平：在全国劳动模范和先进工作者表彰大会上的讲话［EB/OL］．（2020-11-24）［2023-11-17］．https://www.gov.cn/xinwen/2020-11/24/content_5563928.htm．

创造性的劳动成果。要发挥大学生的自身优势,通过社会实践等方式去挖掘、提炼身边劳动模范的感人事迹和先进经验,并借助形式多样的现代媒体平台加以介绍和弘扬,成为劳模精神的宣传员和传播者。要教育学生以各种恰当的方式去关心身边的劳动模范,对于某些方面有一定诉求的劳动模范,要在能力范围内帮助他们解决问题,要积极为劳动模范发挥作用提供力所能及的帮助。最重要的是要教育学生努力使自己也成为劳动模范那样的人,从而使劳模精神、劳动精神、工匠精神得以代代相承。

第三节　"五育"并举的劳动教育思想

中华民族具有悠久的以"劳动最光荣"为基调的劳动教育传统,从小培养小孩吃苦耐劳、勤劳致富的理念和习惯。第四章已经谈到,我国历史上很多家族都把爱劳动作为其家训家教最重要的条文之一。如今,我国从小学到大学都把劳动教育作为学生思想政治教育的重要内容,并且越来越多的学校单独开设了劳动教育课。习近平总书记多次发表了关于劳动教育的重要讲话,直接指示推动劳动教育纳入人才培养全过程,使之成为"五育"之一。同时,全社会尊重劳动、积极倡导和弘扬劳动精神的氛围也越来越浓厚,发挥着重要的教育引导作用。

一、劳动教育是中国特色社会主义教育制度的重要内容

中国特色社会主义进入新时代以来,中国共产党的劳动教育取得了重要的创新深化成果,最显著的标志是确定了德智体美劳全面发展的教育方针,进一步突出了劳动教育在"立德树人"中的重要地位。劳动教育是中国特色社会主义教育制度的重要内容。要全面贯彻党的

教育方针,坚持立德树人,把劳动教育纳入人才培养全过程,贯通大中小各学段,贯穿家庭、学校、社会各方面,把握育人导向,遵循教育规律,创新体制机制,注重教育实效,实现知行合一,促进学生形成正确的世界观、人生观、价值观。① 习近平总书记指出:“要努力构建德智体美劳全面培养的教育体系,形成更高水平的人才培养体系。”②

可见,新时代的劳动教育以劳动最光荣为主基调,以全社会弘扬劳动精神为主旋律,以教育孩子们从小热爱劳动、热爱创造为主导向,以贯通大中小学各学段和家庭、学校、社会各方面为主渠道,目的是让学生从小树立正确的劳动观,反对一切不劳而获、投机取巧、急功近利、贪图享乐的思想,形成正确的世界观、人生观、价值观,最终成为合格的社会主义的建设者和接班人。

本书认为,劳动观是人生“三观”中最核心的部分。一般而言,有正确的劳动观就会有正确的“三观”,因为正确的劳动观已经包含了“勤劳、诚实、创造、合作、奉献”等“三观”元素,契合社会主义核心价值观的要求。因此,以“劳动最光荣、劳动最崇高、劳动最伟大、劳动最美丽”为观念、以“辛勤劳动、诚实劳动、创造性劳动”为要求、以“尊敬劳动模范、弘扬劳模精神”为导向的劳动教育,毫无疑问是“三观”教育的重要内容,是每一个人都应该接受的教育。③ 习近平总书记指出:“劳动没有高低贵贱之分,任何一份职业都很光荣。广大劳动群众要立足本职岗位诚实劳动。无论从事什么劳动,都要干一行、爱一行、钻一行。在工厂车间,就要弘扬‘工匠精神’,精心打磨每一个零部件,生产优质的产品。在田间地头,就要精心耕作,努力赢得丰收。在商场店铺,就要笑迎天下客,童叟无欺,提供优质的服务。只要踏实劳动、勤

---

① 习近平主持召开中央全面深化改革委员会第十一次会议强调 落实党的十九届四中全会重要举措继续全面深化改革实现有机衔接融会贯通[EB/OL].(2019-11-26)[2024-03-28]. https://www.chinanews.com/gn/2019/11-26/9017999.shtml.

② 习近平.在全国教育大会上的讲话[EB/OL].(2018-09-10)[2023-11-17]. https://www.gov.cn/xinwen/2018/09/10/content_5320835.htm? eqid=d148cf580002b62d000000026490f8fb.

③ 曹桢.新时代发挥劳动教育的育人作用探析[J].思想理论教育导刊,2024(5):135-143.

勉劳动,在平凡岗位上也能干出不平凡的业绩。"①

我们要从新时代、新目标、新要求出发,在把握劳动教育与中华民族伟大复兴的联系关系中,教育学生认识劳动教育的时代意义和时代特征。要把劳动教育有机纳入人才培养体系,教育学生深刻理解德智体美劳全面发展的教育方针的内涵,牢固树立"五育"并举的理念,从"五育"的内在联系出发理解劳动教育的内涵及其与专业学习的结合意义,从而把劳动教育摆在重要的位置。要以劳动教育促进学生的德育、智育、体育和美育发展,以劳动教育进一步夯实学生综合素质提升、个人全面发展的思想政治基础和能力基础,使劳动教育在学生个人的成长过程中起到加速度的作用。要不断完善劳动教育手段,充分利用数字化技术、网络平台、虚拟实验室等开展劳动教育。要积极打造素质好、能力强、水平高的劳动教育师资队伍,以满足新时代高校劳动教育的需求。

二、青少年是劳动教育的重点对象

青少年是国家的希望所在,中华民族的伟大历史就是一代又一代青少年接续奋斗、传承发展的历史。习近平总书记十分重视对青少年的劳动教育,他曾经语重心长地对少年儿童们说:"生活靠劳动创造,人生也靠劳动创造。你们从小就要树立劳动光荣的观念,自己的事自己做,他人的事帮着做,公益的事争着做,通过劳动播种希望、收获果实,也通过劳动磨炼意志、锻炼自己。"②他还指出,要"教育引导青少年树立以辛勤劳动为荣、以好逸恶劳为耻的劳动观,培养一代又一代热爱劳动、勤于劳动、善于劳动的高素质劳动者"③。他还强调指出:"很

---

① 习近平.在知识分子、劳动模范、青年代表座谈会上的讲话[M].北京:人民出版社,2016:9.
② 中共中央文献研究室.习近平关于青少年和共青团工作论述摘编[M].北京:中央文献出版社,2017:89.
③ 习近平:在全国劳动模范和先进工作者表彰大会上的讲话[EB/OL].(2020-11-24)[2023-11-17]https://www.gov.cn/xinwen/2020-11-24/content_5563928.htm.

多知识和道理都来自劳动、来自生活。引导孩子们从小树立劳动观念,培养劳动习惯,提高劳动能力,有利于他们更好地学习知识。"①

事实告诉我们,一个人的成长过程就是不断接受劳动教育、不断投身劳动实践的过程,起好头、迈好步至关重要。因此,劳动教育必须从娃娃抓起,应早尽早,帮助他们系好人生的第一粒扣子。特别是要以父母长辈们的言传身教,引导孩子们从小树立"以辛勤劳动为荣、以好逸恶劳为耻"的劳动观。对小孩千万不能溺爱,千万不可荒废劳动教育和劳动锻炼,绝不能养成"衣来伸手、饭来张口"的不良习惯,更不能灌输"金钱至上""无本万利""坐享其成""巧取豪夺""不劳而获"等错误观念。只有把青少年的劳动教育搞好了,才能把劳动教育纳入人才培养全过程、贯通大中小学各学段,才能把"培养一代又一代热爱劳动、勤于劳动、善于劳动的高素质劳动者"的要求落到实处。②

习近平总书记还十分重视发挥劳动模范对青少年的教育引导作用,他指出,"劳动模范和先进工作者、先进人物不仅自己要做好工作,而且要身体力行向全社会传播劳动精神和劳动观念,让勤奋做事、勤勉为人、勤劳致富在全社会蔚然成风。特别是要通过各种措施和方式,教育引导广大青少年牢固树立热爱劳动的思想、牢固养成热爱劳动的习惯,为祖国发展培养一代又一代勤于劳动、善于劳动的高素质劳动者"③。

青少年的劳动教育不仅要贯通大中小学各学段,还要贯通家庭、学校、社会各方面。我们必须清醒认识到,劳动教育不只是学校的事,而是全社会共同的事,家庭、学校、社会必须齐心协力、共同努力。家庭的言传身教、学校的规范教育、社会的榜样示范,缺一不可。关于家庭、学校和社会如何协同,各自如何履行职责,前文已开展系统讨论,

---

① 争当德智体美劳全面发展的新时代好儿童[N].中国青年报,2023-06-01(1).
② 曹桢.新时代发挥劳动教育的育人作用探析[J].思想理论教育导刊,2024(5):135-143.
③ 习近平.向全国广大劳动者致以"五一"节问候[EB/OL].(2014-04-30)[2023-11-17].https://www.gov.cn/xinwen/2014-04/30/content_2669765.htm.

此处不再赘述,但有必要再强调一下社会的影响作用。社会是个"大染缸",是非善恶很难辨,稍有不慎,青少年就可能在里面迷失自我、迷失方向。因此,我们不仅要发动社会资源、社会力量参与劳动教育,增强劳动教育的力量,而且要加强舆论宣传与引导,积极营造"劳动最光荣、劳动最崇高、劳动最伟大、劳动最美丽"的社会氛围,绝不可将"一夜暴富""网红赚钱""平台来钱"等现象作为正面事例加以渲染,绝不可让追崇"富豪、明星、网红"成为一种导向。对于生活在物质资料比较充足时代的学生,帮助他们树立勤劳节俭的观念尤为重要。各级党委和政府要发挥舆论主导作用,大力弘扬正气,大力宣传劳动精神,积极营造"崇尚劳动、热爱劳动、辛勤劳动、诚实劳动"的社会风尚。要充分发挥劳动模范和先进工作者、先进人物的引领示范作用,以榜样的力量带动树立正确的劳动观和社会风气。

高校作为人才培养体系的最后场所,劳动教育具有综合性的作用。高校的劳动教育只能加强,不能弱化,因为高校是培养社会主义建设者和接班人最重要的集成场所,是学生成长成才最重要的学段,它不仅要延续中小学之后的劳动教育,而且在一定程度上还要弥补中小学可能存在的过于强调文化知识学习而导致的劳动教育形式不够到位、内容不够系统、方法不够专业等不足,起到兜底的作用。同时,它可以及时充实劳动教育的内容,延长劳动教育的链条,使大学生学到中小学没有学过的劳动内容,从而进一步增强劳动意识和劳动技能,并且更加突出劳动教育的政治性和思想性。结合专业学习开展劳动教育,更是高校必不可少的内容。要与创业、择业教育相结合,教育学生树立正确的创业观、择业观,踏踏实实创业,立足长远择业。不经历风雨,怎能见彩虹?不从基层、底层做起,何以能成功?当前,学生当中存在"一夜暴富"的创业观和不顾实际谋求高待遇岗位的择业观,这其实就是劳动观不够正确的一种表现,一定要予以纠正制止。

总之,我们要教育学生深刻认识到,劳动是永恒的主题,劳动教育也是永恒的主题,劳动教育在任何时候都很重要,是终身的教育,是每个人全面发展的必修课。

三、劳动教育要注重实践

劳动是具体生动、实实在在的，不是抽象空洞的，既需要付出体力，也需要付出脑力，是一个手脑结合并用的过程，因此劳动教育也必须注重实践，不可空谈。① 历史告诉我们，劳动实践既可以锻炼人的体格，也可以使人从中学到知识、增长脑力、增强智慧，是一个综合性的锻炼活动。

习近平总书记在北京育英学校考察时对同学们说，"认识大自然，首先要从认识身边的植物开始。同学们栽培的各种植物，虽然书本上都有介绍，但大家亲手种、亲自培育、跟踪观察，收获肯定是不一样的。希望同学们从'学农'中感受到农作的艰辛和农民的不易，从小养成热爱劳动、珍爱粮食、尊重自然的良好习惯，为建设美丽中国作贡献……通过生动活泼的劳动体验课程，让孩子亲自动手、亲身体验、自我感悟"②。习近平总书记强调劳动实践要从娃娃抓起，指出"从小就要树立劳动光荣的观念，自己的事自己做，他人的事帮着做，公益的事争着做，通过劳动播种希望、收获果实，也通过劳动磨炼意志、锻炼自己"③。事实证明，从小培养劳动习惯就是最好的劳动实践，久而久之，劳动习惯就变成了有意义的生活。为此，劳动教育一定要理论联系实际，把劳动实践作为其必不可少的内容和手段，贯通大中小学各学段和家庭、学校、社会各方面。④ 当然，不同学段和不同方面的劳动实践，其内容和方式应该有所区别，既要有针对性，又要有衔接性。对于高校来讲，还要有专业特色，要体现创造性，要有含金量。

---

① 曹桢.新时代发挥劳动教育的育人作用探析[J].思想理论教育导刊,2024(5):135-143.
② 习近平在北京育英学校考察时强调争当德智体美劳全面发展的新时代好儿童[N].中国青年报,2023-06-01(1).
③ 习近平.努力做祖国和人民需要的好孩子[N].人民日报,2022-05-31(1).
④ 曹桢.新时代发挥劳动教育的育人作用探析[J].思想理论教育导刊,2024(5):135-143.

要把劳动实践教育纳入人才培养体系,即把劳动教育的理论课、实践课有机融入人才培养方案,把劳动教育实效作为学生综合评价的重要指标。要突出劳动教育的学科专业特色,除了有专门的劳动教育课程,还要有与专业课相结合的劳动实践环节,特别是要科学设置与专业结合的劳动实践教学,把劳动实践教育与其他各种社会实践活动有机结合起来。要积极构建学校、家庭、社会协同机制,充分拓展校内外劳动教育实践基地,不断充实完善实践教学内容,使学生在劳动实践中得到锻炼,磨炼意志、增长才干。

第四节　培养高素质劳动者的思想

要完成强国建设、民族复兴伟业,必须依靠庞大的高素质劳动者队伍。在中国式现代化的道路上,在民族复兴的征程中,人人都应该成为高素质的劳动者。如何才能成为高素质劳动者? 本书认为,一是接受系统的高水平的文化知识教育,二是理论联系实际、不断接受劳动实践锻炼,三是终身学习、不断提升劳动技术技能,即坚持马列主义所倡导的教育与生产劳动相结合。在新时代,唯有创新性学习与创新性劳动相结合,才能打造出高素质的劳动者。

一、强国建设民族复兴伟业需要高素质的劳动者

"社会主义是干出来的,新时代也是干出来的。"[1]由谁来干? 由全体人民来干,更由高素质劳动者来干。我们不仅要辛勤劳动、诚实劳动,更需要创造性劳动、科学劳动。[2] 有什么样的劳动就有什么样的收

---

① 习近平.给中国劳动关系学院劳模本科班学员的回信[EB/OL].(2018-04-30)[2023-11-17].https://www.gov.cn/xinwen/2018-04/30/content_5287129.htm? eqid=8d18a324000fa58e000000026485c29d.

② 曹桢.新时代发挥劳动教育的育人作用探析[J].思想理论教育导刊,2024(5):135-143.

获,低水平的劳动是难以创造美好生活的,更难以实现强国建设、民族复兴的伟业。按照马克思主义的劳动观,高素质的劳动者是促进劳动生产力发展、推动社会进步的重要力量。因此,要提高劳动水平就要先提高劳动者素质。随着中国式现代化的稳步推进,我们需要解决的难点问题、重点问题越来越多,来自各个方面的挑战也越来越大,因此越来越需要"建设知识型、技能型、创新型劳动者大军"①。

习近平总书记十分重视高素质劳动者队伍建设,反复强调劳动者素质对一个国家、一个民族发展的至关重要性。"素质是立身之基,技能是立业之本"②,"要始终高度重视提高劳动者素质,培养宏大的高素质劳动者大军……劳动者的知识和才能积累越多,创造能力就越大。提高包括广大劳动者在内的全民族文明素质,是民族发展的长远大计。面对日趋激烈的国际竞争,一个国家发展能否抢占先机、赢得主动,越来越取决于国民素质特别是广大劳动者素质。要实施职工素质建设工程,推动建设宏大的知识型、技术型、创新型劳动者大军"③。他还强调指出,要"努力建设高素质劳动大军……当今世界,综合国力的竞争归根到底是人才的竞争、劳动者素质的竞争"④。上述讲话充分表明了建设高素质劳动者队伍的时代紧迫感和重大现实意义。

我们要清醒地认识到,中国式现代化必然包括劳动者素质现代化,因为低素质的劳动者是没有能力去建设现代化的。如果没有劳动者素质现代化,那么再先进的科技也落不了地,实现中国式现代化自然无从谈起。毫无疑问,高素质的劳动者代表更宽广的视野、更先进的理念、更丰富的知识、更高超的技能、更全面的能力和更高效的产

---

① 习近平.决胜全面建成小康社会 夺取新时代中国特色社会主义伟大胜利——在中国共产党第十九次全国代表大会上的报告[M].北京:人民出版社,2017:31.

② 习近平.在知识分子、劳动模范、青年代表座谈会上的讲话[M].北京:人民出版社,2016:8.

③ 习近平.在庆祝"五一"国际劳动节暨表彰全国劳动模范和先进工作者大会上的讲话[N].人民日报,2015-04-29(2).

④ 习近平:在全国劳动模范和先进工作者表彰大会上的讲话[EB/OL].(2020-11-24)[2023-11-17].https://www.gov.cn/xinwen/2020-11/24/content_5563928.htm.

出,因此,不断提高劳动者素质、打造高素质劳动者大军,是促进高质量发展、加快社会主义现代化进程,进而更好地满足人民对美好生活愿望的必然要求。磨刀不误砍柴工,我们要加强对劳动者的教育培训,千方百计全方位提升劳动者素质,包括政治素质、文化素质、专业知识、业务技能和身体素质等,只有这样,我们才能进一步缩小与先进国家在劳动技能、劳动效率和产品服务质量上的差距,从而为追求美好生活打下更为坚实的基础。

我们要通过劳动教育让学生深刻理解,没有高素质的团队,怎么能建立起屹立不倒的高楼大厦?同样,没有宏大的高素质劳动者,如何能够把我国建设成为社会主义现代化强国?错综复杂的国际关系、全方位的国际竞争和日新月异的科技发展,更是要求我们必须加快培养高素质劳动者大军。所以,教育与劳动相结合,不断提高劳动者的文化水平、继而提升各方面能力与素质,是中国式现代化建设的必然要求。对于高校学生,不仅要教育他们刻苦学习、努力钻研,而且要把思想品德、劳动实践与专业学习有机结合起来,让学生毕业以后成为高素质的劳动者。

二、学习、实践、创新是打造高素质劳动者队伍的必由之路

如何培养、打造高素质劳动者大军?那就是学习、学习再学习,实践、实践再实践,创新、创新再创新。

首先,广大劳动群众要通过积极主动地学习、实践和创新不断提升自己的各方面能力与水平,要勤于学习、善于学习,勤于实践、善于实践,勤于创新、善于创新,要学以养德、学以增智、学以致用,这是提高劳动者素质最为根本的途径。习近平总书记指出,"广大劳动群众要勤于学习,学文化、学科学、学技能、学各方面知识,不断提高综合素质,练就过硬本领。要立足岗位学,向师傅学,向同事学,向书本学,向

实践学。三百六十行,行行出状元。任何一名劳动者,无论从事的劳动技术含量如何,只要勤于学习、善于实践,在工作上兢兢业业、精益求精,就一定能够造就闪光的人生"①。"要树立终身学习的理念,养成善于学习、勤于思考的习惯,实现学以养德、学以增智、学以致用。要适应新一轮科技革命和产业变革的需要,密切关注行业、产业前沿知识和技术进展,勤学苦练、深入钻研,不断提高技术技能水平。"②

其次,要鼓励发展职业教育,建设一批高水平职业院校和专业,加快构建现代职业教育体系,培养更多高素质技术技能人才、能工巧匠、大国工匠,让他们在提升劳动者大军素质的过程中发挥带动引领作用。高素质劳动者队伍建设,离不开制度化、高水平的职业教育与职业技能培训。习近平总书记强调:"要大力发展职业教育和培训,有效提升劳动者技能和收入水平。"③高职(高专)类高校要进一步完善现代职业教育制度,大胆创新各层次、各类型职业教育模式,为培养高素质劳动者提供优质的资源和良好的平台。

最后,各级党委和政府、各企事业单位要积极为劳动者的学习、实践和创新创造条件,加大对劳动者进行各种有针对性教育培训的投入,包括文化培训、科技培训、业务技能培训和道德法治培训等,为打造知识型、技术型、创新型劳动者大军提供终身教育、持续培训。要保障技术技能型人才的待遇。习近平总书记指出:"技术工人是支撑中国制造、中国创造的重要基础。要完善和落实技术工人培养、使用、评价、考核机制,提高技能人才待遇水平,畅通技能人才职业发展通道,完善技能人才激励政策,激励更多劳动者特别是青年人走技能成才、技能报国之路,培养更多高技能人才和大国工匠。"④只有各级党委和

---

① 习近平.在知识分子、劳动模范、青年代表座谈会上的讲话[M].北京:人民出版社,2016:8-9.

② 习近平:在全国劳动模范和先进工作者表彰大会上的讲话[EB/OL].(2020-11-24)[2023-11-17].https://www.gov.cn/xinwen/2020-11/24/content_5563928.htm.

③ 习近平.在教育文化卫生体育领域专家代表座谈会上的讲话[M].北京:人民出版社,2020:3.

④ 习近平:在全国劳动模范和先进工作者表彰大会上的讲话[EB/OL].(2020-11-24)[2023-11-17].https://www.gov.cn/xinwen/2020-11/24/content_5563928.htm.

政府、全社会都重视技术技能型人才的培养,打造高素质劳动者队伍才有根本的保障。

三、广大劳动者都要努力成为高素质劳动者

前面已经提到,美好生活需要全体人民共同劳动来创造,每一个人都应该是劳动者。在顺利实现第一个百年奋斗目标、满怀信心迈向实现第二个百年奋斗目标之际,广大劳动者大有可为,以劳动创造美好生活的机会如此之多、以劳动施展聪明才智的舞台如此之宽、以劳动踏入共同富裕的大门如此之阔,前所未有。习近平总书记指出:"梦想属于每一个人,广大劳动群众要敢想敢干、敢于追梦。说到底,实现中华民族伟大复兴的中国梦,要靠各行各业人们的辛勤劳动。现在,党和国家事业空间很大,只要有志气有闯劲,普通劳动者也可以在宽广舞台上展示自己的人生价值。许多劳动模范平凡而感人的事迹,都充分说明了这一点。"①

为此,广大劳动者要积极响应党和国家的号召,不断学习、大胆实践、努力创新,持续提升自我综合能力水平,成为党和国家需要的高素质劳动者,在各自的岗位上以时不我待的紧迫感积极工作、奋勇争先,为加快建成社会主义现代化强国、实现中华民族伟大复兴做出历史性的贡献。习近平总书记指出:"三百六十行,行行出状元。任何一名劳动者,要想在百舸争流、千帆竞发的洪流中勇立潮头,在不进则退、不强则弱的竞争中赢得优势,在报效祖国、服务人民的人生中有所作为,就要孜孜不倦学习、勤勉奋发干事。一切劳动者,只要肯学肯干肯钻研,练就一身真本领,掌握一手好技术,就能立足岗位成长成才,就都能在劳动中发现广阔的天地,在劳动中体现价值、展现风采、感受快

---

① 习近平.在知识分子、劳动模范、青年代表座谈会上的讲话[M].北京:人民出版社,2016:9.

乐。"①他还激励更多劳动者特别是青年一代"走技能成才、技能报国之路，培养更多高技能人才和大国工匠，为全面建设社会主义现代化国家提供有力人才保障"②。

　　高校要责无旁贷地承担起培养高素质劳动者的重任。中华人民共和国大力发展教育事业，使劳动者文化程度有了较大的改善，特别是改革开放以来，九年义务教育的普及和高等教育的快速发展，使劳动者素质有了本质性的提升。但与世界先进国家相比，我国劳动者的整体素质依然偏低。新时代，高校在培养高素质劳动者队伍方面的任务主要有两点：一是要不断提高人才培养质量，不断输送德智体美劳全面发展的高质量专业化人才，使新时代的大学毕业生成为最有素质的劳动者。通过我们的教育，不仅要使他们成为第四次科技革命的参与者，而且要成为佼佼者和弄潮儿，并以此引领全体劳动者的素质提升。二是要履行好继续教育的责任，为广大劳动者提供高质量的继续教育与职业培训，经过持续不断的教育培训，稳步提升全体劳动者的素质。

---

　　①　习近平.在庆祝"五一"国际劳动节暨表彰全国劳动模范和先进工作者大会上的讲话[N].人民日报，2015-04-29(2).

　　②　习近平致首届全国职业技能大赛的贺信[EB/OL].(2020-12-10)[2023-11-17].https://www.gov.cn/xinwen/2020-12/10/content_5568642.htm.

图书在版编目(CIP)数据

新时代高校劳动教育研究 / 曹桢著. —杭州:浙
江大学出版社，2024.6
ISBN 978-7-308-25017-7

Ⅰ.①新… Ⅱ.①曹… Ⅲ.①高等学校－劳动教育－
研究－中国 Ⅳ.①G40－015

中国国家版本馆 CIP 数据核字(2024)第 102788 号

新时代高校劳动教育研究
XINSHIDAI GAOXIAO LAODONG JIAOYU YANJIU
曹 桢 著

责任编辑	吴伟伟
文字编辑	梅 雪
责任校对	陈逸行
封面设计	雷建军
出版发行	浙江大学出版社
	(杭州市天目山路 148 号　邮政编码 310007)
	(网址:http://www.zjupress.com)
排　　版	浙江大千时代文化传媒有限公司
印　　刷	杭州高腾印务有限公司
开　　本	710mm×1000mm　1/16
印　　张	15.25
字　　数	213 千
版 印 次	2024 年 6 月第 1 版　2024 年 6 月第 1 次印刷
书　　号	ISBN 978-7-308-25017-7
定　　价	78.00 元